一个人至少拥有一个梦想，有一个理由去坚强。心若没有栖息的地方，到哪里都是在流浪。

——三毛

备注：不可说工笔摄影梅梅，非三毛本人。

三毛传

如果有来生，要做一棵树

富春艳 著

台海出版社

图书在版编目（CIP）数据

三毛传：如果有来生，要做一棵树 / 富春艳著 . --
北京：台海出版社，2021.1

ISBN 978-7-5168-2812-0

Ⅰ. ①三… Ⅱ. ①富… Ⅲ. ①三毛（1943—1991）—
传记 Ⅳ. ① K825.6

中国版本图书馆 CIP 数据核字（2020）第 220790 号

三毛传：如果有来生，要做一棵树

著　　者：富春艳

出 版 人：蔡　旭　　　　　　　封面设计：末末美书
责任编辑：刘　峰

出版发行：台海出版社
地　　址：北京市东城区景山东街 20 号　邮政编码：100009
电　　话：010-64041652（发行，邮购）
传　　真：010-84045799（总编室）
网　　址：www.taimeng.org.cn/thcbs/default.htm
E－m a i l：thcbs@126.com

经　　销：全国各地新华书店
印　　刷：天津旭非印刷有限公司
本书如有破损、缺页、装订错误，请与本社联系调换

开　　本：880 毫米 × 1230 毫米　　1/32
字　　数：238 千字　　　　　　　印　张：9.5
版　　次：2021 年 1 月第 1 版　　印　次：2021 年 1 月第 1 次印刷
书　　号：ISBN 978-7-5168-2812-0

定　　价：50.00 元

一个不老的传说

在叱咤中国文坛的女作家中，有两位传奇人物特别令人瞩目。

她们一个是三毛，一个是张爱玲。

相比张爱玲为人及作品的晦暗、艰涩、阴冷，三毛呈现给世人的，则多是炽热、率真及朴素，因此其追随者众多，一度在海峡两岸掀起了"三毛热"的浪潮。

迄今为止，三毛辞世快三十年的时间了。但是，在很多人的记忆里，她似乎从未缺席。

她的个性、故事和作品，至今都是一个神话，是一个不老的传说。

我真正开始读三毛的时候，已经四十岁。年少的时候，曾翻过三毛的书，觉得太普通、太无聊，她与荷西的爱情故事，那时看来亦朦朦胧胧地有种不真实感。

四十岁时，因缘际会，由于内心总是时不时被焦虑的情绪所困扰，我走上了灵修之路，开启了找寻自我之旅，疯狂地在各种心灵书籍中追逐。

《三毛全集》就是在这时候被我收入囊中的。按理，它并不属于心灵成长类的书籍，为什么买下来，现在实在想不出了。只记得，那段时间，不惑之年的我读三毛竟读到痴迷，随着三毛一起过起起伏伏的日子，再加上一杯清暖的咖啡，真的是让我求之不得的生活。接近尾声的时候，很怕读完，又爱不释手，竟有了少女一样的情怀。

最让我流连的不是她与荷西凄美的爱情故事，也不是种种有着奇幻色彩的民俗描写，而是她那朴实无华的语言带给我的内心的宁静与喜悦。我的焦虑，就在这一页页的文字里得到了治愈，生命也因此而穿上一袭华美的袍。

从那时起，我真正爱上了三毛，也爱上了荷西。

更让我受宠若惊的是，十年后的今天，出版社竟把为三毛著书立传的任务交给了我。我很惶恐，怕自己的才能无法驾驭这个充满传奇色彩的女子，以及她那些惊世骇俗的故事。

我很紧张，怕自己的疏忽，哪怕只有一点，亦辜负了逝去的三毛，以及爱着她的读者们。

我把《三毛全集》又看了一遍，再把市面上写三毛的十几本传记拿来鉴赏，其中包括三毛最后最信赖的朋友眭澔平先生写的《三毛的最后一封信》，甚至连只包含一章有关三毛内容的美籍主持人李柯的自传《三毛的回声》也买来参考。

所有这些，只为将最真实的三毛还原给广大的读者，也献给我爱的三毛和荷西。

全书采用断章体结构，用我自己的思路将三毛人生历程中最重要的内容呈现出来，包括了她的性格、家世、父母、爱情、流浪生涯、兴趣爱好、博爱品性、作品分析及一些谜团的解释，力求能完整地勾勒出一个立体的三毛形象。书中还披露了一些罕见的三毛的秘密，包括她青梅竹马的爱情、去西藏的经历、与美国籍主持人李柯似远似近的感情、自杀的原因等，希望可以给喜爱三毛的朋友更多的满足。

三毛逝后，关于她的传闻谣言铺天盖地。为了让这些不实之言不再叨扰终于安宁的那颗心，我在写作时，尽量把三毛这个人更全面地展示出来，不只是她传奇精彩的一面，也将她在人生里偶尔的懦弱、胆怯、任性、苛刻、傲慢呈现出来。这不是对三毛的不敬，而是大敬，因为三毛从来都秉持做一个真实的自己，她的文字里也从未避讳自己的所思所想所为。

我想，只有带着烟火气息的三毛，才能真正成为一个不老的传说。

最后，要感谢紫云传媒集团对我的信任，把这个宝贵的机会交付到我的手上。感谢韩素囚编辑自始至终的引领。从搜集素材到成稿是一条艰辛的路，因为韩老师的指引，才能让我完成这个几十万字的书稿，收获颇丰。

感谢弘丹写作成长学院的创始人弘丹老师，为我提供了这么好的平台，收获那么多宝贵的资源。

还有我的家人，老公、女儿及父母，肯于承担起家里的很多事务，让我有更多的时间写书。

如今书稿已成，毋需多言，只愿能为三毛的史料添上一块砖瓦。

此生足矣。

富春艳

2020年9月6日于辽宁沈阳

目 录

第一章　火树银花

三毛，就像一只光怪陆离的万花筒。

　　你永远不会知道，下一刻的她将会呈现出一个什么模样。

　　她的特立独行和敏感孤独，让她尝尽了世间的苦恼和酸楚，同时也让她走出一条不凡之路。

　　当她从自闭的泥淖中走出，就再不肯苟且地生活，即使只有一日的生命，也要绽放出最耀眼的光芒。

　　为了追寻自由，即使身处荒漠，她依然可以不畏艰难披荆斩棘；为了她热爱的生活，即使一无所有，她依然可以不卑不亢纵情高歌；为了保持自我，即使谣言四起，她依然可以无视红尘踽踽独行。

　　对于世人而言，她，就像那火树银花般的焰火——近在咫尺，又远在天涯。

多棱镜

作品中的韶华，是内向的我、内在灵魂的我，里面的月凤是外向的我，我把自己分成两个女人，借编剧，在两个女人的个性里面，偷渡我自己的灵魂。

— 《滚滚红尘》

三毛是个内心丰富到极致的人。

她就像一个多棱镜，有时在简单中蕴藏着复杂，有时在单纯中透露着深刻，有时在真诚中夹杂着叛逆，有时又在平静中孕育着激情。

读她，每一页都是新的乐章。

纵观三毛的一生，从小到大，孤独一直如影随形。

童年时期，她几乎不跟别的孩子一起玩，只爱默默独处。虽然身为女孩，但她从来不玩洋娃娃、过家家，只喜欢书本和小动物。她好奇心很重，爱蹲在地上观察蚂蚁搬家，抓萤火虫放进瓶子然后躲在被子里看它们忽明忽暗。

小三毛虽然话不多，却特别喜欢发问，问题常常刁钻古怪，令父母无从回答。比如苹果挂在树上会不会很痛苦，为什么蚂蚁搬家是一条直线，去世的人为什么要埋在土里等等。她的胆子大得令人难以想象。家旁边有一座荒坟，别的小孩都躲得远远的，但是三毛却敢一个人跑过去玩泥巴。

小三毛还有一个特殊的癖好，就是喜欢看杀羊。每年过年杀羊时，屠夫们磨刀霍霍，小羊咩咩地惨叫，别的孩子都会因为恐惧躲到一旁，三毛不仅不怕，还会颇有兴趣地走近观看杀羊的场景，从头看到尾，一个细节也不愿意放过。有人分析说，她并不是喜欢残酷，只是从中观看动物的可怜和生命的悲剧性。

上学后的三毛在老师眼里是一个"问题小孩"。

数学课上，老师让同学们演算"鸡兔同笼"的问题，三毛会在心里嘀咕：为什么偏要把鸡和兔子放在一个笼子里叫人算它们的脚，一开始就分开关不就好了吗？

语文课上，老师让同学们写作文《我的理想》，三毛竟然写要做一个捡破烂的人。老师气得发疯，要把三毛赶出教室，三毛只好重写。重写的理想并没好到哪里去，换成了"做一个夏天卖冰棒、冬天卖烤红薯的街头小贩"。

三毛的想法和做法就是这样与众不同，又千变万化，让人难以捉摸。虽然家里有一个姐姐、两个弟弟，但是她依然是寂寞的。她自己也说："**少女时代的我是个非常寂寞的怪物，念书在家，生活局限在那一幢寂寂的日式房子的高墙里，很少出门，没有朋友，唯一的真快乐，就是埋头狂啃自己喜爱的书籍，那时候我的自卑感很重，亲友间的聚会大半都不肯去。**"

这样的三毛，在成长的过程中，注定难以找到与自己心灵契合的人。只有与荷西相伴的那几年时光，孤独曾一度搁浅，可惜命运弄人，美好的时光伴随着荷西的离世也一并逝去了。

与生俱来的孤独感塑造了三毛敏感的天性。

她是家中老二，看似平常的出生顺序，在她眼里却是另有深意。她认为，老二就像夹心饼干，父母看见的总是上下那两块，夹在中间的虽然可口，却不容易被注意到。这样的想法让她觉得自己在家里不受重视，因此常常因为心理失衡而与姐弟们闹脾气，或者蹦出来捣蛋，以吸引父母长辈的关注。

在家休学期间，三毛的神经变得更加敏感。她觉得大家都在嫌弃她，把她当作怪物，自己就是个多余的存在。父母的话也经常被她听出"弦外之音"。有一次，父亲为了表示自己对三毛的关心，特意说："爸爸工作了一天很辛苦，但是还是愿意花时间来陪你。"可是父亲的好意却被三毛曲解为：都是自己让爸爸伤透了心，费尽了力，自己是有罪的。

于是，她越发地将自己的心房关紧，将自己与外部世界相隔离。

长大后的三毛，为了逃避现实、寻找自我远走他乡。在国外时，三毛把对家乡和家人的思念，化成一封封家书，频频地传送给家里。信中写满了生活的细节，身边的故事。父母没法做到像她这样频繁而详尽的回信，她就把这当成是对她的冷落。有一次，她竟还为此大哭大闹了一场，令父母非常无奈。她哪里知道，对她而言可以随手下笔千言的一封信，对于父母而言是有多难。

敏感的性格让三毛的一生感受到了太多的困扰与不安，但是也正是这一天性赋予了三毛特别的才情，让她拥有了比常人更深的洞察力、更敏锐的感受力，写出《撒哈拉的故事》《梦里花落知多少》《送你一匹马》等脍炙人口的作品。

虽然敏感至此，但三毛并不脆弱。相反，她的坚强独立让人心疼到落泪，她的骄傲自矜让人只能仰慕。她是善良的，但绝不软弱；她是多情的，但绝不低贱；她是真诚的，但绝不抛弃原则。她总是不卑不亢地兀自精致着。

20世纪五六十年代，对于台湾的小学生来说，遇到"梦魇老师"是寻常的。三毛的班主任，会对考试分数低的孩子鞭打、捏眼皮或者是罚跑步。三毛当然也难逃噩运，常常受到鞭笞。但是在被惩罚时，她从来不哭，也不肯认错，只是木然地接受。偶尔撩起眼皮看老师一眼，那种不屑的神情又会招来更狠更重的抽打。

三毛的大姐陈田心回忆说："在当年的体罚制度里，我也常被老师罚，觉得老师好像就有这样的权力；但三毛不一样，当她被罚感觉有屈辱之后，她就开始反抗。"

长大的三毛更加桀骜不驯。

第一次出国到西班牙时，起初她牢牢遵守父母临走时的嘱托：要谦和，要有教养，要宽厚。因此，入住马德里文化学院的宿舍后，为了与同寝室的室友们友好相处，她不只整理自己的内务，还帮助室友们干一些琐事。于是，三毛成了宿舍里最受欢迎的人，三毛也因为大家的赞美心里感到美滋滋的。

可是，过了一些时日，三毛渐渐觉得不对劲了。她发现室友们开始对她呼来喝去，好像她为她们做的一切都是理所当然的。三毛意识到自己一味地忍让被室友当成了懦弱。

这一天，室友们喝多了，又跑到三毛的床上毫不顾忌地打闹，借酒撒疯，丝毫不理会三毛的多次劝阻。三毛正要发火，喧闹声却把院长引来了。院长不问缘由，不管三七二十一就骂了三毛一通。委屈的三毛多日积压的怒火终于爆发了。她冲出门，从走廊里抓起一把扫帚，回到寝室，对着那些室友，一通猛扫。

这件事后，三毛没有任何道歉和解释，但室友们却对她俯首帖耳、恭恭敬敬了。更可笑的是，院长不但没有惩罚她，过后还给三毛送来几杯洋酒和一些糖果。

这是三毛取得的第一次外交胜利，也是第一次学会了如何捍卫自己的尊严。

等到第二次去西班牙途中，遭到英国移民局的无理扣留时，三毛的"斗争"经验已经非常丰富，胆量也足够大了。

当时，三毛是从香港经英国飞西班牙，因为是转机并不需要入境英国，因此三毛没有办理英国的签证。但是无理的英国移民局不问青红皂白就随意推断三毛有移民的倾向，把她关押起来，照相机也给没收了。这次，三毛一点也没紧张。她拒绝穿囚衣，还据理力争要求见律师。

后来，三毛被叫去听审。移民官居然告诉三毛，她将会以"偷渡入境"的罪名被起诉，如果她同意签字认罪，马上就可以离开英国。三毛的尊严再次受到了挑衅。她冷笑着要求英国人听取她的辩护，否则她就不走，还会将英国移民局告上国际法庭。移民官无奈，只得由她说。三毛就一件一件分析给他们听，说他们头脑简单，没有人情味，"没落的帝国尚在做着褪色的美梦，以为英国还是全世界人向往的地方，不知道处境，自尊，自大"。

没想到，三毛说完后，移民官竟然佩服起她，还表达了敬爱之情。当天晚上八点，被关了十四个小时后，三毛就被送回机场，解递出境，成为被扣留人中最快被放出的人，旁边的人都羡慕极了。令三毛啼笑皆非的是，走之前，移民局的人还请她吃饭，劝她不要生气。

三毛就是这样，她在自己的人生里把尊严看得比生命还重要。即使是在她最看重的爱情里，自己的尊严也一直不允许被侵犯。

众所周知，三毛的一生对爱情一直非常执着，愿意为其赴汤蹈火、远走天涯。尽管刚烈如此，三毛也一直有自己的底线。

在荷西之前，她交往过几个男友。在马德里的一个男友，是个德国人。这个男友有一个伟大的梦想，那就是将来成为一名外交官。三毛为他这伟大的梦想而倾倒。这位德国男友与之前的男友都不相同，他不会带着三毛到处玩，而是时刻拉着她学习，对三毛要求很严格。

有一段时间，三毛在德国的歌德语文学院学习，学费很贵，课业也非常繁重，背负着很大的压力。这期间，她付出了万分的努力，但还是在一次文字听写考试中，拼写错了几十个词汇。好强的三毛痛恨自己的无能、愚蠢，她崩溃地跑到男友的住处，伏在桌上泣不成声，希望从男友这里得到安慰和鼓励。

没想到，这位一直渴望进外交部的男友看了成绩单，非但没有安慰她，反而说："将来你是要做外交官太太的，你这样的德文，够派什么用场？连字都不会写。"三毛听了男友的话，二话不说，抱起书本，掉头离开。此时的她心里只有冷笑：你走你的阳关道，我过我的独木桥，没有人要嫁给你呀！

在三毛这里，不论境况如何，不论困难多少，信仰和原则绝不可失。即使是为五斗米，她也不会折腰。

1977年年初，失业一年的荷西，终于在尼日利亚的拉各斯找到了一份水下测量工作。这年5月，独自留在大加纳利岛的三毛也飞去了拉各斯。很多人一直认为三毛此行就是为了与荷西小聚。这当然也是一个原因。但更重要的是，她此行是要替荷西讨还公道。

因为她从尼日利亚回来的朋友那儿听说，荷西每天工作十五个小时以上，深夜了还在海底工作，不能按时休息，伙食又非常不好。三毛很担心荷西的身体，因为在水下工作，即使是一天工作八小时对肺已经是很大的伤害了，再像现在这样超负荷工作，人岂不是要废掉了？她知道荷西脸皮薄，不好意思讨价还价，常常会被人欺负，因此决定亲自过去与老板交涉。去之前，三毛下定决心，如果公司坚持不加薪、不减工作时间，就辞职不干。

没想到的是，实际情况比她想象得更糟。她与荷西团聚后，在无意中看到了荷西的工作日记，日记上明明白白地记载着荷西从来没有过休息日，这期间，只因为生了一次疟疾请了两天假，但相应的薪水也被无情地扣除了。三毛终于明白，为什么这次见到的荷西会瘦得没了人形。经过逼问，荷西承认，他做了近四个月的工，只得了半月薪水，护照和执业证书初来时也被老板耍赖扣下了。

三毛忍无可忍地说："荷西，中国人有句话——士可杀，不可辱。他那种态度对待你，早就该打碎他的头，一走了之。我不怕你失业，怕的是你失了志气，失了做人的原则。为了有口饭吃，就甘心给人放在脚下踩吗？"说完，三毛拉起荷西就要罢工，辞职回家。

但是荷西不肯，他怕极了没有工作的日子。失业的一年里，他们俩一天只吃一顿饭，这对于深爱妻子的荷西来说，是多么痛苦、多么不堪回首啊！他害怕那样的日子再度来临。对他而言，辛苦、委屈、疾病都可以忍受，但是没有能力养家，亏待妻子，那还不如死了。

但是对三毛而言，只要是真爱，一箪食、一瓢饮足矣。荷西是她的全部，如果荷西不在，拥有再多的钱又如何呢？三毛对荷西说，自己可以写文章出书挣钱，可以维持两个人的生活，但是荷西就是不愿意，他不愿意成为被妻子养活的小男人。

这种胶着的状态直到三毛母亲回信的到来才慢慢化解。缪进兰在来信中劝荷西不要为了赚钱而丧失原则，也不能因为怕失业而凡事忍让，并且一再表明，父母一定会支持他们，帮助他们。

这些温暖的话语终于融化了荷西的坚硬，他辞职了。

倔强的三毛在短短的人生里，一次又一次地坚守着自己的信仰。无欲则刚，这所有的坚守都源于她那颗澄净单纯的心。三毛的心底永远守着一块净土，没有邪恶，没有世故，没有矫情，一切只是从善如流，也正是这种单纯使她独具一种如西方人般率真的性格。

这种率真的性情，使得她的作品没有做作的语言，没有费尽心力的构思，更没有故意安排的情感。她的率真也使她很容易就交到朋友。孀居时的三毛，身边虽没有丈夫的时时照料，可她的很多朋友都会在她需要时不顾一切地跑来陪伴她。

对于三毛的率真性情，好友眭澔平感受最为深刻。他初次见三毛，便被她明快与热情、爽朗与率真的气质所吸引。

"请进，不必脱鞋了——我觉得鞋子是人整体的一部分，擦擦干净就可以了！"

"冷不冷？我都穿男孩子的衣服，给你套一件？"

"肚子一定饿！我去舀碗热的桂圆汤给你！"

这样的对话，使得眭澔平在与三毛见面的五分钟之内就感受到了她的真诚、直爽和热情。这份真挚可爱的性情在眭澔平看来像极了《红楼梦》中大口吃鹿肉、大声划酒拳的史湘云。

交往一段时间后，眭澔平发现，三毛何止是像史湘云，她身上的样子有着千百种，说也说不完。"她的聪明直爽像极了王熙凤，她的浪漫闲情又像极了史湘云；但是，同时她的内心却在应对进退得宜的薛宝钗和纤细敏感又才华横溢的林黛玉中拉扯着。最后，纯真善良的贾宝玉也跳了出来，三毛毕竟是个贪玩的孩子。"

的确，三毛就是这样一个女人。

一个情感丰富而广袤、扑朔而迷离的女人。

一个在台北、在马德里、在西柏林、在撒哈拉，都有不同故事、不同魅力的女人。

即使读她千遍，始终也不会厌倦。

轨外时光

> 我是一个像空气一样自由的人，妨碍我心灵自由的时候，决不妥协。
>
> ——《雨季不再来》

三毛，从来不是循规蹈矩的人。

很多时候，她都游走在人生轨道的外围，不愿被所谓的"正轨"所束缚。

这样的"轨外"人生从她幼年时给自己改名字就开始了。

1943年3月，三毛出生在战时的重庆。

当时，抗日战争形势正处在严酷之时，国民党政府在日寇战火的威逼下节节败退，前方陈尸百万，哀鸿遍野。父亲期待这个世界再也没有战争，所以在给新出生的女儿起名时，特意使用了一个"平"字，寄托着对和平社会的向往。

于是，三毛有了自己的名字：陈懋平。（"懋"字是家谱上的排行。）

三毛一天天长大，父亲开始教她识字写字。可"懋"字写起来实在太难了，三毛无论如何都学不会。于是，每次写名字时，三毛就擅自把中间那个"懋"字去掉，直接叫自己陈平。就这样，"取名"这个天经地义属于父母的权力，被她小小地篡权了，那时的她只有三岁。好在父亲开明，最后向她投降，后来连给弟弟们取名也把"懋"字拿掉了。

这个小小的"改名"运动，让父母第一次领略了三毛倔强独立、任情任性的秉性。从此，"陈平"这个名字伴随了三毛一生。但是三毛并不喜欢这个名字，因为它太普通、太平凡。于是，"改名"似乎成了三毛热衷的事业，之后又相继为自己起了好几个名字。

1961年，三毛休学期间，曾经跟著名画家顾福生学画画。有一次，在模仿了顾福生的画作后，她随手就在作品上签下了"Echo"这个英文名字。"Echo"中文翻译过来是"回声"的意思，它源于三毛之前听到的一个希腊神话故事。

森林女神Echo有着绝世无双的美貌，这引发了天后的嫉妒。她不仅把Echo处罚到人间，还让她成为半个哑巴，只能跟在别人后面重复别人说话的最后三个字。

有一天，Echo在森林里邂逅了高傲英俊的纳西瑟斯，对他一见钟情，热烈地爱上了他。但是因为无法张口说出心中的爱恋，她只能紧随在纳西瑟斯身后，希望他能注意到自己，注意到自己对他的爱。

纳西瑟斯终于发现有人跟在自己身后，就回头大声问道："谁在这里？"Echo无法回答，她只能重复后三个字"在这里"。纳西瑟斯又说："不要这样，我宁愿死也不愿让你占有我！"Echo回答："占有我。"听了这样的回答，纳西瑟斯认为Echo是个轻浮的女人，不屑地走了。Echo羞愧难当，痛苦神伤。最后，纳西瑟斯因为过于傲慢受到宙斯的惩罚，变成了一株对着自己的倒影自开自赏自凋零的水仙。

三毛被这个故事深深地触动了，她因为自己的心灵受困而与森林女神产生了共鸣。她在画作上不自觉地签下"Echo"这个名字时，也许在潜意识中就是想表达一个少女内心的伤痛与哀怨，那正是她当时内心的真实写照。

三毛第一次到西班牙的时候，因为需要英文名，她就很自然地正式启用"Echo"代替了"陈平"，后来这个名字又成了荷西对她的爱称。

如果说伴随她走遍天涯的是"Echo"这个名字，那么与她的成名作品并蒂而生的就是"三毛"这个名字了。1974年，三毛在停笔十年后再度起笔，并第一次使用"三毛"这个笔名写了一篇散文，取名《中国饭店》，发表在了台湾当时发行量最大的《联合报》上。从此，三毛的作品一发不可收拾，斩获了众多读者的心，在台湾和大陆几度掀起了"三毛热"。

"三毛"这个笔名不只令她名利双收，更让她收获了一段旷世情谊——她自作主张地给自己认了一个"爸爸"。

事情的原委，要从一套漫画集说起。那是中国当代杰出的漫画家张乐平出版的《三毛流浪记》，也是三毛童年时阅读的第一套书。在她命运多舛的童年，流浪孤儿三毛的故事深深地打动了她，带给了她精神上的寄托。

虽说三毛的笔名源于此，但三毛为什么会起这么个笔名，社会上多有揣测。在一次接受采访时，三毛也透露了自己取这个名字的想法："三毛是一个最简单、通俗的名字，大毛、二毛，谁家都可能有。我要自己很平凡，同时，我也连带表明我的口袋只有三毛钱。"

　　不管怎么说，从张乐平的《三毛流浪记》里，三毛找到了终生相伴的两个字符"三毛"成为她自己的代称，"流浪"则成为她人生的重要标签。因此，她对"三毛爸爸"张乐平也是一直心心念念，希望有机会见面。

　　1988年，三毛托在武汉《长江日报》工作的外甥女给张乐平捎去一封信。在这封信中，三毛真挚地讲述了自己与《三毛流浪记》的缘分，并感谢张乐平给了她一个丰富的童年。

　　张乐平读到这封信时，被三毛的真诚所感动。因为当时他已经患有帕金森氏综合征，手抖得厉害，不能写字，只能口述，就让他人代写了一封回信。在信中他附寄了一张自己新画的三毛像。这张画像，是张乐平在病中画一笔，歇一会儿，勉强成图的，代表了老先生的一片赤诚。这以后他们之间的书信来往便开始了。三毛是在给张乐平的第三封信中称张乐平为爸爸的。这封信里她还来寄给张乐平自己的一张照片，背面写着："你的另一个货真价实的女儿。"

　　1989年，三毛趁回浙江老家祭祖的机会，先转道到上海拜访了张乐平。见到张乐平夫妇那一刻，三毛泪水喷涌而出，二话不说就跪下磕头，口里不住地喊着"爸爸妈妈"。

　　三毛把张乐平真的当成了爸爸。在来之前，她曾给张乐平去信不客气地表示希望能得到一件特别的见面礼——卡其中山装。这可愁坏了张乐平夫妇，因为当时这种布料市场上几乎已经绝迹了。但是，为了满足这个"女儿"的心愿，他们委派大儿媳跑了很多地方，总算是找到一件"涤卡"的，见面时送给三毛。三毛拿到这件衣服高兴得像个孩子，立即穿上，冲到镜子前，一个劲儿左照右照，说太合身，太好了！

　　而三毛给张乐平的礼物，则是她的《我的宝贝》一书。在书的扉页上，她写道："这本书为作者亲自带入大陆第一本。十一亿中国同胞中，仅此一本。"还深情地附笔说："爸爸，谢谢您创造了我的笔名。"

三毛在张乐平家仅仅住了四天，却给张乐平夫妇留下了深刻的印象。在张乐平的眼里，三毛乐观、倔强、好胜、豪爽、多情又有正义感，有时又显出几分孩子气，这样的三毛真的有几分像他笔下的三毛。

就这样，三毛在她最后的时光里了却了一生的夙愿。分手时，三毛与张乐平夫妇都是热泪盈眶、依依不舍。他们谁也没有想到，这一别竟成永别。两年后，三毛在台北用丝袜结束了自己四十八岁的生命。噩耗传来，张乐平和夫人泪眼相拥，泣不成声。

三毛的一生总是这样任情任性、恣意洒脱，想流浪就流浪，想结婚就结婚，包括她想结束自己的生命，亦是如此。可以说，从小到大，"任性"二字从未脱离三毛的生活。

三毛的童年就写满了"不听话"三个字。用火柴点蚂蚁，荡很高的秋千，靠近危险的大水缸，逃学到墓地去看书……这着实给父母增添了不少烦恼。"三毛是四个孩子中个性最特别的，姐姐和两个弟弟像是一般的花草，只要天天浇灌就会生长开花，但是三毛这棵花却得随时随地注意阳光、注意雨水、搬进搬出、才能成长。"这是母亲缪进兰对三毛的描述。

三毛这一生始终最在意的事，就是能不能做自己。正因如此，她从小就强烈地拒绝社会化，当她被压制和管教时，会产生令人震惊的反弹。

三毛小学时成绩优异，十二岁的时候考入了重点中学——台北省立第一女子中学读书。但是从初二时起，她的数学成绩变得一塌糊涂，最好也不超过五十分。为此，数学老师总是对她冷眼相看。敏感的三毛更没了自信，每次上数学课就头昏脑涨，什么也听不进去，成绩越发地提不上来了。

但是三毛极其聪慧，她通过几次小考发现，老师出的考题都是从课本后面的习题中选出来的。于是，她就每天把数学题的答案背下来。由于记忆力极好，一晚上可以背十多道代数题目，因此一连考了六个一百分。万万没想到，她的进步引起了数学老师的怀疑。

一天，数学老师趁课间休息时把三毛叫到办公室，现场扔给她一张考卷，让她在规定时间内做完。可想而知，三毛当然做不出来。老师挥挥手让她回去。但是再上课时，对三毛而言，真正的噩梦开始了。

老师当着全班同学的面把三毛叫上讲台，用饱蘸墨汁的毛笔，在她的眼睛周围画了两个大黑圈，然后让三毛转过去给同学们看，全班同学立刻哄堂大笑起来。事情并没有就此结束，下课后老师又让三毛到走廊上绕一圈再回教室，这一下学校里好多同学都看到了囧囧的三毛。

面对这样的屈辱，三毛没有掉一滴眼泪，也没有将发生的事告诉父母。只是从此，她开始抵触上学这件事，隔三岔五地就会背着父母逃课。纸包不住火，过了些时日，因为学校的反馈，父母终于知道了她逃课的行为。之后，母亲担起了每天监督她上学的任务。

但是，没办法逃课的三毛在潜意识里却有了更激烈的反应。有一天早晨，她照例去上学，走到走廊看到自己的教室时，竟立刻昏倒了。此后这个症状一天比一天严重，以致最后只要在家开始穿鞋准备上学，她就会昏倒在门口。这是一种严重的心理障碍，她的器官为了保护她，全部封闭起来，帮助她避免接触外面的世界。

终于，三毛休学了。她把自己关在家里，好长时间不与人接触，唯一的活动就是在无人的午后，绕着小院的水泥地，一圈又一圈地溜旱冰。这个伤痛对三毛的伤害是刻骨铭心的，以致很多年后只要看到小学生们在老师的带领下统一行动时，她还会感到心痛，心痛这些孩子们的生命已经被纳入人生秩序里来了。

三毛自闭了七八年后才走出阴霾，开始了正常的大学生活，父母终于松了一口气。可是，好景不长，她在大三时再一次做出了任性的决定：她要放弃在台湾的大学生活，出国留学。这个决定的导火索是她向初恋男友逼婚被拒。

本来这段感情有着非常浪漫的开始。那个男孩叫梁光明，笔名舒凡，比三毛高一级。舒凡在大二时就已经出了两本书，是一位才华横溢的青年才俊，得到很多女孩子的青睐。三毛看过他的文章，一直很仰慕，苦于无缘结识。她到处寻找与舒凡相遇的机会，机会终于来了。三毛的一篇文章发表后，她举办了一个庆祝宴，请来了许多同学，也邀请了舒凡。饭桌上，三毛主动向舒凡敬酒，但是舒凡好像并没有多在意她，而且没吃多久，就先行离开了。这令三毛很失落。

回寝室的路上，三毛是忧郁的。忽然，她看见前面的光影里站着一个人，那不是舒凡吗？她的心一下子跳跃起来，不由自主地向舒凡走去。四目相对，默然无语。最终，还是三毛结束了尴尬的局面。她从舒凡上衣口袋里取出钢笔，在他的手心里留下了自己家里的电话号码，然后满怀着喜悦，羞涩地跑开了。

那一天下午，她在家里坐卧不宁，有电话响就会抢在家人前去接，但是都不是找她的。就这样煎熬了三四个小时，终于，五点多钟，她等来了舒凡的电话，约她晚上七点钟见面。从此，两人开始了正式的交往。

这段经历后来被三毛谱成歌词记录下来，歌名叫《七点钟》：

> 今生就是那么地开始的，
>
> 走过操场的青草地，
>
> 走到你的面前，
>
> 不能说一句话。
>
> 拿起钢笔，
>
> 在你的掌心写下七个数字。
>
> 点一个头，
>
> 然后，狂奔而去……

舒凡是三毛父母心中非常理想的女婿人选，有才华、有思想，又勤奋，所以他们特别希望这段感情能有个好结果。

但是，这段感情中的三毛心态并不好。她刚从自闭中走出不久，面对如此优秀的舒凡，心底掩藏着极度的自卑和不安，交往时常常发脾气闹别扭，搞得两个人都很累，是名副其实的"苦爱"。为了守住这段感情，自卑的三毛在交往了两年后，在大学期间就向舒凡提出了结婚。而此时的舒凡正为三毛经常性的情绪波动所困扰，他觉得两人还需要时间磨合，再加上两人尚年轻，未来的一切都没确定，对于三毛结婚的请求没有答应。

三毛任性的脾气又来了。她告诉舒凡如果不结婚，她就出国，而且真的开始办起出国手续来。舒凡虽然伤心，但还是无法下决心去结婚，等到三毛办好了手续告诉他时，他只能含泪与三毛告别。

三毛决定出国这件事并没有事先与父母商量。当她在饭桌上冷静地将自己的想法告诉父母时，父母一时措手不及。对于尚未念完大学的女儿，突然决定留学，他们一时无法接受，劝她再考虑考虑。

三毛的回答是："不出国可以，不是他疯就是我亡。"

就这样，至情至性的三毛从此开始浪迹天涯。

随着时间的打磨，三毛的父母渐渐地适应并接受了三毛的任性。因此，对于后来三毛在结婚前只以一封来信告知这件事，父母并没有生气，只有祝福。他们知道，自己不能永远陪伴女儿，也始终未曾看懂女儿的心，如果有一个人能够代替他们来爱三毛，再好不过。

三毛与荷西确实没有辜负自己、辜负父母，他们在沙漠度过了一段幸福而浪漫的时光。但是三毛依旧是三毛，在婚姻期间，她依然遵从自己的内心，追求内心的自由。她不止一次说，虽然结婚了，但两个人还是两个个体，不要因为婚姻失去了自我。所以，结婚后她依然不时有些任性的行为，令荷西无可奈何。

最任性的一次，就是三毛一声不吭地买机票逃回台北那件事。荷西得知她要回家，追去了机场，可是三毛就是不肯回来，终于从非洲转飞机、转汽车，回到了父母身边，把荷西一个人留在了沙漠里。在台北待了两个月，因为耐不住母亲的催促，她这才不得不缩短了自己的"假期"，飞回沙漠的家中与荷西团聚。

荷西死后，回台居住时，三毛虽然心性平和了很多，但是偶尔还是会任性一把。母亲曾回忆说，有一次她过生日，全家人商量着为她在饭店庆生，她也同意了。可是，都快出门去餐馆了，她突然说，不去了，怕吵。全家人都拿她没办法，只能撇下她去吃没有寿星的生日酒席。

这就是三毛，永远自由不羁，活得自我而狂放，不在意他人的看法与想法。正如她的父亲所说："我女儿常说，生命不在于长短，而在于是否痛快地活过。"

对于自由，她有自己的诠释："生命的过程，无论是阳春白雪、青菜豆腐，我都得尝尝是什么滋味，才不枉来走这么一遭！"

她兑现了对自己的承诺，也将"任性任情"活出了极致，把人生过成了诗中的模样：

> 如果有来生，要做一棵树。
>
> 站成永恒。
>
> 没有悲欢的姿势，
>
> 一半在尘土里安详，
>
> 一半在风里飞扬；
>
> 一半洒落阴凉，
>
> 一半沐浴阳光。
>
> 非常沉默、非常骄傲。
>
> 从不依靠、从不寻找。

向死而生

我相信，燃烧一个人的灵魂的，正是对生命的爱，那是至死方休。

——《说给自己听》

三毛离世时，只有四十八岁。

从生命的长度来说，四十八年的时间确实是太短了。

然而，就是在这四十八年的时间里，三毛，一个弱女子，竟然游历了50多个国家，写出了八十多部作品。

她用四十八年的短暂时光，活出了他人几世生命的精彩，用她曲折而传奇的经历和燃烧自己的方式诠释了"向死而生"的绚烂。

从生命的广度来说，这，又是无与伦比的。

1969年，三毛以马德里大学哲学院的结业证书申请到了西柏林自由大学哲学系的学习机会，于是从西班牙转赴德国。但是在与学校面谈后，因为德语一项的成绩是零，校方要求她先转去歌德语文学院去学习德语，而后才能回到自由大学就读。

歌德语文学院学费极其昂贵，教学安排也非常密集。那段时间，三毛每天上课五六个小时，回家后的作业与背诵还要十个小时。这样一来，每天上课加夜读的时间大约在十六七个小时以上。那段日子极为辛苦，但是三毛却咬牙坚持了下来。一来，三毛骨子里非常要强，不肯屈居第二；二来，她对父亲用辛苦伏案工作换来的昂贵学费，怀有一种深深的歉意，这种歉意只能通过认真上每一堂课和作业取得满分才能稍许减少。

三个月的苦读后，三毛从最初连德语的早安都不会说进步到能精准表达和拼写。在初级考试后，她拿到了成绩结业单，上面赫然写着"最优生"的字样。那一刻，三毛欣喜若狂，她拿着成绩单，飞奔去邮局挂号寄给父母。"茫茫大雪的天气里，寄完了那封信。我快乐得流下了眼泪，就是想大哭的那种说不出来的成就感。"

初级考试结束后，班里通过的同学只有四个，其他十一个同学都不许升班。老师看见三毛身体透支得厉害，就建议她休息一段时间再到中级班学习。三毛虽感动于老师的关心，但是她怎么能够休息呢？有限的生活费已经来之不易了，自己还要空消耗时间，那怎么对得起父母？！

那时的三毛在生活上只能维持温饱，在三个月的学习中有大半的时间是吃饼干或者用黑面包泡汤度过的。在穿着上，她更是狼狈不堪。零下十九摄氏度的冰天雪地里，她只穿着一双脱底破洞的棉鞋。每天晚上，除了做功课，修补鞋子也是她另一个必须做的工作。然而，修补只能说是象征性的，勉强对付而已。每天上学前，为了不让雪水灌进来，她都要在毛袜里面包层塑料袋，再在鞋子外面包上另一个袋子，然后用橡皮筋把鞋底鞋面绑紧。即使是这样，鞋子里还是会常常灌进雪水。所以一进教室，三毛就会立刻找个有暖气管的位置坐下来去烤脚。那个冬天，连日下来，她的脚上长满了冻疮。

同学们都笑话她，为了爱美不穿靴子，他们哪知道是因为三毛的脚太小买不到合适的靴子，而高昂的定做价格，那是三毛无论如何都不忍心去向父母讨要的。那个冬天，三毛长满冻疮的两脚，踩着一双雪水浸透的旧棉鞋匆匆地行走在求学的路上。

三毛一生的大部分时间都是这样不辞辛苦、马不停蹄地奔跑，只因为她始终秉持着这样一种理念："**人生那么短，抢命似的活是唯一的方法，我不愿慢吞吞地老死。**"这种抢命似的活法在她人生的最后阶段体现得更为突出。

1982年，三毛结束了自己的流浪生活，回到台湾，在台北文化大学中国文学系任教。作为当时极受欢迎的知名作家，可以想见，她的归来也意味着开始面对社会各界不停歇的邀请，宴会、演讲、座谈交流，一项项挤满了她的日程表。三毛连续好几周都没有时间在家里吃上一顿饭。

那个时候的三毛身体已经透支了，但是她又是责任心非常重的人，任何事务都不忍拒绝和拖延。

1984年，对于三毛来说是最为忙碌也最为心力交瘁的一年。这一年，三毛有一本新书《倾城》正在筹备出版。后来出版社又建议她再推出两本新书《谈心》和《随想》，三毛也毫不犹豫地就答应了。同时出版三本书，对于任何一个作家而言，都是疯狂而罕见的行为，而这正是三毛所追求的，她喜欢这种满满的成就感。

由于后两本书并不在计划的工作进度内，工作量之大可想而知。《谈心》主要收录三毛跟读者多年来的通信，虽然需要花大量的时间去挑选、整理、编辑，但毕竟是现成的东西。而《随想》则是一本诗集，打算收录三毛对人生、世界有感而发的一些诗歌。三毛的文字大多是散文，诗歌很少，现在要出诗集，差不多相当于从零开始，是项极耗神的工作。

而在此时，她的好友丁松青神父完成了他的一本新书《墨西哥之旅》（后来被三毛翻译成《刹那时光》），又来恳请三毛替他翻译成中文版。小丁神父是三毛少有的可以倾诉心事的朋友之一，对于这种朋友的请求当然是义不容辞的。这等于又给她加了一项十二万字的翻译任务。这样，三毛的手头就有了四本书。没办法，她只能拼命地压缩自己的休息时间，以至很长一段时间每天的睡眠时间平均只有四小时。

父亲陈嗣庆曾回忆说，那段时间三毛写作的时候，非常投入，每一次进入情况，人便陷入"出神状态"，不睡不讲话甚至六亲不认。有一次，她坐在地上没有靠背的垫子上写，七天七夜没有躺下来过，写完，倒下不动，说："送医院。"那一回，她眼角流着泪水，嘿嘿地笑着问母亲："今天几号？"

三毛在母亲的眼皮子底下透支着自己的健康，令母亲极为心痛。她说："我真的不知道，好好一个人，为什么放弃人生乐趣就钻到写字这种事情里去。"但母亲也知道劝说无用，只能随她去。

那段时间，三毛还与滚石唱片公司签了合同，滚石要她填写一整张唱片的歌词，就是那张著名的《回声》。之所以在如此忙碌的情况下接下这单任务，是因为三毛对于这张制片的制作人高度认可。制作人王新莲和齐豫都是对文字的敏感度极高的人。写作过程中，三毛自己一点也不敢懒散，常常一个句子，想到数百种以上的方式才能定稿。

1985年旧历新年伊始，长期的劳累终于让三毛的身体不堪重负。她患上了流行性感冒，日日夜夜咳嗽不停，一直咳到了三八节都没有好转的迹象。父亲内心极为煎熬又无助，终于有一天忍不住了，他冲着三毛怒吼，那吼声中还压抑着哽咽：

"你要不要命？你去！你去！拿命去拼承诺，值不值得？"

"已经第七十四场了，送命要送在第几场？"

即使是这样，他知道自己依然无法阻止三毛忙碌的脚步。

同时处理四本书和一张唱片，早已忙得不可开交的三毛还要处理生活中的很多琐事。当时，她看中了一幢楼中楼的公寓，并倾尽积蓄买下了，装修事宜又提上日程。对于有着极高审美情趣的她而言，除了钉木板这种劳力的活外，其余的摆设、装饰、家居用品等的选购、布置是一定要亲力亲为的。

雪上加霜的是，这一时期，她的一位挚友患上脑癌住进了台大医院，而母亲缪进兰又被发现患上了乳腺癌住进荣民总医院。这两个对三毛而言至关重要的人同时生病，对她的内心来说，自然是无比的煎熬。终于，她的生活彻底失去了平衡。她白天奔波于两个医院之间，晚上绞尽脑汁地写作，原先用来睡眠的四个小时现在又被她用来阅读张爱玲，因为只有阅读才能让她放松，暂时地忘却烦恼。

三个月，连续三个月，没有一点睡眠！身体是不会撒谎的。她的记忆开始出现问题，常常忘记给朋友打过电话，家里的植物也不知何时被她放错了位。朋友去世时，她跑到医院大哭一场后，想再去医院看望母亲，但是说什么也想不起来医院的位置了，只好打车回父母家。但是到了楼下下车后，又忘了父母家在哪里。

终于，三毛被送进了医院的脑神经内科进行治疗。再出院时，她向自己投降，没有再继续工作，而是飞去了美国休假。此时的她才发现，能够记得回家的路是一件多么幸福的事。

　　三毛多病的体质是从儿时就带来的。出生时，她是个不足月的孩子，体质比较羸弱。加之战时的重庆物资极为匮乏，导致她天生就营养不良。凡此种种，便长成了一个体质偏弱、大小毛病不断的三毛。

　　撒哈拉沙漠的日子虽然带给她精神上的满足，但因为条件恶劣、生活贫困，她本就脆弱的身体问题不断，下身经常莫名其妙地流血，反反复复地发作，而且每次都突如其来。有一天晚上，还在睡梦中的时候，三毛身下就不知不觉地流了很多血，等到荷西发现的时候，床单早已被染了一大片的红。这个病持续了多年，直到服了一位台湾老中医开的药才治愈。

　　又一年，为了躲避沙漠中的战火，他们离开了沙漠，居住在加纳利群岛。在那里，有一年的时间，因为荷西找不到工作，他们失去了生活的来源，三毛写稿的稿费，荷西又坚持存起来不让用。因此，为了减少开支，夫妻俩养成了一天只吃一餐的习惯。三毛本就羸弱的身体经不住考验，再度出现了一些问题，长时间处于打针吃药的状态。

　　1979年，是两人在一起的最后一年，也是两人婚后最如胶似漆的一年。三毛跟随荷西来到拉芭玛岛居住。小岛上风景如画，气候宜人，干净的海水冲上沙滩，令人心旷神怡。但是面对这样如诗如画的风景，面对神仙眷侣的爱情生活，三毛却产生了不祥之感，因为长年的脊椎痛、坐骨神经痛等身体问题时时困扰着她。

　　不只如此，在这里，她还添了新的毛病。

　　一天晚上，二人去岛上的老戏院看了一部恐怖电影，散场后步行回家。路上他们要经过海边和一片树木，刚看过恐怖片的二人听着海浪的声音和树林里传来的萧萧风声，突然感觉毛骨悚然，胆战心惊。二人不自觉地尖叫着跑起来。还没跑到家，三毛突然感到心口一阵剧痛，动弹不得，她抱住一根电线杆停了下来。荷西吓坏了，把三毛背回了家。

这之后，心口疼痛总是时不时地发作。每次犯病，连日常的事都做不了。她有些担心，越担心越不敢告诉荷西，只是默默地推掉了很多与朋友的活动。种种迹象都让三毛认为自己大限将至。为此，她还特意背着荷西找律师立了遗嘱。

对于三毛的身体，她的朋友们都有了解。好友齐豫就说过，三毛的一生，她的身体是一个很大的包袱。采访过她的记者吴景娅也说，身体的衰弱仿佛在拖累她的灵魂。

直到生命的最后一刻，三毛也是在被疾病折磨。官方的说法是她因为子宫内膜增厚才入院手术治疗的，并不是什么大病。但是1990年2月26日，香港的《新晚报》却刊登了这样一条消息：台湾著名女作家三毛临终前曾给大陆的倪竹青叔叔写过一封信，信中写道："我非常累。写不动信，一月瘦一公斤。生了与我母亲同样的病，是'腺癌'，而且查出来三个地方都有。"当然，这个消息是否真实并未得到确认。

病痛，在三毛的一生里，成为她很大的一个困扰。但是，谁能想到，就是这样羸弱的三毛，在短短的生命时光里走遍了大半个地球，出版了二十几本书，难怪有人说她是在用身体去创作，用生命去流浪。

她的流浪不是像大多数人那样走马观花而已，她要探险，要实地考察每一个地方的人文风貌，这势必使得她的旅途充满了艰辛与危险。可以想见，以三毛的身体，想要做到探险式的旅游有多么不易，但她一直顽强地坚持着。

生命后期，她的身体屡次爆出红灯，但她丝毫没有放弃那颗骚动的心。身体才见好转，马上就迫不及待地奔向大漠戈壁。在西藏游历的四天，有三天半在病床上度过，但是等到病情稍有控制，便又飞向成都。

这样不停歇的三毛，不只是父母心痛，连旁人看了也是唏嘘不已。

她在加纳利群岛期间，邻居是两个瑞典老夫妇，他们是医生出身。看到三毛经常一个人由清早忙到深夜，日日不停地工作，便对她深表同情和怜悯。他们每天都站在窗口张望，有一天终于忍不住跑来哀求："Echo，你要休息，这样日也做，夜也做，身体吃不消了，不能慢慢来吗？"

但是，三毛哪能停得下来？！

她的人生使命好似就是"燃烧"，就是要达到"春蚕到死丝方尽，蜡炬成灰泪始干"的境界。

当她不能再拼命工作，不能再尽情流浪，生命似乎就已经走到了尽头。

于是，斯人去矣。

第二章　梦田

三毛，一个生于重庆，长于南京、台北，最后走向世界的女子。

　　她是不幸的，因为与生俱来的悲剧性格，她一直在不停地上下求索、追逐流浪。

　　她又何其有幸，从陈家"二毛"成长为属于广大读者的"三毛"。

　　而这幸运绝非偶然。

　　她有着良好的家族基因，从祖父到父辈，都有着优秀的才华、坚实的斗志和坦荡的品格。

　　她有着良好的家庭氛围，一个传递书香的世家，让三毛在孤独自闭的时光里，依然能找到自己的一方乐土。

　　她有着开明乐观的父母，让不能苟且于世的三毛，得到了最大的保护和关爱，没有沉沦也没有泯灭。

　　故乡，祖辈，父母，在三毛的梦境里种下一亩亩田，让她久久不愿醒来。

捧一把乡土

终于，选择，我最不该碰触的，最柔弱的那一茎叶脉——我的故乡，我的根，去面对。

——《祝福中国》

"黄桷垭，黄桷垭，黄桷垭下有个家。生个儿子会打仗，生个女儿写文章……"在重庆的黄桷垭，流传着这样一段民谣，民谣里的"女儿"，说的就是三毛。

重庆是三毛的第一个故乡。当时的陈家住在重庆郊外的山坡上，那儿有苍翠的树林和许许多多的石阶。三毛的父亲每天必须骑着马，踏着台阶才能走到南山的律师事务所上班。

现在，在重庆南岸区南山黄桷垭正街145号，我们可以找到三毛的故居。就是在这条老巷内，一栋二层的青瓦木舍里，三毛来到了这个世界。那里，她玩耍过的庭院，还在；她荡过秋千的黄桷树，也还在。

黄桷垭老街是黄葛古道的尽头。作为重庆最负盛名的一条古道，有"巴渝第一古道"之称。它的历史可以追溯到唐宋年间，曾是背夫马帮歇息之地、官府兵营驿站驻地。

一方水土养一方人，三毛的品格离不开故乡水土的培育。正像传记作者崔建飞所说："热情、直爽、重情、敢做敢闯是大家公认的三毛性格，这也是重庆人独特的性格。"

三毛确实一直把重庆当成自己的故乡，能够用非常地道的重庆话与人交流。1990年秋天，在身体极度虚弱的情况下，她还不忘回到故乡寻找儿时的记忆，那时距离她离开故乡已经四十余年。她回到老屋，看望了故友，去找了父亲陈嗣庆当年工作过的地方，还在那里拍了抗战时期著名的北平大楼带回去给父亲看。

不过，因为在重庆的日子三毛毕竟还太小，留下的只是一些零散的记忆。

就在黄桷垭的老院子里，在朦胧的梦乡里，父亲骑马上下班的马蹄声让小三毛第一次体会到生而为人的小小的悲喜。马蹄声近了，便是她的节日；远了，她的小胸膛里便装满忧伤……

她说她最爱重庆一种黄色的野花，在四五月漫山遍野地盛开着。小时候，她很喜欢跟着姐姐用妈妈的空药瓶子盛满井水，养一大捧小黄菊花在房子里，让那充满药味的花香弥漫了全屋。

三毛在重庆最后的记忆片段，就是姐姐和自己被安排进一个狭窄的空间，坐在像似装饼干的铁盒子上，周围环绕的巨响震得耳膜很痛。然后，记忆就中断了。

四十年后，她问父亲："那是什么地方，有水围绕？"

"那是重庆珊瑚坝飞机场嘛。"

那一天，是他们全家搬离重庆，飞往南京定居。当时抗战已经结束，三毛刚刚两岁。

南京、鼓楼、头条巷、四号，这个地址三毛一直记忆犹新。

从三毛的文字中，我们可以看出当时的陈家是个相对殷实的家族，他们和大伯家以及用人、杂役等二十几人居住在一座三层楼的西式洋房里。洋房呈回字形，前院种满了梧桐树、桑树和花草。

客厅里有大人的壁炉，每到圣诞节，只有家族里的可可姐姐们做好一切铺陈，圣诞树、白棉花制造的雪景、晶晶闪闪的小碎片，还有收礼物的长袜子，在小三毛的心里留下了温暖的记忆。唯一让她不满意的就是，那时候的她最不自由，因为所有人都比她大，都能对她下命令："乖——过来，跳一个舞给大家看。""一二三——跳。"

三毛最爱的是"后院那鲜明活泼的生活——大师傅炒菜，江妈纳鞋底，吴妈熨衣服，小赵洗车子，兰瑛打她的孩子，门房老婆婆打兰瑛"。南京的夏天在三毛看来是最迷人的，有墙外传来的"马头牌冰棒"的叫卖声，有堂哥们用不知从哪儿弄来的"手摇机器"自制的冰激凌，还有后院水井中泡着的西瓜……

父亲和伯父的律师事务所就设在洋房楼下的书房里，那是三毛在冬天不能出去玩时最爱去的地方。尽管孩子们一再被警告不许进入，但是那里的文房四宝对小三毛来说诱惑力太大了，她还是偶尔会忍不住偷偷进去。桌案上有一只中国小瓷花缸，三毛极为喜欢。说是缸，其实比汤碗还小，是用来装磨墨的水的，里面斜斜地搁着一支细小的水勺。

有一天，三毛趁人不注意，溜到书房里。她先蹬上椅子，再上桌子，趴在小瓷缸边，学着父亲的样子，一小匙一小匙地把水倒进砚台里，又拿起墨煞有介事地磨起来。等到她被大人发现，被提出来时，小三毛已经全身上下黑漆漆的了。

再一次溜进书房，却被父亲撞见了，好在父亲只说句"不许碰东西"就走了，没有撵三毛出来。三毛哪里肯不动呢？她又开始玩上了热爱的"游戏"。没想到，一个不小心，那小水缸竟然啪的一声碎开了，水不断地流下来结成了冰。三毛觉得自己闯下了大祸，一下就溜走了，心脏还扑通扑通地跳个不停。

几天后，父亲把三毛带进书房，问是不是她把小水缸打破了。三毛害怕被惩罚没有承认，这是她人生的第一次撒谎。父亲恼了起来："弄破了就是弄破了，为什么要说谎？"父亲并没有再多说，只是把她单独留在书房中罚站。那时，她只有三岁零六个月。父亲罚她在书房站，是想让三毛明白，陈家的孩子一定得是一个正直的人。

冬天里另一件快乐的事就是在院子里和哥哥姐姐们堆雪人、打雪仗。哥哥们做出来的雪人老是咬着一支烟斗，眼睛是用一圈圈的葡萄干塞出来的。雪人做好后就会打雪仗，三毛因为小，跑不快，总是被打中，打中了就得倒地装死。虽然不高兴，三毛并不敢哭，因为谁要是哭了就不让谁再参加了。

三毛虽然对南京没有故乡意识，但又一直牵挂着这里。每当有亲友返回大陆时，总会叮嘱他们给自己带些南京的雨花石回来。这石，承载着她对南京的无限怀念，除了童趣，还有她遇到的无数个第一次：第一次见到死亡，第一次见到爱情，第一次懂得离别。

死的是门房老婆婆。"她的棺材被抬上了一辆大卡车，伯父、父亲，还有很多人都坐上了车，我自然只是旁观者。兰瑛哭得怪大声的。那是我第一次意识到死亡。当时我边看死人边采栀子花苞，一共四朵"。

爱的是堂姐明珠。偶然一次，她看到三舅的一个男同学在向姐姐下跪。"男的向姐姐求爱。姐姐一看到那呆住了的我，一推跪着的人，自己就冲了出去，接着那个三舅的男同学也冲了出去。我的心，啪一下炸掉了，炸成好多、好多鸡心由空中再向自己的身上慢慢、慢慢飘落下来。那好几天，我魂不守舍，一直脸上发热。"

离别是在1948年，三毛五岁。她刚刚被送进鼓楼幼儿园通过了一场考试，离别就猝不及防地发生了。全家人来到南京火车站，坐进了牛厢。不能随行的江妈、小赵、大师傅和兰瑛他们，拼命向车内的他们塞东西。汽笛拉响，车内车外的人不肯松手，直到快要拉断了，才不得不松开。

送行的老家人们当时一直以为这只是一次短暂的逃难，过个三五个月会再次重逢，没想到这一去四十余载杳无音信。直到1987年，他们才又取得了联系，这要归功于一个人——倪竹青。

说到倪家，他们与陈家的缘分从三毛祖父时就开始了。

三毛的祖父陈宗绪晚年在舟山群岛的定海城区买过房子，房子就是倪竹青家的。倪家当时因家境困顿负担不起房租，陈宗绪见倪竹青有文化，又实在，不只买下了房子，还让倪竹青继续住在陈家，替自己抄写文案。

抗战胜利后，三毛一家搬到南京。因为倪竹青的文笔好，父亲和大伯又让倪竹青来律师事务所抄写文书，这样就还是与三毛一家同吃住。陈家人重情义，把倪竹青当亲人一样看待。

三毛对倪竹青最深刻的记忆，是那一次她因为撒谎被父亲罚站时，其他人都没理会她，只有二十几岁的竹青叔叔悄悄走进来，抱起三毛，交给她一支毛笔。

三毛一家迁到台湾后，他们就与倪竹青失去了联系，但倪竹青却一直牵挂着陈家，只是苦于无处可寻。后来，三毛文章慢慢在大陆有了发表的机会，其中一篇写浙江舟山的文章被倪竹青看到了。他欣喜之余试着去跟陈家联系，可惜消息一度石沉大海。

直到1987年台湾开放探亲，终于有人从台湾回乡，倪竹青特意修书一封，连同一张全家福，请其代为转交。台湾的陈家收到了来自大陆亲人的来信，非常激动，三毛代替全家人回复信件，向倪竹青详细描述了家人来台后的生活状况，还表达了想回乡探亲的愿望。

1989年4月20日这一天，三毛终于乘船踏上了魂牵梦绕的舟山土地。当她看到码头上接她的竹青叔叔时，扑上前去放声大哭。"竹青叔，当年我三岁零六个月，你抱过我。现在我们两人白发、夕阳、残生再相见，让我抱住你吧"。

这次归乡，三毛最重要的目的就是祭祖。为此，她特意去了定海市的郊外小沙镇陈家村。那是祖父出生的地方。

先看上了锁的老宅。祖宅还剩五间并不高耸的平房，有着石板大院，黑瓦红椽，从木窗看进去，只有堆着的柴火。三毛用手慢慢地触摸着这个祖父建造的房子，把头埋靠在梁柱上，去感受祖父生活的气息。

走进关了四十年的陈家祠堂，三毛点燃了细香，跪拜下去，在心中默念着："平儿身是女子，向来不可列入家谱。今日海外归来的一族替各位列祖衣锦还乡，来的可是个，你陈家不许进入家谱之人。"然后行了三跪九叩之礼。再接着，她在众人的搀扶下，上山给祖父上坟。在坟前又是一次放声痛哭。

在这一系列的祭祖过程里，三毛经过了无数次的跪拜、无数次的洒泪、无数次的晕厥。她把自己一路心的劳累、身的劳累都交给了自己最最亲爱的祖父、最最亲爱的家乡。

她从祖父的坟头抓了一把土，放进塑料袋；下山又到祖父老宅的水井里淘出水来，装了一瓶，还不顾旁人的劝阻，喝了一口没有过滤的、混浊的井水。回到旅馆还不放心，又拿出那瓶水、那把土，掺了一杯，悄悄喝下去。她在心里告诉自己："**从此不会生病了，走到哪里都不再水土不服**"。三毛，是在用自己独特的方式怀念故乡、怀念亲人。

从大陆回到台湾后，她就迫不及待地把这一把土和一小瓶井水交给父亲做礼物。因为父亲反应淡然，三毛还生了气，她带着哭腔对父亲说："这可是我今生唯一可以对你陈家的报答了，别的都谈不上。"说完掉头就走。弄得父亲哭笑不得。她还把一位好心的记者给她的一张家乡油菜地的照片，拿回来翻拍了，放得好大，在台北时几乎每天拿出来看……

对她而言，只有这来自故乡的泥土、照片，才是她心灵的港湾，不只可以一解她难掩的乡愁，还可以让她在台湾熙熙攘攘的烟火气中找到一丝来自远祖的慰藉。

台湾是三毛一家从南京搬离后的落脚地，从此，台北成为三毛居住时间最长的地方，也成为她人生历程中一个重要的所在。在这里，三毛经历了各种悲欢离合，经历了各种爱恨交错，经历了性格的不断演变，也经历了从无知少女到知名作家的蜕变。可以说，是台湾成就了真正的"三毛"。正像她自己所说"**其实啊，我台湾是一生，沙漠是一生，荷西在时是一生，荷西去时是一生**"。

三毛台湾的一生可以分为两个阶段。第一个阶段是在她出国之前，这个台湾，承载了她自卑的童年、痛苦的初恋、对书的痴迷、做"拾荒者"的梦想。第二个阶段是在她失去荷西以后回到台湾，各种演讲、邀约、应酬不断，让本已伤痛的三毛更加不胜负荷，最终因为各种倦怠，离开了人世。

刚到台湾时，他们还是和大伯一家住在一起。相比南京的大房子，在台湾的狭小住所简直是天壤之别。生活也非常拮据，因为从大陆带来的金圆券贬得不值一文，父亲和大伯又无法立即开业做律师，而两房有八个孩子要穿衣、吃饭、念书。冰激凌没有了，新衣服也不再有了。

他们住的地方叫"朱仑厝"，极为荒凉，周边没有商铺，没有车水马龙，连公交车都没有。那几年的生活在三毛的记忆里是毫无色彩的，她常常怀念在南京的日子："童年，只有在回忆中显现时，才成就了那份完美。"

但是，随着年龄的增长，三毛逐渐走进台北这个城市，在这里成长、学习、生活和工作。她开始细细品味这个城市，感受那里蓬勃的生命力，也找到了自己情感所依的地方：淡水河、明星咖啡屋、一百三十三巷……

淡水河是三毛小时候和堂哥一起摸蛤蜊的地方，在三毛的记忆里，自己在台湾最快乐的时光，是淡水河给她的。长大后的她，还是会经常和全家一起去那里吃海鲜，再去她最心爱的淡水老街看古董，买古碗。

明星咖啡屋是台北最有历史的咖啡馆，坐落在武昌街头。当年由几个俄国人发起，专卖俄罗斯风味的面包和餐饮，还挂起了英文招牌"Astoria"。那个时候的台湾因长期受日本统治，娱乐都以日式风格为主，西方的咖啡馆、西餐厅等都很少见，明星咖啡屋的开张无疑让人眼前一亮。

明星咖啡屋做出的炭烤面包、罗宋汤、俄罗斯软糖、糕点非常地道，更吸引人的地方在于：即使你只点一杯咖啡，或者只要一杯柠檬水，又或一盘蛋炒饭，在这里坐上一整天，店家或服务员都绝不会给你脸色看。慢慢地，这里成了上流社会、明星、文人的据点。

三毛成名后，在台北时与文化圈的朋友联络颇多，于是经常会到明星咖啡屋相聚。在这里，她和号称"孤独国国王"的知名诗人周梦蝶相识并结为好友。这个周梦蝶行事很独特。1959年的时候，他开始在明星咖啡屋门口的骑楼卜摆了 个长一白 寸公分、宽二十公分的摊子，专卖自己的诗作和书籍。从此驻守在这里二十一年，与明星咖啡屋共同构成了台北的一个特殊街景，也使得明星咖啡屋文学沙龙的意味更足了。

一百三十三巷是三毛在荷西死后回台北居住的地方。那里有她精心布置的一套小公寓。她极为喜欢这个巷子，"巷子的左右两边，一共排了四五行，叫作'弄'，并且只要在这些'弄'里走走，光是看看别人家的人门和各色各样的阳台，就可以度过极惊喜的好时光"。

在这条巷子里，她邂逅了一个雅致的茶馆，名叫"茅舍"。茶馆内外漫不经心地放着一些古玩和民俗品，自成一道特别的风景。三毛因此而喜欢上这里。经营"茅舍"的小夫妻，心地慈善，茶价定得很低，但对于茶叶的品质又要求极高。他们的心境就像那茶，祥和，平淡，又悠长。

走过重庆、南京、台北、定海，走过一个又一个春夏秋冬。

所有记忆都化为缕缕乡愁，成为三毛生命里挥之不去的主旋律。

四百年的岁月

　　四百年的岁月重沉沉地压在第几世子孙的心头。到我陈家已是第几世了……最爱细读祖父传奇的故事，辛酸血泪白手成家的一生……没有见过面的祖父，在我的身上也流着你的血液……

——《周末》

　　三毛家中的樟木箱里，有一本红缎面线装的《陈氏永春堂宗谱》，那是记载陈家家族历史的家谱。每次流浪返乡，三毛总会去翻翻这本家谱。在这里，三毛认识了祖父，了解了祖父白手起家的艰辛以及曾经的辉煌。

　　三毛的祖先本是河南人，四百年前一步步走到浙江，又乘船到了定海。三毛的祖父陈宗绪就出生在定海区小沙乡的陈家村。

　　祖父从小就有改变命运的想法。他十四岁只身到上海滩闯荡，只带了一床棉被、两件单衣、一双布鞋，给人做小学徒。经过不懈的奋斗，后来在南京落下了脚跟，麾下拥有着销售美孚石油的泰隆公司、做木材生意的祥泰行、销售启新水泥的顺和号等好几个大商行，还买下了大片的土地盖起五六十幢二层楼的房子。江南处处可见他的产业，家资极为丰饶。

陈宗绪是一位非常有远见且有故乡情结的人。他发达之后，不忘故土，五十多岁时带着一生积蓄回到家乡，把自己的一大笔财产全部拿出来支持家乡建设，建医院、办小学、修桥铺路，自己几乎没有留下什么产业，在庙里度过了余生。三毛因此而非常敬爱这位祖父，她的故乡情结似乎也继承于祖父。1989年4月，三毛不远万里专程回到家乡，给祖父上了坟，在祠堂祭了祖，并托人重修了陈氏永春堂的家谱。

陈宗绪虽然自己生意做得风生水起，但是他并不希望两个儿子继承自己的家业从商，因为他最知道做生意的辛苦与颠簸。他一心希望儿子能拥有哪怕在乱世也可以谋生的专长，因此在学业上对两个儿子要求很严。在他的严格教诲下，长子陈汉清、次子陈嗣庆都如他所愿当上了执业律师，并合开了一家律师事务所。

陈嗣庆与哥哥一生感情深厚，生活上互相扶持，事业上同心协力。特别是父母去世后，陈嗣庆更秉持着"长兄如父"的观念，对兄长敬爱有加。晚年，哥哥陈汉清偶尔还会到台北市里的办公室上班，当然只是象征性地坐一坐，然后就回家。每次陈嗣庆都不厌其烦地亲自接送兄长，足见手足情深。

有一次，步入晚年的陈汉清夜里起床想上洗手间，刚站起来，右腿突然感到无力，跌倒在床边。他不愿意叫醒正熟睡的妻子，就把被子拉下来直接躺在地上睡了。第二天早上，陈嗣庆得知后，飞奔前去探望。陈汉清要上洗手间，自己无论如何也起不来，陈嗣庆当时已经将近七十岁，身材又很瘦削，所以也抬不动哥哥。没办法，他就把哥哥放在厚被上，半拖着被子往洗手间一点点地挪。之后陈汉清又跌倒过几次，都是陈嗣庆过去抱他、帮他按摩，再由三毛母亲做好饭菜送去。

这一天，陈汉清又闪了腰，陈嗣庆开了一瓶最好的XO白兰地想去给哥哥做按摩，正好被三毛撞见了。三毛跳起来，拿了一瓶高粱酒递给父亲，对父亲说，XO太名贵了，怎么能拿去当药酒用呢？没想到，这句话却惹怒了父亲，"我只有这么一个哥哥，你要怎么样？我就给他最贵的酒去擦你怎么样？我只有一个哥哥"。

这样水乳交融的情感在这个家庭起到了言传身教的作用。两个家庭在一个屋檐下生活了很久，相处非常和睦，几乎没有发生过什么矛盾。三毛一直称呼大伯母为"妈妈"，称自己的母亲为"姆妈"。

说起三毛父母，那绝对是门当户对、才子佳人的结合。父亲陈嗣庆出生在上海，从复旦大学法律系毕业后，经过相亲，结识了十九岁刚刚高中毕业的缪进兰。缪进兰出身于一个大户人家，外祖父曾留过洋，因此思想先进，把女儿送进了洋学堂去学知识。母亲缪进兰天资聪颖，酷爱运动，高中毕业后考入了沪江大学新闻系。但是在上大学前，她遇见了父亲陈嗣庆，一心认定对方会是自己这一生的归宿，便毅然放弃了大学就读的机会，嫁为人妇，过起了柴米油盐的生活。

抗日战争爆发后，全国各地大部分地区渐次沦陷，上海也不例外。迫于生计，陈嗣庆和大哥陈汉清，先行搬到了山城重庆的黄桷垭镇居住。而缪进兰那时已经怀有身孕，夫妻二人只能暂时分离。三毛的姐姐陈田心降生后，在外祖父母的催促下，母亲怀抱着不满周岁的女儿，从上海一路跋涉到重庆，与父亲团聚。在那样的战乱时局中，可以想见，一个刚刚离开父母的小女子，需要多么大的勇敢和毅力。

小三毛是父母重庆重逢后的结晶。在那里，她只度过了她人生中最初的两年。那个时候，重庆的局势也并不乐观，日军的地面部队虽然没有到达，但是频繁的轰炸持续不断。1943年，一场严重的饥荒正在离重庆不远的地方肆虐，让重庆更是雪上加霜。在这样艰苦的环境下，父母要给孩子提供一片安详的天地，确实不易。那段日子，陈嗣庆每日骑马奔波生计，家里和姐妹俩由年轻的母亲来照料。

夏天的重庆是湿热的。天黑时，母亲会在奶粉罐的盖子上绕上一条灰灰白白的棉线，浇上一点炒菜的油，点燃，屋里就会亮起温暖柔和的光。她把三毛姐妹并排安置在蚊帐里睡觉，自己坐在旁边用蒲扇为她们扇风驱暑。姐妹俩便在这温馨舒爽的母爱中进入甜蜜的梦乡。

那时，他们的家住在山坡上，山下有一道溪流，是家家户户洗衣的地方。母亲每次去时，姐妹俩都吵着跟去。在溪流中玩水、捡石子，是她们最开心的事。唯一令人扫兴的是，那个时候，重庆也已经不太平，她们有好多次遇到了日本飞机来轰炸。母亲会一手抱起妹妹，一手牵着姐姐，往防空洞跑。每到这时，姐姐就会看见妈妈的眼泪和惊恐，但是她的手却紧紧地一直紧紧抓着姐妹俩，一刻也不放松。那一年，母亲只有二十四岁。

三毛的父母为人正派、忠厚，两人也都很恩爱自持，在家里从没吵过架。他们一生历尽了各种劫难，但一直同心协力，共同撑起这个家。

婚前的缪进兰，也是大户人家的闺秀，上过洋学堂，看过《红楼梦》《水浒传》《七侠五义》《傲慢与偏见》《呼啸山庄》等。她与那些小女子不一样的是，在学校参加过篮球校队，打的是后卫。缪进兰的文笔也很好，曾经一度想写部有关抗战时期家庭颠沛流离的书。只是她做了母亲、祖母以后，事事要以家庭为重，加上后来生病，所以就没有动笔。

婚后的缪进兰过着与小说和篮球毫不相干的生活。对此，缪进兰从无怨言。在年少的三毛眼里，"她是大家庭里一个不太能说话的无用女子而已"。其实，她哪里知道，母亲虽然没为孩子们设定过什么规矩，实际上，却是在用一颗爱心治家。

在这个大家庭里，她一直像一棵大树，稳稳地扎根在那里，任凭风吹雨打，她自岿然不动，用心守护这个家。在与陈嗣庆结合的日子里，缪进兰从未发过一次脾气。**"虽然她也从来没有讲过一次爱父亲的话，可是，一旦父亲延迟回家晚餐的时候，她总是叫孩子们先吃，而她自己，宁愿饿着，也要等丈夫归来一起用餐。这个习惯一生未改。"**

缪进兰对丈夫还是有些遗憾的，因为陈嗣庆不是善于表达情感的人，所以缪进兰一度认为丈夫对自己的爱不如自己爱得深。直到有一天，在三毛小弟的婚礼上，陈嗣庆致辞时说了这么一段话："我同时要深深感谢我的妻子，如果不是她，我不能得到这四个诚诚恳恳、正正当当的孩子；如果不是她，我不能拥有一个美满的家庭……"听到这里，缪进兰的眼泪夺眶而出，也许是因为一生的辛劳和付出终于在丈夫这里得到了肯定，更重要的是她终于感受到了丈夫埋藏在心底那深深的爱。

缪进兰的平和恬淡持续了一生。晚年即使得了癌症，她还是笑嘻嘻的，从不在情绪上给家人和孩子们任何压力。

与缪进兰的温和宽容不同，陈嗣庆对孩子们而言是威严而不失开明的。因为小时候被父亲逼着学习了法律，所以他深知被迫放弃理想是怎样的痛苦。陈嗣庆从小就酷爱体育，足球、网球、台球、乒乓球打得都很棒，他一生最大的理想曾是成为一个运动家。但因为父亲陈宗绪的执着，加之自己的懦弱，理想终是无法实现。

对于此事，陈嗣庆一直耿耿于怀。有一次，三毛作的画获了奖。父亲高兴之余，忍不住向自己的女儿倾吐了自己的心事。他伤感地说道："你知道吗？爹爹一生的理想并不是做律师，爹爹一生想做的是运动家或艺术家。爹爹在小学一年级就被送去住校，跟着一群英国老师，一直到念大学都是孤孤单单的。有什么理想也不敢告诉家里大人，大人说念法律就念了。"

为此，有了儿女后，陈嗣庆与妻子达成共识：对待儿女要奉行"自由生长"策略，坚定地做孩子们的避风港湾。他们在教育上更倾向于西方的教育方式，从不用封建家长式的压制和束缚去对待孩子。他们无条件地爱着自己的孩子，希望营造出一个宽松、民主的家庭氛围，让孩子们无拘无束地成长。

陈嗣庆努力地栽培四个子女，潜心发掘他们的爱好：在院子里搭篮球架让儿子们可以随时打篮球，亲自搅拌水泥为酷爱"轮式冰鞋"的三毛在院中铺了一个方形的小冰场。搬到公寓住时，虽然经济并不富裕，他还是买来了撞球台和乒乓球台，带领全家运动。

三毛的姐姐陈田心当年学钢琴和小提琴时，父亲根本没有能力在养家糊口之外再买一架昂贵的钢琴。但是为了女儿，他硬是拿出了小心存放着预备给孩子生病时用的"急救金"，换来了一架琴。

陈嗣庆就是这样，为了培养孩子总是极尽所能。虽然最后子女们在艺术和运动方面没有什么很深的造诣，但是都小有成就。大弟的篮球一直打到服兵役时都是队里的好手，小弟乒乓球得过师大附中高中组冠军，而大姐陈田心后来成为一名钢琴老师。

正是父母的开明豁达，让三毛有了如风的气质和孑然独行的人生；也正因为是成长在这样一个美满充盈的家中，三毛，这个即使有着各种奇怪举动和不羁性格的孩子，还是一样茁壮地成长起来。

初二下学期，三毛经历墨汁事件后选择了逃学，后又因心理上的问题休学。这种状况，如果是放在一个思想闭塞的家庭里，大多数的父母可能还没有等到把孩子从黑暗中拉出来的，自己就先崩溃了。但陈嗣庆夫妇不一样，他们也焦灼，也痛苦，但他们的第一反应是保护自己的女儿。

他们用最平静的态度来对待三毛辍学这件事，从来没有过责骂、责打，所以很长时间，三毛的姐姐和弟弟都不知道她不上学这件事。在想尽一切办法都无果后，夫妻二人便下定决心将三毛留在家里，亲自教育她。

每天黄昏，陈嗣庆就会坐在一把藤椅上，搂过三毛，把一些如《古文观止》这样的古文书摆上来，先把内容讲解给三毛听，然后再让她背诵。至于小说则随三毛自己找自己看。

陈嗣庆也非常重视三毛在英文方面的培养。他会给三毛读英文原著，他读的第一本英文书籍就是威廉·梅克比斯·萨克雷的《浮华世界》，后来还有《小妇人》《小男儿》等书。这些书的中文版三毛早就已经读过，此时又拿英文版的对照来读，英文也就慢慢学会了。

母亲缪进兰更是宽容，在她心里，三毛就是自己的一个平凡的孩子，无论何时，她只要她快乐、平安。所以即使辍学，她依然用无条件的爱来抚慰自己的爱女。

陈嗣庆夫妇用他们那伟大的爱给了孩子们一个温暖恬静的家。

"父母对她（三毛）从来不责骂、不发怒，我没有看见过父母亲生气的面孔，他们很儒家，很和平。"这是大姐陈田心的采访原话。

小弟陈杰也说："即便我们调皮，父母也是不骂的。父亲一辈子都没有骂过我们，如果实在很生气，他就用写信的方式提醒我们。"

　　三毛，何其有幸，遇到了这样一对深爱自己又懂得如何保护自己的父母。

　　正因如此，无论经历过怎样的坎坷，三毛从未失去一颗爱人的心。

　　最终，她带着这份爱，破茧成蝶，走向远方。

游于艺

　　我从来没有妄想在书本里求功名，以至于看起书来，更是如鱼得水。"游于艺"是最高的境界，在那儿，我的确得到了想象不出的愉快时光，至于顿悟和启示，那都是混在念书的欢乐里一起来的，没有丝毫强求。

——《雨季不再来》

　　三毛一生兴趣广泛，涉猎众多。

　　但是排在首位的当属读书。

　　为了读书，她可以舍弃许多，包括一般性的友谊。

　　为了读书，被人误解也好，被人嘲笑也好，她都无悔。

　　为此，她给自己刻了一方书印，名曰"不悔"。

　　三毛对书的痴爱大概也是家族遗传的。

　　在那本家谱里，记载着家族里一个祖先的故事。他因为酷爱读书，不善于经营，甚至丢失了家业，弄得家道零落。

　　三毛的父亲和大伯父，也都是爱读书的。他们为了给孩子们构建一个良好的读书氛围，让他们养成阅读的习惯，就在南京的大宅子里，特别找了阁楼一角开辟了一个专门藏书的天地，三毛的哥哥姐姐们把它叫作"图书馆"。图书馆里除了书，其他什么都没有。大人的书，放在上层，小孩的书都在伸手就够得到的地板边上。

三毛就是在那里看到了她人生中的第一本书——张乐平的《三毛流浪记》。这是一本漫画书，全书没有一个文字，小三毛在图画的世界里畅游，乐不思蜀。之后，她又翻遍了家里其他有插图的儿童书，包括《木偶奇遇记》《格林兄弟童话》《安徒生童话》《爱的教育》《苦儿寻母记》《爱丽丝漫游仙境》等。

那时候，她看了图画、封面和字的形状，就拿去问哥哥姐姐们，有关书的名字、故事的情节就记住了。大姐陈田心也爱看书，她边读边教妹妹，字就在这来来去去的询问、讲解时一点点认识了。

所以，三毛的读书经历是与众不同的。她是先看书后认字的，那时候的三毛只有三岁。在那个阁楼上，守着明亮的大窗，捧一本心爱的书玩味，偶尔抬头，可以看到窗外随风摇曳的梧桐树，小三毛感受到了来自心底那无限的喜悦。

从南京搬去台湾时，三毛只有五岁。可能是因为看到女儿的早慧，父母把她和姐姐一起送进了学校。初入校门，三毛十分高兴，不为别的，只为以后可以长长久久地与书为伴了。每到开学发新书的时候，她就兴高采烈地跑回家，逼着母亲赶紧包好书皮，然后迫不及待地把书大声地朗读一遍。

但是对于三毛而言，课本内容实在太浅了，读过一遍就觉得厌烦了。少不更事的三毛为此还特意跑去跟老师说："编书的人编得不深，简直就是把小孩子当傻瓜。"结果，她遭到老师一通斥责。

既然书本无聊，三毛就把兴趣转移到了《学友》和《东方少年》

这两本文学杂志上。在那里，她读完了王尔德的童话，也知道了很多外国作家，三毛的阅读视野开始越来越开阔。但是遗憾的是，这两本杂志都是一个月才出一次，还是无法满足三毛的胃口。

这时，三毛想到了二堂哥陈懋良。那段时间，大伯父和大伯母要去香港居留一阵子，就把还在读书的二堂哥陈懋良留在三毛家里寄养。陈懋良和三毛一样，也是个有着各种奇怪想法、奇怪做法的"另类分子"。他为了自己痴迷的音乐，坚持不去上学，甚至当着叔叔陈嗣庆的面，把学生证撕得粉碎。陈嗣庆没有办法，只得把他送去作曲老师萧而化（台师院音乐系主任）那边学习音乐了。

因为有着相似的性情，三毛与二堂哥最亲。她知道二堂哥也是个爱读书的人，就经常跑到二堂哥的书堆里去找。果然，二堂哥没让她失望，在那里，她看到了很多大作家的作品，鲁迅、巴金、老舍、周作人、郁达夫、冰心等。虽然年少的三毛并不知道这些作家是怎样的有名，但她已经被那些美丽的文字所吸引折服了。

堂哥的书也读完后，三毛又开始六神无主。恰在这时，家附近开了一家建国书店。这是一家出租书籍的店铺，里面的书琳琅满目，这让三毛既欣喜又忧虑。喜的是，以后再也不用愁找不到书看了，忧的是她知道家里当时的经济条件实在窘迫，没有财力支持她花钱借书。

那时的三毛已经上到小学三年级，但是始终没有碰过钱。过年的压岁钱虽然可以放在枕头下陪着过年，年后却要立马"上缴"。对此，三毛本没什么感觉。但是，建国书店开张后，三毛对钱有了概念，她的心开始蠢蠢欲动起来。

她三天两头地磨着母亲要零花钱，母亲有时被缠不过就掏出一毛两毛来给她，三毛马上就跑去书店借书。当然，这点零星的费用与三毛的读书速度自然是不匹配的。因此，三毛就会常常跑到母亲的房里，翻翻针线盒、旧皮包、外套口袋等，看看有没有散落的钱。偶尔幸运地翻出一毛钱，那对三毛来说简直是天降的恩赐。

这一天，三毛又跑进母亲的房里想搜罗点零钱，没想到竟然看到桌上赫然摆着一张五元钱的钞票。这五元钱的钞票，在当时可以说是一笔巨款了。她的心里不自觉地盘算起这张钞票能借来多少书，越算越激动，就鬼使神差地悄悄把钞票塞进了自己的兜里。没过一会儿，母亲进房去拿钞票找不到，就问孩子们是否看见了。三毛和大家一样摇头否认。

拿到"巨款"的三毛没敢直接去借书，怕换回那么多书被父母怀疑。中午也不敢去睡觉，因为这五元钞票无处可藏。睡衣没有口袋，书包在睡去后会被父亲检查，抽屉里也不敢放，怕被弟弟们翻。揣在裤兜里的那五元钱，好像变成了滚烫的石头烫着三毛的腿。

就这样，三毛的内心煎熬了一整天。这一天，她不吃不喝不肯讲话，妈妈感到奇怪问她怎么了，她只回答说"头痛"。妈妈看她如此模样，坚信她一定是病了，晚上拉着她去看了医生。医生当然看不出子丑寅卯，只说让她早些睡就打发他们回家了。

回到家，洗漱后，三毛换了睡衣，手心里紧紧攥着那五元钱的钞票，攥得快出了水。终于，耐不住这份煎熬的三毛，趁着母亲去洗浴、父亲坐客厅看报的时机，跑回母亲的睡房，将钱扔到了柜子与墙的夹缝里。

这件事深深地印在三毛的脑海里，后来被她写成《胆小鬼》一篇短篇文章，以纪念她人生中仅有的一次偷窃行为。

此事后，父母没有多加追问，但是却开始每月定期给孩子们一元的零花钱。三毛终于不用再费尽心力地讨要零钱了。她把所有的零用钱都花在了租书上，成了建国书店的常客，一来二去就与书店的老板熟识了。

建国书店的老板品位很高，从来不租低级小说。他喜欢这个对书执着的女孩子，经常会给三毛和姐姐推荐一些他觉得不错的书。在他的指引下，三毛读完了劳拉·英格尔写的全套的描写美国移民西部生活时的书籍。这套书让当时的三毛进入了几近疯狂的状态。到了晚上，因为妈妈会催着关灯睡觉，她就和姐姐打开手电筒在被窝里阅读。

就这样，春去秋来，建国书店见证了三毛从阅读儿童书到成人小说的成长。《基督山恩仇记》（《基度山伯爵》）、《唐·吉诃德》（《堂·吉诃德》）、《飘》、《简·爱》、《傲慢与偏见》都成了她的囊中之物，当这些外国名著迅速占领三毛的头脑时，三毛发现不知不觉间自己已经进入高小五年级了。

因为有升学的压力，三毛的课业加重了，但她读书的热情反而只增不减，开始从国外书籍转向国内长篇名作。在六年级学业生活极为紧张的情况下，她还是把一整部《射雕英雄传》全部读完了。即使是这样，聪慧的三毛还是考入了当时的重点中学，令父母倍感骄傲。

初中的课程异常紧张，要强的三毛为了保持成绩，在初一时甚至放弃了读书，可惜成绩还是平平。虽然有些懊恼，但这也阻挡不了三毛读书的渴望。一到暑假，三毛就直奔期待已久的书店。那时，他们家已搬离原来的住所，三毛与建国书店的缘分也就不得不终止了。但是建国书店教给她的审美情趣，却让她受益匪浅，让她可以在鱼龙混杂的书店里精准地辨识出真金白银。

那个假期，三毛倾尽所有，把一家书店里的俄国小说都借了来，包括《复活》《安娜·卡列尼娜》《战争与和平》等。捧着一大摞书回到家时，看见院了里，父亲正在晒珍爱的樟木箱。三毛走过去，意外地在一大堆旧衣服下面，发现了尘封多年的许多套中国通俗小说《水浒传》《儒林外史》《今古奇观》等。那些书印在泛黄的、优美细腻的薄页纸上，透露着岁月沧桑的美，让三毛喜不自胜。

这么多好书摆在眼前，三毛哪里肯放过。那一个暑假，她像一只鸵鸟一样埋在书里，与书融为一体，不知喜乐，亦无所谓冷暖。她只是搬一把竹椅，静静地坐在院子里的大树下，让书带她去另一个世界快乐玩耍。

初二开学，学业在三毛那里再一次变得不那么重要。即便是在挤公共汽车去学校的路上，站在拥挤的车厢里，她都不放过任何一个机会捧读被老师称为"闲书"的东西。俄国小说和父亲的书都看完了，她又去大伯父的书架上找来了《孽海花》《六祖坛经》《阅微草堂笔记》《人间词话》，还有日本作家芥川龙之介的《河童》……

过度迷恋"闲书"的后果最终降临了。第一次月考下来，三毛有四门功课不及格。父母对她提出了严厉的警告：再这样下去，就要留级了。

虽然不喜欢枯燥的课程，但三毛毕竟是要强的，于是勉强收了心到学业上。没想到，不久就发生了令她感到屈辱的"墨汁事件"，使得三毛越发地排斥上学。从那时起，她经常背着父母三天两头地逃课，跑到山上的墓地去看书。第一次逃学去的墓地，她一直记得，叫六张犁。那里虽然空旷，却可以让她独自安静地享受她最爱的书。

也就是从那时候，她开始不满足于租书。因为她发现随着年龄增长和阅历的增加，同一本书再次阅读会有不同的领悟。最初父母不知道她逃学的事，每天照常给她饭钱，她就把这些饭钱存下来，凑够了三五元，就去买书。她买下的第一本书就是上、下册的《人间的条件》。

后来，她休学了，更有了大把的时间用来读书。于她而言，这实在是不可多得的好事。那一年的压岁钱，三毛拿去买了一个竹书架，摆上父亲买给她的书籍《小妇人》《小男儿》《浮华世界》……还有母亲给她买的《爱丽丝漫游仙境》《灰姑娘》《李梦大伯》《渴睡乡的故事》……那一刻，她感觉，这是房间里最美的装饰。

书架一点点满起来，父亲又不声不响地给她定做了一个书橱。书橱狭长轻巧，上下一共有五层，装有上下两个玻璃门。三毛很喜欢父亲送给她的书橱，即使是后来自己单独居住，这个书橱还一直留在父母家里作为留念。

那时候台湾出版界还不发达，要想买到一套好书很不容易。有一段时间，台湾英文盗版书雨后春笋般冒出来，虽然这种行为涉及盗版影响不好，但对囊中羞涩的三毛而言，这却是喜事一桩，因为她可以用很少的钱买到大量有营养的书了。

书越买越多，后来竟连父亲送她的新书橱都不够用了。于是，在她的房间里，桌上桌下、床边衣橱，甚至地板上都摆满了各式各样的书籍，房间里被她的书堆得已经下不去脚。三毛望着房间里逐渐增加的书籍，每一处角落都闪耀着书的光影，她感觉全身溢满了幸福的味道，那段低沉孤寂的休学时光也因此多了一分温暖和陪伴。

多年后，当三毛自己已经很富足的时候，对书的投入就更不吝惜了。一旦遇到心仪的书，她就会立刻出手，决不心慈手软。她买了朱生豪先生翻译的《莎士比亚全集》，还有英文原版，后来，梁实秋先生翻译的版本又出来，她也毫不犹豫地买下来。

有一次，三毛在台北光华商场竟然花了六千元的高价买了一套线装的《红楼梦》。那是清光绪十二年间校印的一套钞本。最初三毛也为这昂贵的价格瞠目，但是一听售货员说第二天历史作家高阳会来买，吓得马上交钱，捧书回家。因为《红楼梦》是她一生爱不释手、对她影响最大的一套书，因此，每遇珍贵版本总是这样不能自己地下血本。

三毛开始读《红楼梦》的时候还不到十二岁。虽然在此之前，她已经读了好多书，但是真正让她认识到文学之美和文学力量的是《红楼梦》。《红楼梦》让她的心灵受到了强烈的震撼和涤荡。

那时的她已经上了初中，学习很紧张，没有太多的课余时间。为了看《红楼梦》，三毛挤出各种零散时间，甚至还会在上课时把书放在裙子下面，趁老师写黑板时，就掀起裙了看。当看到最后一章贾宝玉跟随一僧一道高歌而去时，她完全地呆住了。她已经忘记了自己还在上课，只是痴痴地坐着，痴痴地听着，彻底迷失了自我。

老师看出她的异样，点她的名字，三毛感觉那声音好像是从很远很远的地方飘来的，没有作答。老师以为她病了，走过来摸着她额头问她是不是不舒服，她望着老师又是痴痴地一笑。**"那一刹那间，我顿然领悟，什么叫作'境界'，我终于懂了。"**

《红楼梦》不仅给三毛带来文学上的启蒙，也对她的人生观产生了重大影响。三毛思想里一直挥之不去的虚无主义、悲观主义就是源于《红楼梦》。翻看三毛在生命最后几年的作品，《红楼梦》中"好便是了，了便是好"的观念跃然纸上。

读红楼读了一生的三毛，把这部古典长篇巨著看到了骨子里，常常出现有关《红楼梦》的幻觉。她在返乡旅程的苏州之行中，感觉自己看到了运河边上站着黛玉，正持着白色的手帕送她远行；在敦煌莫高窟，那个光头的临摹壁画的兰州小伙子恍惚间让她感觉像见到了出家的宝玉。还有一次，她逛古董店的时候，看到一条桃红色的中国古裙，她竟感觉自己忽然置身于大观园，看到了林黛玉穿着这条裙子临风而泣的场景。她觉得那条裙子就是黛玉遗落在人间的衣裳，于是当即买了下来。

这样迷着《红楼梦》的三毛，在台湾文学学院教书时，特意开了课讲《红楼梦》。有一天，讲到动情时，她竟对学生们说，如果自己死了，大家不要烧纸钱，只要烧一本《红楼梦》就可以。

三毛对书的爱真的是无以复加。在与荷西厮守时，他们住简陋的屋子，吃简单的饭菜，穿朴素的衣服，但是藏书竟有一千六百多本，而她却说这只是台湾藏书的九牛一毛。

这么多的藏书，自然吸引了四面八方的亲友来借。但是三毛嗜书如命，极为不喜欢有人向她借书。偶尔挨不过情面，借出三两本，没被归还，心痛不已，从此更是成了一个名副其实的"守书奴"。等到经济上不成问题的时候，为不拂好友，她想了个办法：每次看到好书，她索性一次买个十本，有来借书的朋友，直接送一本，各添欢喜。

但是，凡事都有例外。有一次，二堂哥陈懋良的同学王国梁也来向三毛借，因为与二堂哥关系好，三毛对他的同学也大方，竟然自己动手选了一大堆最爱的书给他。王国梁倒不是一个不讲信用的人。可事情偏就那么巧，那年夏天台北发水，他家被大水淹了，三毛的书全被水泡了。当时，三毛听到这个消息哭了半天。对此事，一向豁达的三毛竟耿耿于怀了半生。

另一个例外，是她的挚友王恒。王恒是三毛从小到大的朋友，又都是文人，无话不谈。有时聊得尽兴，睡觉时间过了二人也不在意。王恒的太太了解他们俩，所以也不催，任他们聊去。王恒借书，三毛从无二话，因为王恒不仅还书，有时还多送一两本他看过的好书。

书籍，填补了三毛成长岁月里的每一个空隙。

以后，无论是在悲伤寂寞的岁月里，还是游走在千山万水中的旅程中，书都是她最忠实的伴侣、最知心的朋友。

是书，让她多活了几度生命。

第三章　守望的天使

三毛一生中有三个最重要的人。

除了荷西，就是她挚爱的父母大人。

三毛与父母之间，正如千万个家庭一样，有数不完的爱，又有数不清的诸多无奈。

他们之间有时可以无话不说，有时又感觉远隔千山万水。

三毛敏感、聪慧，因此，她对父母的任何言行就会比他人多几分理解与揣测，难免自添烦恼。

父母则因为有着这样一个特立独行又容易受伤的女儿，更是比养育其他子女多了万分的小心与呵护。

而这小心与呵护反过来却被极度追求心灵自由的三毛视为羁绊。

于是，她以逃离原生家庭的方式去寻求解脱，可是内心又强烈渴望得到父母的认可和赞许。

这样的三毛，常常令父母不知所措，只好默默守望。

他们，就这样，彼此相爱，又彼此孤独。

永远的孩子

天使们哪里来得及哭，他们连忙飞到高一点的地方去看孩子，孩子越走越快，越走越远，天使们都老了，还是挣扎着拼命向上飞，想再看孩子最后一眼……

——《守望的天使》

三毛，用流浪和写作成就了自己的一生。

她一度成为当时台湾一颗最耀眼的星。家门也因此极尽荣光。

但在父亲陈嗣庆和母亲缪进兰心底，也许他们只是希望她做一个平凡、快乐、幸福生活的女儿。

因为从小到大，他们为了这样一个与众不同的女儿，内心倍受蹂躏。

少年时的三毛，每天都令父母提着十二万分的心，不知又会搞出什么事来。三毛休学自闭了七年，这七年于父母亲而言，也是痛苦煎熬的七年。即使是很多年后，父亲回忆起三毛休学在家的那段日子，都还有痛哭的冲动。有多少个夜晚，他们在心里默默地祈祷，希望这个二女儿可以和家里的其他人一样，谨小慎微又循规蹈矩。

然而，父母不能选择，儿女也不能选择。

在这样特立独行的女儿面前，陈嗣庆夫妻受到了严峻的考验，好在他们有着足够的智慧，在这个难题面前交了一份满意的答卷。

三毛从小就有一个特殊的癖好，她喜欢捡一些奇奇怪怪的东西回家。陈嗣庆夫妻从不嫌烦，反而想尽办法帮她保管。为了帮她"藏"这些宝贝，母亲常常是煞费苦心，结果到需要的时候有时竟会忘了藏在哪里。

三毛在大加纳利岛居住期间，有一阵子迷上了在鹅卵石上画画，并在给父母的家书中提到了这一爱好。没想到，父母就放在了心上。

很多年后，三毛回台定居。有一次，陈嗣庆夫妻去海边散步，他们看见那里有各种美丽的石头，想起女儿的爱好，索性就弯下腰来寻找。这一找就是好几个钟头，终于夫妻二人各自找到一块令自己满意的石头才作罢。回到家里，陈嗣庆还特意把捡来的两块石头洗刷干净。

等三毛回来的时候，夫妻二人抢着向女儿炫耀自己的战利品。

父亲说："你看，我给你的这一块，上面不但有纹路，石头顶上还有一抹淡红，你觉得怎么样？"

母亲说："弯着腰好几个钟头，丢丢捡捡，才得了一个石球，你看它有多圆！"

"你不是以前喜欢画石头吗？我们知道你没有时间去捡，就代你去了，你看看可不可以画？"母亲又说。

看着瘦瘦的父亲、柔弱的母亲，三毛好想骂他们太痴心，可是又开不了口，只怕一讲话就会哭出声来。晚饭后，三毛走进父母家里那间属于她的小房间时，却发现这两块石头已经被放在她的那套庚辰本的《脂砚斋重评石头记》上。

　　三毛把这两块最最普通的石头当成了父母今生送给她的最贵重的礼物。"父母和女儿之间，终于在这一霎间，在性灵上，做了一次最完整的结合。"

　　陈嗣庆夫妇就是这样无条件地接受着自己的女儿，慢慢地调整自己教育的节奏，尽一切努力支持、鼓励和爱着三毛，期待给本就孤独寂寞的女儿一个安全的巢穴。正是因为有着这样充盈的父母之爱，少年的三毛才能从那个压抑的黑暗中挣扎而出，走上寻找自我的征程。

　　走出阴霾的三毛，开始了大半生的流浪生涯，陪在父母身边的时间少之又少。即便是后来回台定居，也因应酬和写作缠身，不能与父母常相伴。但是，父母的爱不仅一分未减，反而有了更多的牵挂和担忧。他们以不同的方式爱着三毛、陪伴着三毛，这爱跟着她走遍了万水千山。

　　父亲陈嗣庆是个外表理性刚毅，实则内心很细腻、有着无限情怀的人。他不擅表达，对妻子对儿女的爱往往重于行而轻于言。

　　对于孩子，他从不会以家长之威去强迫，只是不折不扣地支持和爱着他们。

　　三毛想画画，他就给请名师；爱溜冰就亲自在院子里给她浇灌溜冰场，给她买溜冰鞋。他会教三毛各种知识、给她讲不同的书；也会陪女儿坐公交车，讲给她路过的人情冷暖。

　　三毛休学期间，所有的教育责任几乎都被父亲承担下来。那时的三毛自闭少语，也不懂表达。为了从三毛身上找到天分，父亲便成了她的探路人。他除了教女儿文化课程，还把她送去学画国画、插花，可惜都中途夭折。

　　三毛的每一封家书、每一篇文章，还有散落在各处的照片，父亲都会细心地为她收集、整理、归档、保存，帮她留住了最美的记忆、最深的怀念。

荷西死后第六年，三毛回到大加纳利岛，将自己与荷西当年的房子卖掉。三毛对金钱很淡漠，在卖房时更多考虑的是下一个房主会如何爱这座房子。因此，当她寻到合适的买主时，便不顾对方出的低价直接售出了。

当她打电话把半价卖掉房子的事情告诉父亲时，父亲没有责备，反而对她的行为表示赞赏："恭喜！恭喜！好能干的孩子，那么大一幢美屋，你将它折合160万台币不到就脱手了。想得开！想得开！做人嘛，这个样子才叫豁达呀！"

在三毛这个任性的女儿身上，陈嗣庆可以说耗尽了心力，因为三毛这一生总会弄出很大的响动来。

1967年，三毛初恋无果，毅然决然地决定远走他乡。陈嗣庆虽然有不舍、有担心，也有些恨铁不成钢。但，最终，他还是凑了几百美元，又拜托了西班牙的朋友到机场接机后，才把挚爱的女儿送上了远行的飞机。

那一刻，心痛难忍。

此后，则是望穿双眼。

1971年，三毛终于结束了她的第一次长达四年的流浪之旅，从美国回到台湾，回到了父母身边。那时的她在文化大学任教。闲暇时，她常去明星咖啡屋会友、看书。有一天，因为客满，有一位男子坐到了她的对面。那人一头长发，脸上棱角分明，三毛在他身上感受到一股艺术气息，因而产生了莫名的好感。

后来在咖啡屋他们又见到几次，就渐渐熟络起来。男子叫邓国川，是一名画家，两人在一起，谈人生，谈艺术，谈文学，共同话题很多。三毛还跟去了他的画室，看了他的画作，虽然从艺术的角度讲，这些作品很是平平，但是可能因为爱的种子已经悄悄萌芽，三毛看着这些都是极好的。

两人终是相爱了，三毛答应了邓国川的求婚。婚事遭到了三毛父母的极力反对。他们毕竟是清醒的，总觉得这个画家品行不端。但是，沉陷幸福旋涡的三毛哪里肯听，她紧锣密鼓地开始准备婚礼，憧憬着美好的未来。

就在一切准备就绪、即将举行婚礼之际，三毛无意中发现，对方竟然是个有妇之夫！得知真相的三毛感受到的不只是痛苦，更多的是羞耻。此时的邓国川则露出了无赖的嘴脸，他以陈家取消婚礼为由索要赔偿，纠缠不休。即使身为律师，陈嗣庆也无可奈何。为了女儿的身心和声誉，他不得不拿出一套房子赔给了这个无赖，息事宁人。

陈嗣庆为了女儿真的是可以舍弃一切、付出一切。无论是女儿留学、远游，还是在台北的生活，他总是竭尽所能予以资助。

三毛回台定居后，看中了一个公寓。当时的她已是四十几岁，已经成为人们喜爱的著名作家。但是，这时的她还是父母的女儿，她拨通了家里的电话，向父亲撒娇说："爸爸，我有事求你——爸爸，你一定要答应我啊。我看到了一栋房子，我一定要买它，对不起，我要钱，我要钱……"父亲当然二话不说，应了女儿的请求。

正如老舍所说："人，即使活到八九十岁，有母亲便可以多少还有点孩子气。"在父母面前，三毛永远是一个需要呵护、需要包容的孩子。即使三毛已经成年了，年近七旬的陈嗣庆每经过一家店铺、小食店、地摊，还是会习惯性地打电话问三毛想要什么。

相比父亲而言，母亲对三毛的爱更是有过之而无不及。在她心里，三毛永远是一个需要她用心呵护的孩子。

对于三毛的逃课、休学，她操碎了心，但是仍说：**"在我这个做母亲的眼中，她非常平凡，不过是我的孩子而已。三毛是个纯真的人，在她的世界里，不能忍受虚假，或许就是这点求真的个性，使她踏踏实实地活着。也许她的生活、她的遭遇不够完美，但是我们知道，她没有逃避命运，她勇敢面对人生。"**

三毛敏感，因此会有诸多的情绪，有时会哭着打电话给母亲倾诉。电话另一端的母亲就会慌了神，只是哄着她说："你慢慢讲啊——不要哭嘛，你这么一哭怎么睡觉呢？明天妈妈一定听你的。"

儿行千里母担忧，第一次去西班牙上学，母亲放心不下，怕她在外面过得不体面、不如意，临行前特意带她去服装店定做了新衣服，还给她用黄金打制刻着"福"字的金项链护身。送别时，因为担心和不舍，母亲竟哭倒在了机场的栏杆上。

四年后，终于等到了女儿回国，母亲缪进兰高兴得无以言表。看着归来的女儿，心中满满的疼爱只能用中国人最古老的方式表达。那些天，她不停地做菜、煲汤，然后哄女儿吃下，她便心满意足了。

三毛与荷西在撒哈拉沙漠结婚成家，过起了小日子，母亲虽然对其成婚一事感到高兴，但另一方面又因那里条件艰苦而担忧，于是时不时地就会寄去吃穿用品，帮扶女儿。

有一次，三毛到邮局取包裹。那是整个邮局里最大的包裹，上面赫然印着的七百五十台币的邮费把三毛吓了一跳。看着母亲那密密的针脚、父亲那亲切的字体，三毛感到幸福的同时又夹杂着一丝愧疚。

那个时候就是如此，因为国际邮寄业务极不发达，邮寄的费用比物品本身贵很多倍。即使这样，三毛还是三天两头地跑邮局取母亲寄来的包裹。

母亲的包裹简直是个万宝囊。

有时是吃的。龙门粥、皮蛋、番茄、蔬菜、桂圆、粉丝、橘子、火腿、腊肠……包裹一来，三毛与荷西就像过年一样，虽然有时皮蛋会被压扁，蔬菜会烂掉，香肠会发霉长虫。三毛也会叮嘱母亲不要再寄这些新鲜的东西，母亲却不理。思念的心都在这里了。

有时是穿的。长裙、外套、裤子，无所不有。母亲最了解女儿爱美的心，没有一件不合适，没有一件不合三毛的心意。这给三毛贫瘠的沙漠生活增添了一抹亮丽的色彩。

有时还有用的。铺在餐桌上的中式细竹帘卷、棉纸糊的灯罩，这些母亲看来能给三毛带来美好的东西，常常也会被小心地裹在包裹里一起邮来。有一次，三毛收到了母亲寄来的一套小陶器茶具，令她喜不自胜。因为，近半个月来她心心念念着要一套茶具，没想到母亲竟心有灵犀寄了过来。

母亲在给三毛的信中写道："自你决定去撒哈拉大漠后，我们的心就没有一天安静过，怕你吃苦，怕你寂寞，更担心你难以适应沙漠的日常生活。孩子，你可知道父母的心里是如何的矛盾，如何的心酸！这一时期，我差不多常常跑邮局，恨不得把你喜爱的食物或点缀布置的小玩意儿，统统寄上，借着那些小小的礼物，也寄上我们无限的爱和想念。"

母亲心细如发，总是会从三毛寄来的书信的只言片语中捕捉到她最关心的信息：女儿是不是又病了、是不是又缺少什么了。神奇的是，母亲的判断，从未错过。有一次，三毛只是带了一笔"有点生病"，母亲便给她寄去了昂贵的蜂王浆补身体。

三毛看出母亲对自己的牵挂之深，再有不适就不敢再提了。有一次，因出车祸进了医院，她刻意地只告诉了父亲、姐姐和弟弟，还叮嘱他们不要告诉母亲。直到三毛出院以后，家里人才把这事慢慢告诉母亲。虽然那时三毛已经痊愈，但是缪进兰还是流了泪，只恨不能跨越千山万水去照顾女儿。

母亲毕竟也是受过教育的新时代女性，因此，她不只关心三毛的日常冷暖，对三毛的精神生活也很关注。她知道写作是能让女儿从心底感到快乐的一种方式，就鼓励三毛多写作，自己也是每晚向神祈祷，祈求神能让某个主编看中三毛的文章。

三毛第一篇写关于撒哈拉生活的随笔作品《中国饭店》刊登的那个早晨，母亲兴奋至极。她把还在睡梦中的家人全都叫起来，读给大家听。三毛在沙漠里与杂志社交流不便，母亲便接下了这个"外交"任务，在女儿与出版社中间当起了桥梁。对沟通文章发表的顺序，敲定文章的标题，缪进兰永远乐此不疲。

可是，当她后来发现女儿沉迷于写作、不分昼夜地笔耕时，就又讨厌和心痛起来，怪女儿太不爱惜自己。

也许，母爱本就是矛盾而复杂的吧。

荷西去世前，三毛父母终于找机会来到大加纳利岛看望三毛夫妇，也终于第一次见到了这个外国女婿。但是，他们万万没想到同时也见证了这小夫妻俩的一场死别。

那几日，三毛或是沉浸于痛苦与无助中，或是奔波于办理荷西死亡手续的路途中，全然忘记了父母的存在，忘记了关心父母是否吃过什么，也看不到父母望向自己的担忧眼神。

那些天，父亲也伤心得几近崩溃。只有母亲，强撑着身子在厨房忙碌，给她和父亲做饭，还不忘照顾荷西那呼天抢地的母亲、哥哥、姐姐们。

有一天，三毛在去办理手续的路上，看到了在风中踽踽独行的母亲，手里拎着几个快拖到地的大袋子，里面装满了大捧的菜。在台北住了半生也不识路的母亲，却在异国他乡、在语言不通的情况下，买到了菜，三毛可以想见她费了多大的周折。

三毛让母亲上车，要送她回去，母亲不肯，让三毛去忙，"看你这么东跑西跑连哭的时间也没有，你以为做大人的心里不难过？你看你，嘴唇都裂开了，还在争这几个又不重的袋子。"说完，母亲又拖着那几乎要掉到地上的袋子，一步步走远了。那个背影，让三毛的心痛得喘不过气来。

那一刻，自责、担忧、感激……种种情感一下子都涌了上来。

那一刻，她幡然醒悟，也不忍再颓废。

她想到现在荷西的去世已经让自己如此难受，如果自己不爱惜自己，不珍爱自己的生命，到时父母会有多么伤心欲绝？！自己又是多不孝啊！

于是，她擦擦眼泪，料理完荷西的后事，与父母一起踏上了返回台湾的旅程，下决心余生要陪在父母身边。

其实，对于父母因自己所受的苦，三毛是有认识的。她曾说对于父母而言，自己是个"逆子"。不过，这个"逆子"即使人在远方，却没有一日不牵挂父母。因为她在内心是真的敬爱他们。她常对朋友们说，这世上再找不到比自己父母更好的父母了。对于他们姐弟四人来说，父母是上天的恩赐。

因此，远在他乡的三毛别无他法，只能用笔来寄托自己的相思。她的信差不多每天一封，总是洋洋洒洒，事无巨细，谈的大多是家务琐事、个人私情，对父母的思念敬爱之情更是溢于言表。她让他们放宽心思，不要再为儿女所累；她让他们不要不舍得钱，她的稿费可以随便拿去花；她劝他们不要担心自己，也不要再邮寄昂贵的补品来。

她的家书优美得像是文学作品一般，又充满了真情实感。因此，在她离世后，她的生前好友、台中明道文艺社社长陈宗仁，特意整理了她的家书，从中选出一部分，集结成书，取名《我的灵魂骑在纸背上：三毛的书信札与私相簿》，满足了众多"三毛迷"的胃口。

对于父母的爱，三毛除了感激，还常常怀有一种内疚的情感。这种情感，我们可以从她的文字里体味到：

"可怜的是两个老天使，他们失去了孩子，也失去了心，翅膀下没有了要他们庇护的东西，终于可以休息休息了。可是撑了那么久的翅膀，已经僵了，硬了，再也放不下来了。"

为着这份歉疚，三毛曾在家书中表达后半生要好好孝敬双亲的决心。

她是多么希望，她的天使们，能永远有一双坚实的翅膀。

一生的争战

等你这一句话，等了一生一世。只等你——我的父亲，亲口说出来，扫去了我在这个家庭里用一辈子消除不掉的自卑和心虚。

——《一生的战役》

1983年4月8日。星期五。

上午11点钟，三毛才从睡梦中醒来。对于经常熬夜的她来说，这是日常。

还好，父亲不在家。她的内心多了一分安稳。

在房间门口，她看到了着一份《联合报》。捡起来，看到自己的文章《朝阳为谁升起》刊在了上面。摊开来看，却露出了一张字条。是父亲的笔迹。

"这是近年来，你写出的最好的一篇文章，写出了生命的真正意义，不说教，但不知不觉中说了一个大教。谦卑中显出了无比的意义。我读后深为感动，深为有这样一枝小草而骄傲。不是为我自己，而是为整个宇宙的生活，感觉有了曙光和朝阳。草，虽烧不尽，但仍应呵护，不要践踏。"

三毛的眼泪瞬间倾注而下。

为了不让母亲发觉，三毛把脸全部浸到冷水里，直到看不出是泪还是水。

那一刻的三毛，竟涌出死也瞑目的悲喜。

为着这肯定、这骄傲，三毛等了差不多一辈子。

陈嗣庆，作为父亲，是开明而宽容的。这一点，三毛一直认同。

但是，陈嗣庆的个性和职业特点决定了他是一个严谨细致、追求完美的人。追求完美的人不只对自己要求高，不自觉地，对自己周围的人也会高标准严要求，因此，他会经常提出这样那样的建议、要求。而三毛又是一个太有自己想法的孩子，极度追求心灵自由，父亲的提议在她那里时常意味着干涉。因此，父女二人的关系总是处于剪不断理还乱的纠葛中。

初中时三毛休学了，父亲为女儿未来的生计担忧，总想帮女儿找到可以安身立命的本事。为此，他挖空了心思。学业上，他要求三毛站在他面前背《古文观止》、唐诗宋词、英文小说，却不知这枯燥的学习模式对三毛而言毫无生趣可言；他安排三毛练琴，三毛亦是不愿，常常边练琴边大滴大滴地掉眼泪，最终落得个父女二人不欢而散。

陈嗣庆也会常常因为对三毛无计可施而苦恼。家里的其他孩子都在他的启蒙下找到了自己的方向。大女儿陈田心喜欢音乐，最终成为一名钢琴老师；小儿子被他培养成一流的专攻商标注册的律师，为人一丝不苟，责任心强；大儿子虽资质平平，但也能安稳度日。只有这个小女儿，无论是读书、交友、行事为人，好像都与他的标准谬之千里。

经历了七年的自闭生涯，三毛终于从阴霾中走出，此时的她，总觉得自己的内心空落落的。她与好友陈若曦聊起自己的心情，陈若曦劝她走出自己的小天地，去文化大学念书。三毛动了心，也想以此弥补休学期间给父母带来的情感上的亏欠，就给文化学院的校长张其昀写了一封信，信里将自己休学的经历详细地道明，并表达了求学的渴望。没想到第二天就收到了来自张其昀的亲笔回信："陈平同学，请速来我校报到。"

看到女儿能走上正轨，父亲当然是欣喜的。他也为女儿畅想了未来，希望她要么去美术系，要么去文学系，因为他认为三毛在这两方面很有天分，日后可以以此为生。他陪着三毛一同去报到，还特意带了三毛的画作和文章想展示给老师看。三毛在家里对父亲什么也没说，但是到了学校却毅然决然地选择了哲学系，令父亲大感意外。他实在是不懂这个女儿了。

其实，在四个孩子中，三毛的个性是最像父亲的。他们都敏感、多愁、脆弱，不懂圆滑、不喜应酬。

父亲平日里常常是不苟言笑的，也不善于表达自己，从来不会把"爱"之类的字眼挂在嘴边，也不会时不时用拥抱来安慰妻儿。所以，孩子们在心里对这个父亲还是有一点怕怕的。

在三毛的记忆里，这一生，父亲对她只有一次亲昵的表达。

那是1986年的10月，三毛在大加纳利岛结束孀居生活归台时，除了父亲，全家人都到机场来接她。在车里，弟弟把父亲给三毛写的一封英文信转交给她，寥寥数语，有安慰，有鼓励。最关键的是，他在信的开头和结尾用了"亲爱的女儿""爱你的父亲"这样热烈的表达，这对于陈嗣庆这个羞于表达感情的人来说确实不易，也是唯一的一次。正因如此，尽管对英文不自信，他还是用英文来表达，如果用中文说出这样甜蜜的话，那是断断做不出来的。他希望用这样的方式给刚刚经历伤痛的女儿以满满的支持和爱。这是一个两全之策。

三毛在少女时也是极不愿意向他人表露自己的心思。因此，父女之间谁也无法真正理解对方，又都是个性极强的人，矛盾和冲突自然是避免不了了。

那段日子，三毛觉得自己是家里的另类，对不起父母家人，尤其对在经济上支撑全家、在孩子教育上倾注了太多心血的父亲，更是怀有深深的愧疚。所以，她特别在意父亲的态度，父亲一点点的不快或忧虑都会被她理解为是自己的原因导致的。

陈嗣庆那时的焦虑可想而知，每次下班回家看到休学在家的三毛，心都在滴血，有一次就不自觉地轻声叹了一口气。他哪里知道，这一声叹息犹如一声炸雷，在三毛的心里激起万丈波澜，成为三毛驱之不散的梦魇。以后，父亲再回家，她就会马上躲到屋子里，吃饭也不与家人同桌，只等妈妈端了饭菜送到自己房间来。

从那时起，三毛断定，父亲是不喜欢自己的。在她看来，父亲对她的开明与宽容，不是出于爱，而是出于对自己女儿的一种隐忍。这种隐忍深深刻进了三毛的心里，织成一张写满罪恶的网。"父亲一生没有打过我，但是他的忍耐，就仿佛在告诉我——你是一个让父亲伤心透顶的孩子。你是有罪的。"

心中充满罪恶感的三毛，对很多事情都产生了扭曲的认知。

那段时间，偶尔有人来家里做客，看到她在家里，自然会问为什么不去上学。父母就会以她身体不好在家休养作为托词。她更觉得羞愧。她把自己界定为"问题孩子"，觉得是这个家庭的累赘和包袱，是"多余的人"。她觉得如果没有自己，父亲就不会叹息，母亲也会更快乐，整个家庭就会长长久久地幸福下去。

　　十九岁那年，三毛有两幅画被送去参加了画展，有一幅还得了铜奖。从参展到得奖，父亲一直蒙在鼓里。那时的她很不自信，觉得自己得奖不过是因为遇到了名师侥幸而已，没什么可炫耀的。

　　可是，看画展那天，父亲来了兴致，坚持要陪她去。当他在画展现场得知了女儿得奖的信息后，喜形于色，还请三毛在外面吃了顿大餐。

　　过马路时，父亲竟然牵起了三毛的手。这种陌生的亲切感突如其来，让三毛措手不及。父亲慈祥的言语举动，竟然让她产生了一种奇怪的念头，那就是如果没有做出成绩，自己就是有罪的。

　　此时的三毛内心是扭曲的。她一方面内心极度渴望父亲的欣赏，另一方面又觉得自己永远不能达到父亲的标准，不相信父亲的赞赏是真心的。得奖本是件喜事，结果却让她与父亲之间的墙又增厚了一层。

　　长大的三毛逐渐有了让父亲骄傲的资本。

　　她远走西班牙后，可以说开始了一段崭新的人生。特别是与荷西结婚后，她重新拾笔写作，更是迎来了她生命中的辉煌。她成为世人眼中的名作家、传奇女子。但可能是受到谦虚、低调等中国传统思想的束缚，父亲陈嗣庆总还是会在来信或来电中，不停地教诲女儿、叮嘱女儿不要骄傲，并对她的作品评点一二，从来没有给予过什么肯定和赞许。

　　这令三毛一直耿耿于怀。她曾对父亲说："这一生，丈夫欣赏我，朋友欣赏我，手足欣赏我，都解不开我心里那个死结，因为我的父亲……爸爸，你对我，没有信心……爸爸，对我来说，一生的悲哀，并不是要赚得全世界，而是要请你欣赏我。"

　　在三毛眼里，父亲是一个正直、博学，有着高贵品格的人。这样的人给她生命、养她长大，令她敬爱无比、骄傲无比。正因为这份敬爱与骄傲，她才最想得到父亲的赞赏。可是她越想得到，就越姗姗来迟。

荷西去世后，三毛回台湾生活和工作，除了任教，其余时间她还是继续她的写作事业。这时的三毛，心境与荷西在世时已经截然不同。一向秉持"我手写我心"写作态度的她，写出的文章自然与沙漠文学时期有所不同，风格也发生了巨大的转变，文字中呈现出的自己不再是那个光芒万丈的女子。但是，她的作品文采依旧，韵味依旧，始终畅销不衰。她根据中美洲之行所见所闻集结的书《万水千山走遍》出版后，受到邀请，在台湾各地巡回演讲，广受欢迎。

此时，只有父亲，不予认可，还颇多微词。

常常三毛看着非常满意的文章，拿到父亲那里不是说不够好，就是说她写得言辞过于偏激，总之有着诸多的不满意。这令三毛非常失望。她不由得抱怨父亲："你挑剔我，胜于编辑先生。"

有一次，三毛弟弟过生日，全家人在家里高高兴兴地聚餐。当天，恰巧三毛有篇写金庸小说人物心得的文章刊登在报上，父亲在桌上又忍不住发表意见："根本看不懂！"三毛又委屈又气愤，她觉得父亲是个从来不看金庸的人，看不懂很正常，但不能因此而贬低自己的文章。她越想越气，冲着父亲扔了一句，"看不懂就算了"！接着她不再说话，只是拼命喝葡萄酒。因为两人的对峙，一家人这顿饭一直处于紧张的气氛中。

吃完饭，三毛没有帮忙收拾碗筷，也没有像往常一样陪父亲聊天，而是独自去散步，晃到大半夜才回家。回家后，看到父母房里的灯还亮着，明知他们在等自己，她也没有过去打招呼，直接进了自己的房间。

母亲不放心，到房间里来看她。对母亲，她只流着泪说了一句话："我要走了，再也不写作。"这件事后，她再一次选择远行，回到大加纳利岛她与荷西的那间房子，养了一只大狗，过起了孀居生活。在她心底，得不到父亲的认可，再多的荣耀也不过是浮云一片。

她哪里知道，面对她，父亲一样是孤独的。

小的时候，她不按父亲的要求行事，陈嗣庆自觉并未过多强迫，不喜欢画画就让她去学插花，不喜欢练钢琴就给她买想要的黑管。自己极尽所能，不过是想帮助女儿找到她可以安身立命的行当而已。

后来，在外流浪奔波了多年后，三毛终于在荷西离世后决定回台定居。父亲看出那时候的三毛，少年时的任性、倔强、逆反性情在经过流浪和婚姻生活的磨砺后，确实少了很多、淡了很多。

但是他知道，本性难移。这个女儿毕竟是独特的，在远离了二十二年后再住在同一屋檐下，他们在一起的生活一定会有太多的地方需要磨合。因此，他在心里安下了许多小心，希望不要产生什么矛盾甚至更大的波澜。可没想到，还是会经常不小心触到女儿敏感的神经。

除了小心，父亲还有一丝不解。他记得女婿荷西当年曾夸赞三毛是个优秀的家庭主妇，他也从三毛的书信中了解到她在婚姻里是如何持家的。但是回到台湾的三毛，却对家里的事从不过问，不扫地、不煮饭、不熨衣服、不操心柴米油盐。父亲虽然没有责怪三毛，但是就是不解她为什么会这样。

在父母家的三年里，三毛从不擅自进入父亲的书房，也不去与父母争电视看，父亲已经买过的报纸她还要再买一份独享，打了长途电话会把话费留在餐桌上，就连开冰箱拿个水果也必须经过父母同意才做。这是三毛长期在国外生活养成的边界习惯。但是在有着中国传统思想的父亲眼里，这未免少了一分亲密，多了一分生疏。

三毛在四十岁这一年终于从父亲那里得到了欣赏和肯定，多年的心结打开，心里感到异常的轻松。但是对于父亲而言，与女儿三毛的角力并没结束，因为在他的内心深处一直深埋着一根刺，不时地就会探出头来给他带来一阵绞痛。

这根刺就是：他知道，女儿的内心总是徘徊在死亡的边缘。

《红楼梦》是三毛一生最爱。她对里面的"好了"二字极为钟情，曾多次向父亲提起，这让父亲多有疑虑。他在给三毛的信中曾说："这两个字，是你一生的追求，却没有时空给你胆子写出来，大概你心中已经好，已经了，不然不会这么下笔。而我和你母亲尚在不知不觉中。"

父亲的信中充满了无助与无奈，因为他知道这个女儿是自己的思想无法左右的，更知道女儿的性格里有着多么刚烈的元素。

失去荷西后，三毛好久深陷痛苦不能自拔。她对父母说："**如果选择了自己结束生命的这条路，你们也要想的明白，因为在我，那将是一个更幸福的归宿。**"母亲听了这话，一下子就哭了，反反复地哀求她："你再试试，再试试活下去，不是不给你选择，只是请求你再试一次。"从母亲的话里，我们能感受到缪进兰内心的恐惧、无助和挣扎。

父亲听了，情绪当时就爆发出来，冲她吼："你讲这样无情的话，便是叫爸爸生活在地狱里，因为你今天既然已经说了出来，使我，这个做父亲的人，日日要活在恐惧里，不晓得哪一天，我会突然失去我的女儿。如果你敢做出这样毁灭自己的生命的事情，那么你便是我的仇人，我不但今生要与你为仇，我世世代代都要与你为仇，因为是你，杀死了我最最心爱的女儿。"

说是说，但是陈嗣庆心里总是有不好的预感。

三毛1989年回故乡定海祭祖回来后，陈嗣庆就总觉得女儿的言行怪怪的。有一天，三毛又给全家人讲述她的大陆之行，讲她的乡愁，她的小弟说，"小姐姐其实最爱祖国。"那时候，陈嗣庆看到三毛笑了笑，但是那个笑容却让他有种陌生感。他觉得，女儿好像把魂留在了大陆，没有带回家。

也许那个时候，三毛就动了归彼大荒的心思吧。

终于，三毛还是走了。

在她走后，陈嗣庆去了三毛独自居住的小公寓，流连了一个下午。

他看到三毛在住院前把家里收拾得一尘不染，连瓷砖的缝隙都擦得锃亮，在心里对自己说：你这个女儿还真不赖！

父亲终于又赞赏了她。

三毛，你听到了吗？

无处可逃

母亲的腿上，好似绑着一条无形的带子，那一条带子的长度，只够她在厨房和家中走来走去。大门虽没有上锁，她心里的爱，却使她甘心情愿把自己锁了一辈子。

——《永恒的母亲》

小时候的三毛因为老师总是体罚，不爱上学，早晨起来就会闹脾气。看着含泪吃着早餐的女儿，母亲不但不气，还耐心地和她商量："忍耐这几年，等你长大了才会是一个有用的人。妈妈会去学校送老师衣料，请她不要打你……"

三毛每次对母亲不耐烦或是有些冲撞，母亲也都不以为意。

上大学时，有一天三毛看见总是待在厨房里的母亲，突然脱口问道："妈妈，你读过尼采没有？"母亲说："没有。"

三毛又问："那叔本华、康德和萨特呢？还有……这些哲人难道你都不晓得？"母亲随口答着"不晓得"，又转身去忙她的饭菜了。

三毛因为母亲的无知觉得有些怒，向她喊："那你去读呀！"然后，一甩头，进了自己的房间。

过了一会儿，她听见母亲在外面叫她："吃饭了！今天都是你喜欢的菜。"好像什么也没发生一样。

小的时候，三毛一家和大伯父家一起住。按照中国长幼有序的传统，大伯母在家中主管家事，母亲做事都是顺着大伯母的意见。母亲一向沉默寡言，只是安安分分地做着她该做的事。在三毛的印象里，母亲就是一个家庭妇女的形象，是个活在厨房里的人，安详的面容背后只有一片无知的茫然。

凡此种种，都让小三毛的内心不自觉地对母亲少了一分敬意。

三毛一家刚搬到台湾的时候，家里的生活条件极为窘迫，孩子们好久没有新衣服穿。上小学以来，三毛每天穿的就是学校的制服，唯一的一件灰蓝条子的毛线背心是姐姐穿剩下的。

有一天，妈妈答应要给她和姐姐缝新衣服。三毛高兴极了，告诉妈妈她喜欢粉蓝色的。放学时满怀期待地回家，发觉母亲居然是在缝一件白色的衣裳时，三毛急了："怎么是白的？！怎么是一块白布？！"她丢下书包失望地落下了泪。灯下的母亲什么也没说，只是脸上挂着做错了事情般的表情。第二天，她看到白色的连衣裙已经缝好了，只是裙子上多了一圈紫色的荷叶边。

三毛嫌弃地冲妈妈喊，说这种搭配是"死人色"。母亲近乎哀求地说："妹妹，妈妈没有其他的布，真的！请你不要伤心，以后等妈妈有钱了，一定给你别的颜色的衣服……"说着，要给三毛穿上试试，三毛执意不肯，母亲没办法只得把衣服慢慢地搁在椅背上。她知道母亲不会拿她怎么样。

那时，在三毛眼里，母亲好像是一个没有故事、没有自我的人。

　　直到有一天，家里竟然收到了一封给母亲的信，这真是少见。晚上，从父母的交谈中她得知是母亲被邀请去参加十天后的同学会。那一刻，三毛才有一点意识：原来母亲也曾经青春年少过，也曾经有过自己的青葱岁月。

　　当母亲把自己要去参加同学会的想法告诉大伯母时，却遭到了伯母的反对。伯母说家中活多，母亲走了，她自己一个人做不完。一向很顺从的母亲这一次却非常坚决地拒绝了伯母的要求。这让三毛有些刮目相看了。

　　母亲为了这个同学会做了很多准备。她做了红烧肉和罗宋汤，要带给同学们品尝。赴约那天，一向朴素的她还穿上了一件暗紫色的旗袍，脚上蹬上了一双白色高跟鞋。她也给三毛姐妹俩换上了新鞋、新袜，为三毛扎了一条淡紫色的丝带。这时，三毛才知道，原来那件不喜欢的新衣服是妈妈做来带她去赴同学会穿的。

　　三毛记得，那天下着大雨。母亲和姐姐一起来学校接她放学，然后一起坐人力车去集合地点。风大，雨大，路极不好走。终于到了那里，还是错过了接他们的车子。望着刚刚开走的车子，听着母亲在雨里叫喊同学名字的声音，三毛抱住姐姐大哭起来。车子没有停下来，母亲呆在雨里，半天无声。回到家里，母亲像没有发生什么事一样，给姐妹俩倒了热水泡澡，然后又开始给两岁的弟弟喂奶。

　　母亲虽然没说什么，但是，三毛却从母亲精心的准备中体味到这次同学会对母亲的意义。她能想象得到母亲内心的失落与无奈。

　　三毛很想了解年轻时的母亲是怎样一个存在，终于，有一天，忍不住自己的好奇去问母亲。母亲详细地讲了自己的故事，还给三毛看了几张她年轻时的照片。照片已经泛黄，但是画面上那穿月白上衣、黑色褶裙的年轻女子，却在风姿摇曳中展露着纯美的微笑，那笑容里充满了对未来美好生活的期冀和信心。

可是，嫁到了这个大家庭后，在"长嫂如母"的气氛下，母亲一点点收敛了自己活泼的心性，安心做起人妻、人母。一年又一年，无论是在重庆、南京还是台北，一直品尝着在大家庭中做人的滋味。直到孩子们长大，两家才不得不分开。父亲也因此在台北买了一幢极小的日式房子，全家人搬去单独居住。

新房子里很寒酸，只有一张竹做的桌子、几把竹板凳和一张大竹床。但是，当他们全家围坐在竹桌前吃饭时，三毛看到母亲的眼中呈现出一种从未见过的光芒。虽然那时年纪不大，但三毛一样看得出那光芒是一种喜悦的光。

长大后的三毛理解了，那份喜悦来自终于可以以女主人身份主持家业的幸福感。此后，母亲说话的声音越来越高昂，人也越来越自信，她终于找到了自己的归属。

一幕一幕终于让成年后的三毛认识了真实的母亲，也才了解，母亲温顺、沉默的背后，并不是懦弱，而是坚强。她用自己弱小的身躯、坚韧的爱，带给丈夫和儿女一个安稳平静的家。这幸福看似平淡，却很难得。

望着年华渐逝的母亲，三毛终于理解了母亲的爱："过去我对我母亲的爱只感到厌烦，很腻。现在再想起来，我觉得我已能领会、享受他们的爱的幸福，我完全了解他们对我的爱了。"尽管心里有时对这爱还会感觉有些沉重，但她已经可以做到真正地接受了。

每当回想起当年读大学时看不起母亲不懂哲学书籍的罪过，三毛就恨不得跪在母亲面前，请求母亲的原谅，原谅她年少的轻狂与无知。她觉得"今生唯一的孝顺，好似只有在努力加餐这件事上来讨得母亲的快乐"。

心理上理解了母亲，但是要做到无条件地配合又很不易，尤其对于三毛这种极度追求内心自由的人来说，面对母亲那泛滥而无节制的爱，她更有种沉重的负担感。每次回到台湾时，面对母亲，她都有种如临大敌的感觉。

母亲缪进兰的爱其实很简单。只要孩子们健康、快乐、能吃、能睡、婚姻美满，便知足，至于是聪明还是愚钝、是成功还是失败、是听话还是任性，在她，都不是什么大事。

三毛因为自小体弱，性格又独特，母亲对她有种天然的保护倾向，始终不相信三毛会把自己照顾好。因此，无论三毛长到多大，即使已经三四十岁，在她眼里都像是个三四岁的小孩子，亦步亦趋，都要叮嘱再三。吃饭怕她被鱼刺卡住，下雨天必须眼看着她打雨伞出去，穿衣服也要指点一二，三毛独居时嘱咐她不要把地址告诉别人，怕被人侵犯。

回台湾定居的三毛，发觉母亲的爱更是变本加厉，好像把自己当成了傻子。三毛要自己出门，她会告诉她"红灯要停步，绿灯才可以过街"；要三毛签名送书给亲戚们，母亲会操心每个亲戚的名字怎么写，连最简单的"玉"字也要反复强调；甚至半夜还要起床看女儿是不是盖好了被子、关好了灯。

母亲担心三毛的身体，所以对生活在身边时的三毛，照顾得无微不至。她会在三毛接电话的时候，抽个空当把用水冲好的胃药粉、人参粉和维他命（维生素），灌进三毛的嘴里，把三毛呛得半死，而她却因为了了心事安心地走开了；三毛后期工作日程非常紧张，身体不堪重负，三天两头地生病，这个可爱的母亲竟然提出要代三毛去演讲。

三毛觉得父母的爱实在是种负担，就提出要搬出去独住，母亲则提出一个条件，她必须隔几天给三毛送一次菜，否则就不答应。三毛只能同意。吃饭在母亲看来极为重要，她只要看到三毛能好好吃饭就快乐无比。以至于三毛笑说，即使是自己要咽气了，母亲也会给她喂一碗参汤下去，好让她有力气走上黄泉之路。

三毛搬出去后，为了写作经常饥一顿饱一顿，后来母亲就变成每天去给她送饭。三毛写起来常常听不见看不见，母亲敲门不得开，就只好将饭菜放在门口随她自取。有一次三毛沉迷写作好几天没动门口的饭菜，母亲急了，在外面使劲敲门呼叫，直到三毛打开门当着面把饭吃了为止。

面对母爱，三毛，永远无处可逃。

可是，她哪里知道，尽管自己已经回到父母身边、近在咫尺，但是母亲缪进兰的内心依然是寂寞的。

早年她的寂寞源于大家庭的约束、丈夫的不解风情。而今，这个家完全由自己操持，她也从丈夫在儿子婚礼上的表白了解了丈夫的心意。但是，寂寞还是依旧。这种寂寞源于女儿永远不停止的忙碌。

在别人眼里，她的丈夫能干有担当，儿女孝顺又都有出息，生活应该是相当幸福了。只有缪进兰自己知道，她需要的不只是这些。三毛没搬出去独住前，缪进兰每天的生活就只是煮一顿晚饭、擦擦地、洗洗衣服，照料好家人的生活。丈夫和女儿都是在忙了一天后，回来吃个晚饭，就把自己关进房里各行其是了，与她没有更多的交流。

每当朋友们对她说羡慕她女儿和她一起住的时候，她都觉得有苦难言。"我现在恨不得讲出来，她根本是个'纸人'。纸人不讲话，纸人不睡觉，纸人食不知味，纸人文章里什么都看到，就是看不见她的妈妈。"

以前，她对于女儿能找到自己所爱、写爱写的文章，很高兴，也很自豪。但是后来，她便恨起这件事来。因为她不能忍受女儿不分昼夜颠倒黑白的作息，更不能忍受女儿为了写作不顾身体的作为。

有一阵子，三毛的肌腱发炎，背痛得坐也不是、站也不是，还痛到哭过一次。医生告诉她不能再伏案写作，她却觉得除了写作没有别的什么可以分散她的痛苦。母亲心疼地一再劝她不要再写了，她当成耳边风。就在病痛的这一个半月里，三毛竟然写出了十七篇稿子。

母亲恨极了三毛这不要命的活法，连带着恨死了读书写作这件事。

有一次，她看到三毛送书给她的孙女陈天明，并鼓励她写作文，还问："每当你的作文得了甲上，或者看了一本好书，是不是心里有一种说不出的滋味？"母亲看到孙女拼命地点头，一旁的丈夫也拼命点头，心里的恨又深了一层。

但是，母亲终是无法阻止女儿的脚步的，包括女儿人生的旅途走到哪里，她亦无能为力。

她如此珍惜女儿，想尽办法让三毛能够健康地生活下去。三毛却再一次伤了母亲的心，绝绝地走了。

1991年的春节，陈家少了一个女儿。

缪进兰，那泛滥而无节制的母爱，从此再也无处安放。

第四章 佳偶天成

荷西，一个普通的西班牙男子，因为三毛成为闻名海内外的人物。他不用出镜，就成了本色出演的明星。

三毛，一个超凡脱俗的东方女子，因为荷西成就了自己辉煌的作家生涯。

他们的爱情像神话一样浪漫而脱俗，凄美而悲壮，成为千古绝唱。

他们的故事远离了凡间的烟火，缺少了那么一丝真实感，以致后来竟传出谣言，说荷西不存在，说他们的爱情是三毛编出来的故事。

但是，在三毛的相册里，那个身材魁梧、长着一脸大胡子的男人就那样英姿勃发地站在那里，天真而俊美，眼睛里透着坚毅，清清楚楚地告诉人们他曾在这世上走过。

三毛，荷西，他们是，人间里的佳偶天成。

痴情应笑我

在这个人为了爱情去沙漠里受苦时，我心里已经决定要跟他天涯海角一辈子流浪下去了。那个人，就是我现在的丈夫荷西。

——《撒哈拉的故事》

荷西，1951年生于西班牙的安杜哈尔市，比三毛小了整整八岁。

荷西，是三毛给他取的中文名。最初，三毛把他的名字翻译成"和曦"，觉得这两个字很适合他平和温暖的性格。但因为"曦"字太难写，荷西总是学不会，三毛没办法就给他改成"荷西"了。

三毛与荷西在一起共同演绎的那段凄美的爱情故事，从相识开始就充满了浪漫的气息。

1967年，三毛第一次远走西班牙的马德里哲学院读书。此时的三毛已不是那个自闭的小女孩，她热情开朗、敏感多情，长长的黑发透出东方女性特有的魅力。这样的三毛吸引了许多来自各个国家的男同学的追求，有的男生甚至会抱着吉他在三毛的宿舍楼下为她唱歌。

三毛偶尔也会为之心动，但是并没有在行动上接受这铺天盖地的感情。她来到这陌生的国度，一切都刚刚开始，一切都是未知数。她觉得自己有太多要学的、要了解的，她还有很多地方要去走，她要把每一天过得都很精彩。因此，那时的她根本没有心思考虑男女朋友的事情。

这一年的圣诞夜，她被父亲的老朋友徐耀明邀请到家里做客。西班牙有个习俗，在圣诞节午夜凌晨零点的时候，每个人都要跑到门外，向邻居路人道贺，而且要与第一个遇到的异性拥抱。

零点钟声一响，三毛也入乡随俗，跑出门外。在楼梯间，她碰到了住在楼上的荷西。相遇的一刹那，两人都为对方身上独有的气质所吸引。但是毕竟是初相逢，他们只是腼腆地互相拥抱了一下，互道祝福。

没想到，这一抱就注定了一段惊世情缘。

之后，因为三毛常来徐伯伯家，三毛有了很多与荷西相遇的机会，一来二去，两人就熟识了，并成了很好的朋友。很多人说那时他们两个在谈恋爱，事实并非如此。那个时候，荷西不过是个十八岁的毛头小伙子，还在念高三，而此时的三毛已经念到了大三。在三毛眼里，荷西不过是一个秉性相投的弟弟而已。

不过，因为兴趣爱好有很多交集，两人常常会在一起玩。他们会在周末的早上去卖旧物的"海盗市场"，可能只为买一支漂亮的鸟的羽毛，就可以逛上一整天；有时两人会跑到院子里打棒球，或者只是漫无目的地在街上游荡，翻翻垃圾箱，偶尔找到一两件别致的物件，对他们都是欢喜的……

慢慢地，情愫在荷西的心底生根发芽，他对这个东方女孩一往情深。为了看三毛一眼，他开始每天早晨到三毛的宿舍下等三毛，甚至开始旷课。

有一天，三毛正在宿舍读书，忽然有同学跑来告诉她："Echo，楼下你的表弟来找你了。"在西班牙文中"表弟"带有一些嘲弄的意思。三毛跑到阳台上去看，看见荷西正抱着书，站在一棵大树下等待。

三毛下了楼，质问他为什么不去上课。荷西从口袋里掏出了十四西币说："我有十四块钱，止好够买两个人的入场券，我们一起去看电影好吗？但是要走路去，因为已经没有车钱了。"

三毛感动于荷西的挚诚，随他去了。但是此时的她，已经感觉出荷西对自己产生了特殊的感情。虽然对荷西她也是喜欢的，但她只是作为普通朋友那样的喜欢，毕竟他们之间有着八岁的年龄差，还有着不可预知的未来。

三毛暗暗在心中打定了主意，要找机会跟他讲清楚。

那天，天气异常的冷。荷西照例来找她。他们无处可去，就搬了板凳坐到地下车库的出口，车经过的时候，散出的热风就是他们的暖气。就在这寒冷与热气交汇之中，三毛艰难地提出了不再见面的要求。荷西，这个大男孩，没有发怒也没有纠缠，只是认真地对三毛说："再等我六年，让我四年念大学，二年服兵役，六年以后我们就结婚。"

三毛未置可否。六年，那么长的时间，谁又知道两人届时各自在何方呢？

分手时，天色已晚，一向很少下雪的马德里竟然飘起了雪花。荷西脸上带着笑，慢慢地倒着往后跑了起来，向三毛挥手喊着："Echo再见！Echo再见！"之后，荷西果真没有再来找三毛，偶尔碰到了，也只是用西班牙的礼节礼貌地握手、问好，亲吻脸颊。

马德里哲学院毕业后，为了减轻家里的负担，三毛开始了半工半读的生活。先是去德国的歌德学院学习德文、兼做导游，后来又到美国的伊利诺大学主修陶瓷，同时谋得了图书管理员的职位。在这期间，她还抽空游历了德国、波兰、捷克和丹麦等好几个欧洲国家。一晃儿，三毛离开家已经四年有余。她的心里开始慢慢涌起似浓似淡的思乡之情，久久不散。终于，三毛不再考虑什么前程，也不再考虑什么学业，她只想回到父母身边，重新做回一个父母的女儿。

回到台湾的三毛，凭着德文教师资格被母校中国文化学院录用，教授德文和哲学，过起了一段平稳安定的日子。

这段时间，三毛结识了一个德国籍的教师，两人情投意合，开始操办婚礼。万万没想到，这个德国未婚夫却因心脏病发作猝然离世。三毛因此受到重创，她自杀被救后，再次决定飞往西班牙疗伤。

1972年年底，她回到了马德里，此时她不再是举目无亲了，五年前在这里交下的好友都纷纷来看望她。她与一个女友合租了一套公寓，找了几份教英文的家教，业余时间除了给杂志写稿，就是与女友一起玩乐。慢慢地，三毛的心情重新开朗起来，仿佛又回到了从前在马德里哲学院的快乐时光。

一天，她再一次到徐耀明伯伯家里做客，在楼下恰巧遇见了荷西的妹妹伊丝帖。当年因为和荷西总在一起玩，他的家人对三毛都很熟悉。多年不见，伊丝帖已经从小女孩长成了一个亭亭玉立的大姑娘，如果不是伊丝帖主动叫她，三毛是无论如何也认不出的。

伊丝帖因太了解哥哥荷西这些年的感情所系，她央求着三毛一定要给在南方服兵役的哥哥写封信。三毛被磨不过，于是答应，在纸上用英文简单地写了一句："荷西，我回来了！"同时，附上了自己的地址。伊丝帖迫不及待地把信寄了出去。

荷西收到三毛的信，欣喜若狂。

荷西根据三毛的联系电话打过去，告诉三毛自己很快就结束兵役了，还把回程日期告诉了三毛，让三毛一定等她。

其实三毛在台湾时，荷西就曾托去台湾的友人给三毛捎去一张自己的照片和一封信，告知了三毛关于自己的近况。但是那时的三毛正沉浸在与那位德籍教师的恋情中，没有心思给荷西回信。

这一次三毛回到西班牙，得知了荷西的归期，她也没放在心上，而且很快就忘记了。到了荷西回来的那天，她和朋友一早出去，玩到了天黑才回家。进了屋，同屋的女友说白天有十几个电话来找她。她正在纳闷是谁找她，电话又来了，是昔日马德里哲学院的一个朋友约她去家里玩。

进了朋友家，朋友让她把眼闭上，这时，她感觉有人从后面把她整个人环抱起来。她睁开眼，看见了高大魁梧、长满大胡子的荷西。那一瞬间，所有过去美好的回忆盈满了整个房间。三毛激动地尖叫起来，一下子抱住了荷西。

荷西长大了！

每当回忆起当时的场景，三毛都难掩内心的激动："背后一双手臂将我拥抱了起来，我打了个寒战，眼睛一张开就看到荷西站在我眼前。我兴奋得尖叫起来，那天我正巧穿着一条曳地长裙，他穿的是一件枣红色的套头毛衣。他揽着我兜圈子，长裙飞了起来，我尖叫着不停地捶打着他，又忍不住捧住他的脸亲他。"

分手六年后，他们再一次重逢。缘分天定，不由人不信。

一天下午，荷西拉着三毛来到了自己家里。他打开门时，映入三毛眼帘的是自己的黑白照片，被放大贴满了整个墙壁。三毛呆住了！自己从来没给荷西寄过照片呀！荷西解释说，他常常会去徐伯伯家，无意中在一个纸盒子里发现了三毛寄给徐家的照片，于是每次去就"偷走"几张，拿到照相馆去放大，然后再把照片偷偷放回原处。

荷西的房间里有一扇百叶窗，阳光可以照进来，正打在满墙的照片上，照片被晒得已经泛黄，为此，荷西还向三毛道歉，怪自己没有打理好这些照片。

如此的深情，任谁能够抗拒？！三毛流下眼泪，问荷西是不是还愿娶她。这次是荷西呆住了。三毛马上又反悔了，嘴里说着不行。荷西问她为什么，她说："**你那时为什么不要我？如果那时候你坚持要我的话，我还是一个好好的人，今天回来，心已经碎了。**"

荷西说："**碎的心，可以用胶水把它粘起来。**"

荷西，从没忘记六年前自己许下的诺言，他要立刻兑现。

三毛，也终于在经过了多次感情的洗礼后，找到了那个对的人。

他们约定好，执子之手，与子偕老。

荷西与三毛之前交的男朋友截然不同。过去的男友与她谈论的大多是文学、哲学、艺术和人生道理，这是三毛所长，也是她知识素养和内心情感的需求。但是，与荷西在一起，这些完全不在荷西的思考范围内。

他把眼睛投放在广阔的大自然里，喜欢天文、星象，也热爱户外运动，兴趣非常广泛，尤其对大海最为迷恋。他读的是海洋大学，还考取了全西班牙只有二十八人持有的一级潜水工程师资格证。他经常下到海底与海洋生物共舞，把所有在海里的奇遇说给三毛听。这样的荷西，是绝不喜欢无病呻吟的东西的。

有一天，两人到公园里散步，荷西又讲他的所见所闻。三毛却没了往日的兴致，一直心不在焉。荷西问她怎么了，她说第二天就是给编辑的交稿时间，可是到现在自己一个字还没写出来呢。她对荷西说，明天不能和他出来散步了，她当晚要连夜把稿子赶出来。

荷西看着三毛焦虑的神情，心是疼的，他不想让自己深爱的女人为生活所累。他指着公园里修剪树枝的工人，对三毛说："我宁愿像这些园丁呼吸大自然新鲜的空气，在太阳底下干活，也不愿被关在四四方方、密不透风、不见天日的小公室里，每天和枯燥的数字、文件打交道，那真让人烦透了。"

一句话，醍醐灌顶。生性本就洒脱的三毛突然重新体悟起生命的意义，她当晚就给编辑写信取消了稿约。为了一点钱去写自己不愿意写的文章，是对自己的不尊重和不爱惜。过去没有人和她讲过这些，只有荷西，让她对生活又有了新的认识。这是她愿意与荷西一起去过天高云淡日子的一个重要原因。

经历了六年的等待，荷西再不愿与三毛分开。他说他打算和几个朋友驾驶帆船去航海。因为有个朋友的父亲会把帆船借给他们，他们要去希腊的爱琴海潜水，这是他在服兵役时就梦寐以求的事。他希望三毛能够陪在他身边，给他照相、做饭和管钱。

起初，三毛为这计划雀跃，想着能成为一个渔娘，为这些可爱的水手们烧水做饭，是极浪漫的事。可是，这雀跃只停留了几秒钟，她就意识到荷西的计划与自己一年前就酝酿的事情冲突了。

很久以前，她曾在美国的《国家地理》杂志上看到过关于撒哈拉沙漠的报道，看着图片上那火红的太阳和漫漫的黄沙，三毛一下子被吸引住了。一年前，她流浪的心开始萌动，计划着独自去非洲旅行，去亲眼看看辽阔的撒哈拉。她还把自己的这一想法写信告诉了父亲，父亲毫不犹豫地表示赞同，还答应会资助她。之后，她就决定复活节后到撒哈拉去住个一年半载。

撒哈拉早已成为她梦中的情人，她岂能轻易放弃？！

荷西听了三毛的想法有些不高兴，觉得两个人好不容易聚到一起，又要各自飘零。但是他一如既往地没有强迫三毛，只是消失了一段日子。

有一天，三毛意外地收到一封来自撒哈拉沙漠的信。打开来看，是荷西寄来的。他竟然瞒着三毛去沙漠里的一家磷矿公司申请了一个职位，并且在离公司一百公里远的阿雍小镇租下了一栋房子。安排好一切，他才写信联系三毛，等待三毛的来临。

为了三毛，为了能与三毛永远在一起，荷西，竟然放弃了最爱的航海，跑到荒芜的沙漠里安住。三毛的感动无以复加。但是她还是有着万般的犹豫。一向不愿强迫别人、连累别人的三毛，给荷西回了一封信，劝他不要为了她放弃自己的理想，不要为了她到沙漠去吃苦受罪。三毛还说，自己到了沙漠里，就会开始各处旅行，不能总是陪着他。

荷西再回信："我想得很清楚，要留住你在我身边，只有跟你结婚，要不然我的心永远不能减去这份痛楚的感觉。我们夏天在沙漠结婚好吗？我在沙漠等你。"

话已至此，纵有万般理由也不能再犹豫了。

这一天，三毛和女友们一起结伴出游，疯玩到三更半夜后披头散发地回到公寓，又打闹了一阵子，直到筋疲力尽，才各自睡去。第二天，她起床后，女友们都去上班了。她留下了一封信，"走了，结婚去了。珍重，再见。"

就这样，在1973年，三毛终于走进了撒哈拉沙漠，这一次，她的心已经不再孤苦无依，因为有一个大胡子男人在那里等他、爱他。

二人只不过三个月未见，荷西却好似变了一副模样。他的双手已经粗糙不堪，嘴唇干裂，脸因为风吹日晒变得焦红，头发和胡子上都盖满了黄沙。看到这样的荷西，三毛心痛不已，想到为自己，这个在她眼里还是孩子的男人竟然愿意承受这些磨难，此生足矣！她下定了决定，要安心专意地爱着这个人了。

荷西没有钱，也没有渊博的学识，与她之前的男友标准截然不同，但是为什么三毛最终还是选择了荷西呢？因为只有荷西对她如此长情的爱，在荷西的爱里她可以自由地活着。

荷西不会试图把三毛拉到世俗中去，也不会强迫她去扮演一个妻子或母亲的角色。三毛那些在别人眼中看似疯狂的举动，在荷西看来都是正常不过的事情。眼前的这个女人，无论做出什么事情，他都不觉得惊讶，只是无条件地配合和陪伴。

在刚到沙漠的日子里，三毛每天都背着背包和相机，去沙漠的各处游历，住游牧民族的家里，体验各种各样的风俗。她交了好多撒哈拉朋友，甚至还学起了阿拉伯文，日子过得充实而快乐。

而荷西则在辛苦地赚钱，动手做家具，为他们的新家添砖加瓦，不肯有一丝懈怠。他想等到结婚时能给三毛一个虽然不大但至少温馨温暖的家。

荷西，没有舒凡的才气，没有德国教师的稳重，也没有三毛迷恋的艺术家的气息。但他热爱生活，懂得生活。

他用他的痴情铺平了与三毛的爱情之路。

这六年，不长也不短，恰好可以让三毛和荷西走到一起。

不求热烈，唯愿长久。

但愿人长久

爱情，如果不落实到穿衣、吃饭、数钱、睡觉这些实实在在的生活里去，是不容易天长地久的。

——《爱情》

沙漠生活并非如三毛想的那样唯美。

荷西租的房子位于一排房子的最后一幢，有着长圆形的拱门。房子对面是垃圾场，再远就是漫无边际的沙漠了。房子后面是一个很高的堆满乱石的山坡，山坡上的土硬得仿佛水泥浇灌似的。

房子有一大一小两个房间。三毛用步子丈量，大的房间横着可以走四大步，竖着可以走五大步。小的房间放进一张大床后，只剩手臂那么宽的空间了，勉强可以让人进出。

刚住进来时，房间里的设施简陋得一塌糊涂。水泥地高低不平，天棚上安着小小的灯泡，电线上还爬满了密密麻麻的苍蝇。墙上漏着一个大洞，风不断地从洞里钻进来。厨房只有四张报纸平铺起来那么大，里面有一个发黄的脏兮兮的水槽，还有一个水泥砌的小平台可以当操作台。浴室里有抽水马桶，但没有水箱，还有一个洗脸池和一个白浴缸。在沙漠，水资源匮乏，需要买水喝，还得提前向市政府申请。所以，房子里的水龙头就是个摆设，打开后只有几滴绿色液体苟延残喘地滴出来。

房间里没有任何生活必需品，荷西是想等三毛来了按自己想法布置，连床也没有准备。第一晚，他们在地上铺了一块帆布，三毛钻进睡袋里，荷西只裹了一条毯子，就这样在接近零摄氏度的气温里度过了一夜。第二天，二人早早起床上街去采买家居用品。

荷西和三毛居住的地方是在阿雍小镇的外围，被人称为"坟场区"。要买东西，必须到镇上的杂货店。这一天，他们去镇上买了一个小冰箱、一个煤气炉和其他的生活必需品，然后就架锅起灶，过起日子来。

可是，新的生活刚刚开始，他们还来不及享受丝毫的浪漫甜蜜，就要面对一系列的现实问题了。

最重要的问题就是生活费。三毛和荷西都不是过分追求物质享受的人，但是单是必要的生活费用对他们来说都如泰山压顶。房租要1万西币，还不包括水电费。物价更是贵得吓人，一汽油桶的水，需要90西币，可是存款利息却低得可怜。

来沙漠生活前，三毛的父亲给了她一笔钱，本打算用作日常花销的。可是，荷西坚决不让用，在这方面他是有些大男子主义的。他让三毛把父亲给的钱存到银行里，留待将来给父母养老用，坚持靠自己拼了命挣来的辛苦钱养家。即使是后来，三毛出书赚了很多稿费，他也让三毛把稿费存进银行，不许动一分。对荷西的这个要求，三毛乐于服从，她了解丈夫那强烈的自尊心。为了保护荷西的尊严，即使生活得苦一点又何妨。

荷西出外打拼挣钱，每天下班了会赶回来看三毛，等到夜深再搭交通车回单位的宿舍。因此，三毛大部分时间都是独自待在家里，读书写字或者操持家务。

沙漠生活的苦只有深入其中才会有体会，对于从小被父母当作宝贝的三毛来说，这种苦成为一种严峻的考验，将她过去对沙漠所有的幻想冲洗得所剩无几了。

房间太小，他们无法购置更多的家具，衣服放在箱子里，鞋子和零碎的东西装到纸盒里。就连写字都只能找块板子放在膝盖上对付。白天太阳火热，烤得墙都烫手，晚上气温骤降，摸上去又是冰冰凉，真是冰火两重天。

家里还有一大堆的事务等着她去做。有时，她要在灼人的日光下，忍着脊椎的疼痛，提着十公升的淡水亦步亦趋地往家里挪；有时，她要蹲在门外，借了邻居的铁皮炭炉子生火烧饭，眼泪被烟呛得不住地淌下来；有时，则是拿着荷西写好的做家具用的材料单子去镇子上的材料店问价钱……

在那样艰苦环境下生存的夫妻俩，没有罗曼蒂克，也没有风花雪月，只想拼力生活，改善一下生活条件，克服物质生活和精神生活的大苦难。

有一天，三毛在材料店门口看到了丢在外面的一大堆装货的长木箱，灵机一动，跑进店里问老板可不可以送给她。从未求过人的三毛，脸涨得通红。老板很大方，随她拿。三毛兴奋得不得了，叫了两辆驴车，把五个空木箱装上车，又返回材料店买了做家具的一套工具，嘴里吹着口哨跟着驴车一起回了家。

到了周末，荷西休息在家，二人开始在天台上动手做家具。两人分工合作，荷西锯木头，三毛负责给木板编号。时间就这样一分钟一分钟地流淌着，炙热的太阳在头顶的正上方毫不留情地燃烧着。荷西的手磨出了水泡，汗水不断地滴下来，三毛负责拿冰水给荷西喝。

荷西在家中排行老七，上有两个哥哥和四个姐姐，下面还有一个妹妹。在家中，他属于被照顾的那个，但是生活能力和动手能力却非常强，手也很巧。过去，三毛只见过荷西整齐打印的文件和情书，这样一个做活的荷西，她还是第一次见到。"荷西不说一句话，像希腊神话里的神祇一样在推着巨石。"

到结婚的时候，在荷西的手下终于诞生了一个书架，一张桌子，卧室里还有了长排的衣柜，厨房里的操作台下也多了一个小茶几可以放调料瓶。

荷西还常常会极尽心思地制作一些奇妙的小玩意儿，为家里增添一些情趣。后来在尼日利亚时，荷西每天工作十几个小时，连休息的时间都不多，但他还是在住处搭建了一个木制架子，上面挂了很多自制的小盆景，让简陋的住处多了些许生机。

这些都是三毛极为欣赏的一面，她也会在给父母的书信中夸赞自己这心灵手巧的丈夫，骄傲与自豪的心情溢于言表。

三毛和父母一直保有通信的习惯，而且非常频繁。但是在阿雍小镇，他们住的地方没有门牌，所以只能在镇上的邮局里租了一个信箱，三毛几乎每天都要走一个小时左右去镇上看信。这样来来去去的几个月，和镇上的人大多都熟识了。

这天早晨，三毛照例去镇里看信，走累了就到法院里坐着乘凉。这时，法院里的秘书走过来，通知她第二天下午六点钟办理结婚手续。

原来，三毛刚刚到达撒哈拉沙漠的第二天，荷西就急着拉她去小镇的法院咨询了结婚事宜。撒哈拉沙漠是西班牙的属地，一切依照西班牙的法律执行。因为两人的国籍不同，结婚文件申请起来相当麻烦，涉及好多部门，最后还要发给马德里的原籍做公告。秘书告诉他们大概要等三个月的时间。

二人没办法，只得先回去准备自己的资料，因为两人所有的户籍方面的东西都在父母家里，所以都是辗转着办来，然后才提交给法院。办完这些手续，剩下的只有等消息了。日子一天天过去，忙于操持生计的二人好像把结婚这件事已经忘在了身后。

没想到，结婚的消息来得这么随意而突然，三毛有些措手不及，荷西还在一百公里外的单位上班呢。恰巧，她看见了荷西的一个工友正开车经过，就拜托他告诉荷西赶快回家结婚，弄得这个工友一头雾水："明天结婚，荷西不知道吗？"三毛哪有时间和他解释，只告诉他赶快去通知荷西。

荷西听闻消息，没等到下班就急匆匆地赶回家。第二天要结婚，该做些什么呢？两人都有点茫然。桌子还没钉好，窗帘也只做了一半，三毛想把这未完的工作做完。可是荷西偏不，他拉了三毛去沙漠里的一家简陋影院看了一部电影《希腊左巴》，以纪念两人作为男女朋友的最后一天。

第二天，两人手牵手在沙漠里走了近一小时，才到达沙漠教堂，他们终于赶在日落前完成了婚礼。因为当地的撒哈拉威人都是按自己的风俗举办婚礼，主持公证婚礼的法官、秘书是第一次做这种事，所以整个过程是紧张而严肃的，这反而给这简陋的婚礼增加了一丝庄重的气氛。

三毛一身淡蓝色麻布长裙，头发披下来，戴着一顶宽边的草帽，耳边别了一小绺随手抓起的香菜，足底只蹬了一双凉鞋；荷西上身是一件深蓝色的衬衫，倒是与三毛的衣着很和谐。

等待了六年，痴爱了六年，这一天，荷西终于如愿以偿了。

紧张的荷西在仪式上甚至连给三毛戴戒指这么重要的环节，都忘记了。

这一场婚礼，没有鲜花，没有亲友的祝福，也没有精致的酒席。但是，对于三毛而言，这些形式上的东西对她都不重要，她只愿得一心人，白首不相离。

从世俗标准看荷西，他一无所有，绝对不是一个理想的结婚对象。但是三毛从来活在世俗之外，她在乎的是内心的感受。荷西是最懂她、最包容她的那个人。他送给她的结婚礼物，不是钻戒，不是鲜花，而是一副骆驼头骨，这让从小有着"拾荒梦"的三毛欣喜若狂。

三毛自小就喜欢一些稀奇古怪的东西，遇到了，就想纳为己有。这个习惯跟了她一辈子，荷西在这方面与她也很是投合。

在沙漠生活时，有一次，三毛穿过坟场回家，发现有个撒哈拉威老人正坐在那里专心致志地雕刻东西，脚边堆了十几个石刻像，有人脸、鸟、羚羊、骆驼等，还有裸体的女人张开着双腿，私处刻着半个在出生的婴儿……这些粗糙而感人的自然石刻立刻吸引了三毛，她把兜里仅有的1000西币全部掏出来向老人要求买几个石雕。那老人也是惊喜，没想到还可以换钱，乐得立马给了她几个石雕。

回到家里，邻居们听说她花了1000西币就为买这些石头，都笑话她，说她疯了；但荷西看到那些石雕之后，二话没说，反而在那么艰苦的情况下，又给了三毛2000西币，让她去再多买几个。

这样的事情，不胜枚举。

在大加纳利岛期间居住的时候，有一阵子，三毛迷上了在鹅卵石上画画，常常跑去海边捡适合画画的石头。有一天，荷西下班回家，看到三毛正在画一幅夜景图，那淡淡的月光、结满红色果子的树、树下坐着的两个裸体的人、飞翔的白鸟，构出了绝美的图像，荷西觉得这就是他想象中的"伊甸园"。他顾不上休息，赶忙去找来麻绳，给那块石头编了一个小垫子，让它可以在桌子上立住。

为了支持三毛，荷西就是这样，始终愿意追随三毛的脚步，想方设法满足三毛的心愿，即使冒险也在所不辞。

一天下午，荷西下班回家，拉着三毛就往外走，说要带她去沙漠深处捡化石和贝壳。车子开出了好远，等他们到达沙漠深处的时候，夜幕已经降临，路也越来越难开。荷西在下车探路时不小心陷入了沼泽地，幸亏旁边有块突出的大石头，暂时可以帮他不再下沉。三毛心里紧张得很，她知道，如果不把荷西救出来，夜晚的低温也会把他活活冻死。

恰在这时，三毛看见有车灯逐渐靠近，她心里燃起了希望，终于有人可以帮她救荷西了。没想到，车上的两个撒哈拉威男人并无意搭救，反而对三毛产生了非分之想。三毛的勇敢与智慧在这时爆发出来，她开着车与撒哈拉威男人周旋，终于甩掉了他们。

再回到荷西遇险的地方，她让自己冷静下来，把汽车的座椅、轮胎都拆了，搭出一座桥，自己顺着"桥"走过去，又把外裙撕成布条系成一根长绳扔给荷西，荷西在她的拉扯和自己的努力下，终于得救了。

他们没有找到化石，却经历了一场生离死别。刚刚从死神手里爬出的荷西，说出的第一话竟是："三毛，还要化石吗？"

"要。你呢？"

"我更要了。"

"什么时候再来？"

"明天下午。"

二人总是这样的不谋而合，难怪三毛说，他们是彼此最好的伴儿。

家里缺绿植了，两个人会一起爬进总督家里，用四只手去挖地上的花；家里缺钱了，两人会一起去海边，荷西潜入海里捉鱼，三毛负责装进篓里，然后一起拿到镇上去卖；他们还会一起去海边偷看撒哈拉威人洗澡，被发现后又一起落荒而逃。

沙漠的一点一滴，让三毛对荷西的认识不断加深，那爱也随之不断增厚。

说实话，最初，三毛对荷西并没有爱得那么强烈，这一点她在给父母的信中也有表达："我并不能说我十分地爱荷西。"但是随着越来越深的了解，她看到小她八岁的荷西却有着宽厚的男人的肩膀让她依靠，虽然不会说漂亮的情话，却可以为她做很多、付出很多，她的爱才开始逐渐升腾起来。

当西属撒哈拉政治局势出现混乱的时候，荷西想尽办法把三毛送出满是硝烟的沙漠，自己因为没有机票留在了那里。三毛一个人逃到大加纳利岛后借住在朋友家，等待荷西的到来。但是，整整十天十夜，荷西杳无音信。三毛打了快二十个电话，一直打不通；她不停地跑到机场等，也等不到人。此刻的她更加强烈地意识到，荷西已经刻进她的心里，成为她生命中不可缺少的依靠。

终于，他们重逢了。荷西不只人来，还把他们在沙漠里所有能打包的物件，包括三毛的一箱子书信、喜爱的小玩物以及岳父母寄来的物品全都运了来，连一条床单都没丢，兜里还揣着卖家具得来的1.2万西币。

　　原来，荷西在阿雍时已经抢不到机票了。他逃到海边，露宿了两天，才等到停驶来的军舰。荷西请求他们带他离开，军官不同意。恰在这时，船队里有一艘船卡住了，必须有人潜到水下去清理，可军队里没人能做，荷西提出为他们解决这个麻烦，条件是必须同意带上他和他带来的所有东西离开。

　　于是，荷西和这一大堆东西就出现在了三毛面前。

　　看着别人的丈夫脸色惨白、两手空空地逃过来，还要乱发脾气，三毛对自己的丈夫更是充满了敬爱。她在给父母的信中说：**"爹爹，姆妈，你们的女婿是世界上最最了不起的青年……我有这样一个好丈夫，一生无憾，死也瞑目……有如此一个好女婿，你们一定要更加爱他这个儿子。"**

　　当然，爱情并不可能永远是单方的付出。三毛对于荷西而言一样，值得珍惜。

　　在沙漠时，荷西上班的地方离家比较远，三毛每天都会在下午两点半开三个小时的车冒着沙漠里走沙与龙卷风的危险去接下班的荷西回家；荷西每次带同事回家，三毛都会给足荷西面子，不辞辛苦地做上一桌中国菜招待；荷西没有工作的时候，她可以和他一起忍受一天只有一顿饭的日子……

　　尽管深爱至此，婚姻并没有成为二人的枷锁。三毛与荷西都是洒脱的性格，因此结婚前就约定好，不能因为结婚而失了自我。三毛说他们的家"像一座男女混住的小型宿舍"。结婚后，他们的生活没什么大的改变，他们都能尊重彼此的兴趣和爱好。

　　对于三毛而言，偶尔的孤独非常重要也很必要，是绝不能失的，她需要时时有自己的空间躲起来做喜欢的事。刚到拉芭玛岛时，他们租住在一个小公寓里，只有一个很小的房间。没办法，两人需要独处时，就只能是荷西退让一步，跑到阳台上去看风景。后来，听说有大的公寓要出售，尽管价值偏贵，他们还是下决心买了下来，两人各得其所，不亦快哉！

这就是三毛与荷西的婚姻。

有浪漫，有琐碎，有进退，有抽离；

有痴爱，有温暖，有支撑，有空间。

然后，才有了甜蜜的相守和永恒的相思。

繁花已开尽

每想你一次，天上飘落一粒沙，从此形成了撒哈拉。每想你一次，天上就掉下一滴水，于是形成了太平洋。

——《撒哈拉的故事》

三毛与荷西的爱情故事，是六年的轮回。

相识六年，再相守六年。

而相守的这六年，可以说也是颠沛流离的六年。

他们在撒哈拉沙漠里好不容易历经千辛万苦置办好家业、安定下来，也结交了好多撒哈拉威的朋友，却没想到赶上撒哈拉威人闹独立，沙漠一片战火硝烟。他们不得不与沙漠告别，经过一番周折来到了大加纳利岛，买下一座美丽的房子住下来。

大加纳利岛是加纳利群岛的一个岛屿。这些群岛因为其独特的美早就被荷马载入史诗。所以，住在大加纳利岛期间，二人特意腾出了一段时间去周游，完成了早已约好的自驾旅行。

旅行是二人都爱的，加纳利群岛不只有美的景色，还蕴藏着美的风俗，让他们流连忘返，彼此的情感也在这次旅行中又有了更多的沉淀。但是，生活终究还要继续。旅行结束后，荷西在大加纳利岛找不到合适的工作，只能再回到在沙漠里的磷矿公司，天堂般的日子暂时告一段落，他们又成为周末夫妻。

没过多久，因为三毛出了车祸，子宫瘤导致的出血又很严重，始终不愈，荷西必须辞职回家照看三毛。他们因此在经济上失去了来源。那一段时间，他们度过了最为窘迫的一段时光。但是即使是一天只吃一顿饭，没有多余的资金出去旅游会友，但是两个人只要能在一起，所有的一切都无足轻重了。

三毛身体好转后，他们开始四处求职，终于在1977年年初的时候，荷西在尼日利亚的港口找到了打捞沉船的工作，但是因为待遇苛刻，只干了八个月就被三毛逼着辞了职。好在很快他就在丹纳丽芙岛找了一份修建人造海滩工程的工作。

人造海滩完工的时候，正赶上除夕。二人坐在海滩边，望着满天的焰火和那些欢庆节日的喜乐的人群，荷西内心充满了成就感。钟敲十二下的时候，他拥着三毛，让三毛在心里许十二个愿望。那一刻，三毛的心里不断重复涌出的话就是：但愿人长久，但愿人长久，但愿人长久……

1979年随着他们的许愿到来了。

那时，他们想不到，这一年，他们将经历好多好多……

两个月后，荷西又得到了一份新工作，地点在拉芭玛岛。

此前环岛自驾游时，他们是去过拉芭玛岛的。那是加纳利群岛里最绿最美的岛屿，土地肥沃，物产丰富。可能是生活比较殷实的缘故，城市里散发着文化的芳香，古老的建筑，家家户户阳台上怒放的花朵，广场上成群的白鸽，街上风韵十足的女人，勾勒出中国江南的情致情怀。因此，三毛称这里为"杏花春雨江南"。

二人很高兴新的工作地点能够到这个美如诗画、只有两万人的小岛上去。

荷西再一次乘飞机离开。但是，经过几年的共患难，二人对彼此的依恋已经越来越强烈。三毛觉得家里没有了荷西就像失去了生命一样，荷西那边也一样，一周后就发来电报，说暂时租不到房子，让她先过去，一起住旅馆。于是，在这个岛上，他们住进了一房一厅一厨房的公寓旅馆，将收入的一大半付给了房租，只为求得永恒的相守。

在这里，他们几乎成了彼此的影子。他们不似以往那样的经常呼朋唤友，只是想更多地享受二人世界里的幸福时光，彼此陪伴，彼此守望。

每天早晨，荷西去上班了。三毛去市场买完蔬菜、水果和鲜花，从不会直接回家，而是骑着从邻居那借的脚踏车，直奔荷西工作的码头。工人们已经对她熟悉得不行，常常会指给她看荷西工作的位置，岸上的助手也会默契地向在水下工作的荷西发出信号。这时，荷西就会如约上来，三毛靠着湿漉漉的荷西，两人一起分食一袋水果，几分钟后，荷西再下水继续工作。这样的甜蜜搞得助手都不相信他们已经结婚六年了。

荷西也一样，随时随地想要见到三毛。回家时的他，每一次都是踩着急促的脚步声上楼，好像晚一刻就会丢失了三毛一样。三毛这边，每次听到这熟悉的上楼声音，心里又安心又欢喜。

有一次，荷西在工作时因为机器零件坏了，需要修好才能继续工作。等待的这两个小时，荷西也不愿浪费，他脱掉潜水衣回家找三毛。三毛不知荷西会出来，也出去办事了。他就一家家店铺找过去，见到人就紧张地问："看见Echo没有？看见Echo没有？"直到见到三毛才放下一颗心。

荷西每天下午四点下班，三毛在家里会准备几碟小菜、一瓶红酒、一盘象棋，两个人坐在阳台上，对着窗外大海观景、饮酒、对弈。周五，两个人也会带着帐篷和睡袋，开车去海边露宿，摸着黑捉螃蟹，在澎湃的浪潮中不厌其烦地叫着彼此的名字。

这一年的结婚纪念日，三毛在家里准备了晚餐等荷西，可是荷西并没按时回来。三毛的心提了起来，就想出去找人，荷西却回来了。他送给三毛一件贵重的结婚礼物，一个有罗马字的老式女用手表，这是三毛结婚六年来第一次拥有自己的手表。荷西环住三毛，说："以后的一分一秒都不能忘掉我，让它来替你数。"

听了这样的情话，一直为病所困的三毛竟有了不祥的感觉。晚上，她越想越不安，将睡梦中的荷西推醒，对他说："荷西，我爱你！"这句话，三毛从来没对荷西说过，荷西一下子惊醒了，为了这句等了多年的话泪洒衣襟。

第二天早上，三毛醒来，发现荷西已去上班了，只在厨房的牛奶杯里为三毛留了一支带着晨露的花朵。白天他们再见面，竟出现了初恋般的羞赧，连对看一眼都不敢，只是互相扔着小石子玩闹着。

他们在岛上没有洗衣机。一天，三毛因为一下子洗了四床被单，上岛以来一直缠身的心痛病又发作了，她躺在床上没敢动。荷西上午没见三毛像往常一样来送点心，趁午休时间穿着潜水衣就回来探望。看三毛的样子，担心得不行，三毛只是安慰他说有些累了，叫荷西坐到身边来，对他说："要是我死了，你一定答应我再娶，温柔些的女孩子好，听见没有？"

荷西回答："要是你死了，我一把火把家烧掉，然后上船去，漂到老死。"

　　这一年，他们之间总会出现这种无语凝噎的场景。

　　就在这样甜蜜又略显伤感的时光里，他们收到了三毛父母要来探望他们的好信息。这件事令三毛欢欣雀跃起来，她心底的不安和惆怅也被暂时掩盖了。

　　荷西极为看重第一次与岳父母的见面，他请了一个月的长假，带着三毛回到大加纳利岛的家，仔仔细细地把家里拾掇了一番。见面前，荷西和三毛因为如何称呼岳父母的问题产生了争执。他坚持要按照西班牙人的习惯称"陈先生""陈太太"，三毛却要求他按中国人的习惯称呼"爸爸""妈妈"，并告诉荷西，在中国人看来，叫先生、太太会有陌生感。这让荷西感到很为难。

　　终于到了与父母重逢的日子，三毛飞去马德里把父母接到大加纳利岛，荷西到机场来接机。他在拥抱首次见面的岳父母时，紧张而又羞涩地用中国话喊了声"爸爸""妈妈"，便不知道再说什么了。因为英语水平太一般，在这种紧张的时候更是什么也讲不出来。不管怎样，团圆总是喜悦的，即使语言不通，父母也看得出荷西的真诚与善良。

　　相处了几天后，大家渐渐就熟悉了。有一天，荷西突然用英语问陈嗣庆："爹爹，你跟Echo说让我买摩托车好不好？"荷西那声"爹爹"叫得很亲切、自然，三毛听到后，猝不及防，忽然就湿了眼眶。她知道荷西是真的爱自己的父母才会这样自然地叫出"爹爹"来。买摩托一事，之前荷西就和三毛商量过，但因为三毛觉得骑摩托车太危险，就没让荷西买。没想到，荷西竟然请出父亲来说情，那声"爹爹"把三毛的心叫软了。荷西如愿得到了一台摩托车。

　　之后的几天，荷西每天都骑着摩托载着三毛的父亲在岛上疯玩，两人常常从早玩到晚，极为尽兴。不出门的时候，荷西还会陪父亲下中国象棋，一家人其乐融融。三毛的父母很喜欢这个女婿，他们感同身受到了女儿的幸福。一家人计划着第二年让三毛带荷西一起回台湾。

转眼一个月过去了，三毛父母按照原计划启程去欧洲其他国家。三毛是要陪父母一起去的，荷西则要返回拉芭玛岛继续工作。机场告别时，三毛的母亲忍不住流泪了，荷西轻轻抱住她，安慰说："妈妈，我可不喜欢看见你流泪哟！明年一月你就要在台北的机场接我了，千万不要难过，Echo陪你去玩。"

没想到，机场一别竟成为永别。

两天之后，三毛陪着父母到了英国伦敦。半夜一点钟，已经入眠的三毛突然听到有人敲门。她预感到有不好的事情发生，传递消息的英国太太吞吞吐吐，三毛急不可耐地问她："是不是荷西死了？"

的确，是拉芭玛那边传来了消息，荷西潜水溺亡。原来，那天工作完，荷西和朋友们约着去海滩野餐，他像往常一样下到海里为大家捉鱼吃。这对荷西和朋友们来说是件最普通不过的事情。可是，这一次，朋友们等了好久，荷西却迟迟不归。朋友们预感到了不妙，会潜水的朋友和附近的村民一遍又一遍潜到海里寻找，一直到了半夜，他的尸体才被打捞上来。

几年前，三毛和荷西曾经在一起讨论死亡的事。三毛说，希望两人穿戴整齐，一起手拉手躺在床上，一起喊一、二、三，一起死去。可荷西不愿意，他希望是在一个秋天，在没有波浪的海里，他与鱼儿们戏谑时死去。没想到，一语成谶。那一年，他只有二十八岁。

荷西死了，他与三毛的爱情故事，也戛然而止了。这一天是1979年9月30日，是中国的国庆节的前一天，而荷西却只字未留地独自离去了。

三毛在父母的陪同下急匆匆地赶回了拉芭玛岛。荷西的尸体被停放在墓园旁边的小屋子里。这个墓园是她和荷西以前散步的地方，她不相信这里会躺着她那曾经生龙活虎的丈夫。可是，那张脸，那件潜水衣，那支射鱼枪，就在那儿赤裸裸地迎向她。

三毛阻止了所有的亲友，自己一个人陪在荷西身边，像往常一样拉着他的手，安慰他，鼓励他，喃喃地诉说着情话，与她心爱的丈夫度过了最后一个晚上。多年后，她写了一首歌来纪念这个悲伤的夜晚，歌名叫《今世》：

> 日已尽潮水已去，皓月当空的夜晚交出了。
> 再不能看我，再不能说话的你。
> 同一条手帕，擦你的血拭我的泪。
> 要这样跟你，血泪交融；
> 就这样跟你，血泪交融。
> 一如万年前的初夜。

第二天下葬时，三毛不要工人帮忙，她自己亲手将钉子一颗一颗钉入荷西的棺木。钉子钉进棺木，却好似钉进她的心里，钉出了血。钉完棺木，她再用双手一捧捧地将黄土撒上去，看着黄土逐渐盖满了棺木，堆成了坟，生生地把自己与荷西永远地隔开了。

三毛扑在坟上哭了又哭，不断地劝自己离开，又不断地折返，反反复复，情绪不能自已。终于，朋友们把她带回了他们在拉芭玛岛的小公寓里，请来她的医生朋友给她注射了镇静剂。然而，此时的三毛，悲痛强烈得连镇静剂也无法控制，她睁着眼，不停地喊着："荷西回来……荷西回来……"

这一日，她感觉仿佛过了一世。

那天以后，三毛不再哭闹。她每天很早就起床，一个人上山去看荷西，为他坟前的花瓶换上鲜花。然后就一个人痴痴地一直坐到黄昏，直到墓园的守墓人走过来低声劝慰她，她才痴痴地走出墓园，看着守墓人把铁门锁了，才肯回家。夜晚，她常常是在无眠的梦里，默默啜泣，睁眼静等黎明的到来。清晨六点，是墓园开园的时间，那时，她又可以去陪荷西了。

到了该办荷西身后事的时候，她也拒绝家人朋友的帮忙，一个人跑这跑那：去葬仪社结账，去找法医看解剖结果，去警察局交回荷西的身份证和驾驶执照，去海防司令部填写出事经过，去法院申请死亡证明，去市政府请求墓地式样许可，去社会福利局申报死亡……

荷西的墓碑和木栅栏也是三毛亲手设计描画的，做好后，她一个人背着上了山，尽管那墓碑和木栅栏对于她而言是那么的沉重。她不辞辛苦，只想最后再为荷西做件事。

墓碑是她画了草图请岛上熟识的老木匠打制出来的，十字架形状，上面刻着：荷西·马利安·葛罗，安息，你的妻子纪念你！墓碑上荷西的名字也是她一笔一画用签字笔亲手描的，写完，晾干，再一遍一遍用小刷子涂上几层亮光漆。一切料理停当，又用手去挖那坟前的黄土，把墓碑栽进去，周围用栅栏围住，为荷西筑起了永恒的安息之地。

一个月后，三毛终于同意随同父母回台湾。

在台北，一身沉重丧衣的三毛在父母的陪同下走下飞机。早就获得信息的媒体已经等候他们多时，闪光灯一时间闪个不停，本就脆弱的三毛此时再也无法控制自己。她用手捂住脸，眼泪流个不停，不断地恳求记者们不要再拍了。后来竟哭得走不动路，接她的人只能将她抱走。那种悲恸令在场的人全都动容，连记者们也沉默了。

思念就像一只漂泊的不死鸟，一直随着三毛的脚步，久久不肯离去。

"许多个夜晚，许多次午夜梦回的时候，我躺在黑暗里，思念荷西几成疯狂。相思，像虫一样地慢慢啃着我的身体，直到我成为一个空空茫茫的大洞。"

荷西生前，两人虽然恩爱，但三毛一直认为他们各自都是完整的一个人，谁也不是谁的另一半。

如今，荷西走了，三毛的魂魄却也跟着走了。**"埋下去的是你，也是我。走了的，是我们。"**这是她真实的内心写照。

那个阶段，她失眠严重，精神恍惚，每天都需要服用大量安眠药才能入眠。

她的生活失去了色彩，虽然表面平静，却一直游走在伪装的躯壳里，用忙碌和奔波填满空虚的日子。她怕自己一人，担不起那份孤独的重压。本来极爱孤独的三毛，因为荷西，好像已经忘了孤独的模样好久好久了。

荷西走后，三毛的写作也变了格调。荷西的死成为她写作的分水岭，前面纵横捭阖、意趣风发，后面则更多充满了忧郁黯淡、看破红尘的苍凉。

三毛的心，已经随着荷西的死变成了一座寂寞的庭院。除了荷西，她不愿别人进来造访，于是庭院因为无人照拂，常常是枯萎、凋零的，落英满地。

三毛，再一次遗失了自己。

第五章　远方有多远

三毛的一生，许多时间都在"流浪"。

除了撒哈拉沙漠，南斯拉夫、波兰、丹麦、捷克、德国、美国和南美的大部分国家都留下了她的足迹。

她那经典的流浪形象，她那对远方、对自由的极度渴望，伴随着她的每一个故事、每一个文字，跃然纸上，更让三毛这个人物充满了旺盛的生命力和无尽的魅力。

流浪路上的她，一直都在追寻，追寻心中的情感，也追寻心中的梦。

"不要问我从哪里来，我的故乡在远方"，这首她作词的《橄榄树》是对心之所向的诠释，更是对流浪者的赞歌。

梦中的"橄榄树"，那就是她流浪情结的所在。

无论远方有多远，她都要流浪，流浪……

前世的乡愁

　　我决定来西班牙，事实上这是一个浪漫的选择而不是一个理智的选择。比较我过去所到过、住过的几个国家，我心里对西班牙总有一份特别的挚爱，近乎乡愁的感情将我拉了回来。

——《雨季不再来》

　　对于西班牙，三毛有种不是故乡胜似故乡的情结。

　　在年少追梦的时光里，是西班牙，让她对音乐和美术产生了灵魂上的共鸣；

　　在一次次遍体鳞伤后，是西班牙，用热情奔放、自由自在的性格疗愈了她；

　　在六年的短暂婚姻中，又是西班牙，把最美、最浪漫的温柔乡作为礼物送给了她。

　　西班牙，成为三毛生命里一再奔赴的地方。

　　说起三毛与西班牙的缘分，还是要提到她的二堂哥陈懋良。陈懋良不只痴迷音乐，对美术也颇有兴趣。二人在一起总是分享在艺术上的心得。一天，陈懋良送给三毛一本毕加索的画册。这位艺术大师的作品，瞬间征服了三毛。

毕加索虽然在生活上因与诸多女人有染而饱受争议，但是在艺术上的天分和成就却是不容置疑的。他是当代西方最有创造性和影响最深远的艺术家之一，是20世纪最伟大的艺术天才之一。

他的作品一如他的生活，变换多样，没有章法，难以捉摸。早期作品因为本人对人世无常的敏感认知，以及困窘的家庭境况，充满了忧郁和寂寞的气息，甚至连太阳都是蓝色的。后期的作品则更多表达的是现实社会里畸形的人际关系、战乱中百姓的痛苦与愤怒，但仍不失对美好生活的向往与期冀。

不懂艺术的人，看毕加索的画，是错位、零乱和迷茫的。但是，对艺术高度敏感的三毛却看到了画中呈现给她的灵魂世界，并为之着迷。从此，三毛成了毕加索最虔诚的追随者，甚至把对毕加索作品的痴迷当成了爱情。她那时的愿望就是能嫁给毕加索，成为艺术家的太太。

那一年，三毛只有十三岁，而毕加索已经七十七岁。

也就在那时，因为毕加索，西班牙这个国家在三毛的心里留下了痕迹。

上大学的时候。她在偶然间听到了一张西班牙古典吉他唱片，独具特色的旋律、蛊惑人心的曲调，让三毛透过音乐看到了一个充满田园气息的西班牙。此时，她才知道近代古典吉他就发源并兴盛于西班牙。这一刻，毕加索的艺术感召，来自吉他之乡远古的呼唤，同时催生了三毛对西班牙的向往。她在心里暗暗地想，什么时候自己才能有机会踏上那片神奇的土地呢？

那时的她怎能想到，没多久，她就圆了自己的梦。

与初恋情人舒凡的爱情无果，令她心碎不已，她再一次要逃离自己的现实世界。只是这一次，她不是把自己关在家里，也不是跑到坟地孤坐，长大的她已经可以把眼光望向更广阔的世界，飞奔那个心目中的世外桃源——西班牙。

1967年，二十四岁的三毛开启了她的流浪生涯。

走进西班牙之后，三毛被这里悠久与深厚的历史、浪漫与奔放的格调所吸引。西班牙是个有着独特风情的国度，弗拉门戈舞与斗牛为西班牙的两大国粹。特别是那源自吉普赛人的弗拉门戈舞，融舞蹈、歌唱、器乐于一体，秉持了吉普赛人自由随性的民族风格，同时又融合了欧洲的高贵华丽以及美洲的奔放热情。

西班牙人则热情、浪漫、奔放、好客、富有幽默感，他们注重生活质量，喜爱聚会、聊天，而且不死板，极为包容和容易变通。三毛所在的马德里，更是个融合了罗马与日耳曼艺术风格的城市，充满了文化和艺术的气息，坐在街边咖啡厅里的那些其貌不扬的人，也许就是画家、哲学家、作家、魔术师。

所有这些都是让三毛欣赏和爱的。她苦学了三个月的语言，好让自己尽快融入这里丰富多彩的生活。此后，西班牙语成为除了中文之外，三毛说得最多也最爱的语言。荷西逝后，她之所以愿意选择中南美洲作为又一个流浪之地，也是因为在那里，她可以再一次说起那美丽的西班牙语。

三毛开始尽情享受生活，坐咖啡馆、跳舞、搭便车旅行、听轻歌剧……这是她前二十年从未有过的纵情和不羁。她曾描述那时的自己，像一只"无所谓的花蝴蝶"，无拘无束，自由闲荡。她住的女生宿舍，晚上会有西班牙男生"情歌队"来窗外唱歌，还曾经把最后一首特别指明送给她。

西班牙人的热情总是会给她突如其来的惊喜与感动。

有一次，她在投币电话亭给朋友打电话，讲到快没钱的时候，她对着话筒那边说零钱不够用了，旁边在等电话用的本地青年竟然从兜里掏出了一把硬币，送给三毛，让她把电话讲完。

慢慢地，西班牙人的浪漫和友好治愈了三毛的伤痛与自卑，她变得越来越快乐，越来越开朗，开始交起朋友来。她"深爱西班牙民族那份疯狂和亲热，人与人的关系，只看那一只只你也喝、我也喝的酒袋，就是最好的说明"。

从此以后，三毛的内心把西班牙当成了她心灵的故乡，自始至终怀着深深的眷恋和莫名的信赖。她在给父母的信中就说："西班牙到底不是我看错的国家。"在这里，她能感受到极大的安全感。

第二次再去西班牙，也是因为情伤。德国未婚夫的猝然离世让她再一次心灰意冷，甚至要告别人世。被救过来后，她再一次想起了西班牙，她知道只有那里可以真正地治愈自己。

正是那一次，她在转机时遭遇了英国移民局的扣留。经过一番周旋，三毛终于被送上了去西班牙的飞机。但是因为护照上被写上了"意图偷渡入英"的字样，机长不敢让她登机，还把她的资料交给了西班牙移民局驻伦敦的外事办，外事办又通过英国方面把资料转到西班牙移民局。移民局的人看过三毛"犯罪资料"，随手扔在纸篓里，骂英国人是精神病，准予了三毛入境。

飞机上，三毛还得到了身边西班牙男孩子的照料，为她倒水、盖衣服、开灯，对比在英国的噩梦般的遭遇，简直是天壤之别。

更没想到的是，再一次踏上西班牙这片土地，三毛不只疗愈了自己，还与多年不见的荷西重逢，找到了爱情的栖身之所。

西班牙，带给她的生命体验实在太多，也太美好。

在加纳利群岛，三毛与荷西有过最长、最美好的一次旅行，在丹纳丽芙岛他们许下了最美好的祝福，在大加纳利岛他们拥有一座美丽的花园洋房，在拉芭玛岛他们经历了婚姻里最甜蜜的一年。尽管最后，荷西在这里被大海带走，但是他的墓还在这里，他们的爱情留在了这里，这里还有深爱着Echo的朋友们。

所以即使荷西不在了，三毛还是会一而再，再而三地回到那里去。而每一次，飞机飞到大加纳利岛的上空时，她的心都会不由自主地狂跳起来。每一次下了飞机，即使是临近半夜，来接机的人都是成群结队。回到家，房子不似她想得那么零乱，朋友们已经用几天的时间把它收拾得整洁明亮，车子已经被洗得干干净净、用蜡擦得锃亮开到她面前。这里，总会有着万千的温暖等待着她。

1980年，她去马德里与公婆处理完荷西的遗产后，就直奔大加纳利岛。本想是要在那里短暂停留后回台。没想到，上了那岛，每一棵草、每一粒石子都有着不能割舍的爱，三毛的心又一次沦陷，她实在不想离开了。于是，便开始了长达一年的孀居生活。

她在与荷西住过的房子里，看着房间里所熟悉的一切，看着那里一钉一钩荷西所钉的东西，点点滴滴都刺进了心里。最终痛不能忍，只能搬到别处去住。可是新房子也要装扮，从糊墙、磨地、粉刷、起墙、接电线、搬东西都是自己来做，想到过去这些都是荷西包揽的，三毛便在疲累中一边痛哭一边叫着荷西的名字。

换了房子，孤寂还是会不停地啃噬她。寂寞难耐中，她养了一条大狗，每天做一大锅饭，与狗分食，有时召唤懂她的朋友过来陪她度过思念荷西的夜晚，有时她会跟合得来的朋友们去爬山探险。

偶尔，她也会跑去拉芭玛岛荷西的坟上，不穿素衣，也不哭泣，只是像过去在一起生活时一样，讲几段故事，说几桩心事。此时，她的心是安宁的。

她还与好友一起回过马德里，跑到她与荷西当年最爱去的"大广场"，裹着大衣、穿着长靴，绕着广场一遍又一遍地漫走，游逛了五个夜晚，追忆与荷西在这里玩耍的时光。

想来，也许这一次的孀居生活，是三毛想要好好地与荷西告别。毕竟，荷西离世之时，三毛的魂魄不在，她的心、她的神都已随着荷西飘向了另一国度。那时的她更像一个行尸走肉，机械地做事，机械地思考。

孀居的一年，她才重新整理了心情，把过去甜蜜的岁月又好好地咀嚼了几遍，好似把那六年再重新地活过一遍。然后，封存到记忆的长河里。

这一次，她可以好好地和荷西说再见，去过她未来的日子了。

1986年，三毛最后一次去西班牙。

因为父母年迈，他们又不愿离开台湾，三毛想着以后陪伴年迈的双亲不可能再回西班牙了，所以想回到大加纳利岛把她和荷西的房子处理掉。

第一站，依然是飞到熟悉的马德里。

这是一个周日，街上热闹非凡，喜静的三毛寻了一个路边的咖啡馆，要了一杯冷饮，开始看路边来来往往的行人。对于三毛而言，这也是一抹独特而奇妙的风景。

这时，旁边的座位上来了一个大胡子男子，看起来像亚洲国家的知识分子。因为荷西，三毛对于留大胡子的男人都有好感。两人静坐了两个小时，最终三毛还是忍不住打破了沉默。

交谈中得知，这个大胡子男人是希腊的一个大学老师，出过书，马上要去美国读博士，理想是拿到学位后去撒哈拉沙漠。沙漠触动了三毛的心事，也拉近了三毛与他的距离。他们的交谈越发不可收拾，从苏格拉底，讲到星座、光年、电影、文学，相谈甚欢。终于分手了，两人互道珍重，没有留下名字。

三毛继续她的旅行。下一站，她要去塞戈维亚，那里也留下了很多珍贵的回忆。在那里，她曾经牵着大狗漫步在大雪中，曾经躲在荷西的风衣下与她分食冰激凌，也曾经在这里收获了一生难忘的海誓山盟。

在那熟悉的巷子里，三毛一遍遍地走着，心里有着一种难言的悲凉。走累了，就坐在冰凉的石阶上休息，她看见远处出现了一个熟悉的身影——那不是前一天才认识的那个希腊人嘛！

命运如此奇妙。两人都为这次的巧遇而惊叹。这一次，三毛知道了他的名字——亚兰。三毛也告诉他自己是Echo。亚兰真诚地对三毛说，自己对三毛有似曾相识的感觉。他叫三毛"Echo"的声音温暖得沁人心脾，三毛感觉好像是十几年前荷西叫她的声音又回来了。当时当下，她不由自主地把亚兰当成了最亲的人。

亚兰后天就要飞去纽约。他们约好回马德里后一起玩一天。在马德里，亚兰过马路时温柔地牵起三毛的手，三毛没有抗拒；他们看了一场电影，然后在小路上边散步边聊天。三毛说什么，亚兰都说好，眼睛里闪着喜悦的光。望着这样的亚兰，三毛有种要哭的冲动。

到中国餐馆吃饭时，有人认出了三毛，追着三毛问她的书以及荷西的故事等。亚兰在一旁目瞪口呆。三毛看他脸色不对，急忙将自己的一切简单地告知了他。亚兰安慰三毛要好好活着，快乐地活着，才是对死者最大的安慰。

真的要分手了。

亚兰把自己的地址留给三毛，连同父亲留给他的星石。他问她："你会来找我吗？"

"不会。"

亚兰不会懂。三毛的爱情早已经随着荷西走了。

亚兰只是令她有些心动的人，但，那绝不是爱情。

与亚兰分手后，三毛飞去大加纳利岛，筹划卖房子的事。那个房子装满了她与荷西的所有回忆。当初，他们从艰苦的沙漠搬到这里来的时候，三毛是多么的惊喜呀！一座海滩边的双层洋房，三房一厅，前后各有一个大院子，她和荷西把前面种上美丽的花，后面种上新鲜的菜。院子里还有一棵好大的相思树，她和荷西常常坐在这里，观日出，观日落，宛如一对神仙眷侣。

三毛还记得，刚从缺水的沙漠走出的两人，看到水龙头里流出了水，那种喜悦无以言表。他们听着那流水声，感觉那声音就像美妙的音乐，不忍关掉。

这一次回到岛上，她先去和邮局的朋友打了招呼，让他们帮忙传递卖房的消息。

朋友们的反应是："要卖了？那你就永远回中国去了？你根本是西班牙人，怎么忘了呢？"他们早已把三毛看作了同乡人。

朋友们还告诉她，那个时候西班牙经济不景气，房价跌得很厉害，很难卖出好价钱，三毛却不顾朋友的阻拦，斩钉截铁地将房价折半标出售。于是这个价值1200万西币的房子，被她轻飘飘地降价到了650万西币。她知道除了荷西没人理解她，她卖房子有经济的需要，但更重要的是，她想找一个可以交付的人。来的人不对，给再多的钱也不卖。不喜欢这房子的，她也不卖。

　　一天傍晚，来了一对年轻的夫妇。男子彬彬有礼，女子穿着朴实、安安静静。只一见，三毛在心里就认定了他们。所以，当他们羞涩地说出因为结婚刚刚三年，只有580万西币时，三毛爽快地以560万西币与他们成交，还把大部分的家具和一些日用品留给了这对小夫妻。关于价格，她在告诉母亲时说："没有价格啦！卖给了一对喜欢的人，就算好收场。"

　　就这样，在抵达大加纳利岛的第三天，三毛就干干脆脆地处理了这座美丽的花园洋房，不带任何惋惜，不带任何牵扯。

　　在等待办理过户手续的几天里，她把家里的宝贝整理了一番，一批批送给岛上的朋友们，连偶尔来家里为她打扫房子的女工也抱了几大包衣物走。但是只有一类东西，她不敢碰。那就是荷西留下的潜水器材。

　　她不只不敢碰，甚至不敢看。那些东西本来是放在储物柜里的，是她不小心碰开了柜门，才闯进她的眼里。她找来一个朋友，让他把储物柜里所有的东西都收走，走的时候也不必与她告别，以免再让她看到那令人伤心的东西。

　　终于到了离岛的时间。她只把一对人形木偶包好，夹在衣服里。这对人形木偶在这个家里代表荷西和她，她将它们称为"佳偶天成"。关上箱子时，她对着"亚当"说："**好丈夫，我们一起回台湾去了！**"

　　多年后，好友眭澔平曾经在三毛离世后专程去了大加纳利岛，寻找三毛的足迹。那座海边的花园洋房还美丽地伫立在那里，十年前买下这座房子的小夫妻也还在那里，只是此时的他们多了一双儿女。

三毛真的找对了人。

这对小夫妻保留了房子的很多原貌，包括可以看海的大玻璃窗、开着黄花的相思树，还有三毛用过的沙发、摇椅、睡床，都还稳稳地住在那里。眭澔平甚至看到了荷西亲笔写着游戏规则的"孔子棋盘"。

因为这栋房子，夫妻俩与三毛早已从买卖关系过渡为朋友关系。三毛回到台湾后，还给他们寄过一个白灯笼，告诉他们这个与他们的房子很相配。他们也曾对三毛说，她可以随时回大加纳利岛，他们永远为她留一间房。

不只这对小夫妻，在所有西班牙的朋友们心里，三毛不是一个什么名作家。

她只是一个平凡的主妇、平凡的邻居，以及一个难得的朋友！

梦中的情人

这儿有什么吸引我呢？天高地阔，烈日、风暴，孤寂的生活，有欢喜，有悲伤，连这些无知的人，我对他们一样有爱有恨，混淆不清。

——《哭泣的骆驼》

三毛，应该是中国有史以来第一个走进撒哈拉沙漠的女人。

她在那里拥有了自己的家，在那里到达了自己的创作巅峰，也在那里找到了属于自己的爱与自由。

因此对撒哈拉，三毛的心里永远有一个角落留给它。

那是隐藏在她心底深处的梦中情人。

不过，初见三毛的撒哈拉却给了她一个下马威。

那天一下飞机，看到荷西在短短三个月期间外形和面部表情的巨大变化，三毛就预感到未来的生活也许并不会像自己想象的那样浪漫温馨。

一路走来，映入她眼帘的是空旷的城区，寥寥的炊烟，千疮百孔的大帐篷，铁皮做的小屋，戴着蓝头巾的撒哈拉威人，还有沙地里为数极少的单峰骆驼和成群的山羊。家里寒酸得无法住人，只有一只可以提供鲜奶的母羊让三毛兴奋了一下。

放下行李，荷西带她去镇上买生活必需品。走了近四十分钟，经过了住家、沙地、坟场、汽油站，才远远看见镇上的灯光，那就是阿雍城（现"阿尤恩"）。这个堂堂西属撒哈拉（现阿拉伯撒哈拉民主共和国，即西撒哈拉）的首府，却只有三五条街，几家银行，几间铺子，一间低档的土黄色的电影院，完全没有一个首都应有的繁华。

买了东西住下来，两人才知道更艰难的还在后面。

撒哈拉沙漠是世界最大的沙漠，西班牙属撒哈拉只是其中的一部分，却比西班牙本土还大，占地26.6万平方公里。这里是世界上最热的地方，也是最缺水的地方，平均每年降水量不足一百毫米，有的地方甚至一年之内不见雨水。眭澔平去的那年，当地人甚至告诉他已经七年没有下过雨了。

"撒哈拉"的意思是"空虚无物"。果不其然，那里物质极度贫乏，没有蔬菜，没有水果，物价奇高：一小包绿豆要四十台币；一包粉丝竟高达一百台币；淡水要花钱买，一瓶要二十台币左右。因此，三毛舍不得经常熬汤喝。平时洗脸、洗澡用的水都是沙漠井水里打出来的咸水。因为荷西的工资有限，他们租的房子在阿雍城的外围，即使是这样，租金也比欧洲的平均水准高出许多。

留学多年的三毛对于这些身体上的苦，其实还是可以承受的，最让她不堪的是精神上的寂寞。

在欧洲时，她曾经有大半年的时间想着可以横渡沙漠去红海。可是，真到了这里，才知道事情并没有那么简单。警察、军团司令，都告诉她毫无可能，只有一个老人说可以一试，但要租两辆吉普车，一个向导。三毛问问费用，计算了一下，一个月下来要四十万，这完全就是天文数字。老人见三毛气馁的神情，又提出了一个省钱的办法，就是跟着游牧民族走。三毛听了，精气神又来了，马上问走完一次沙漠要多久。

"说不上，他们很慢的，大约十年左右吧。"

周围的人都笑了，只有三毛笑不出来。她慢慢地走回家，不得不把那梦想搁置一旁了。

家里没有报纸，没有书，没有电视，没有广播，邻居说的都是阿拉伯文，所以也没有可交往的朋友。荷西又在一百公里外的磷矿公司上班，工作日期间只能下班后回家小聚，到了深夜就要坐交通车回单位宿舍。沙漠里又常常停电，留下三毛只能独守黑夜，听呼啸的风声从房门掠过，看蜡烛一闪一闪，滴下悲伤的泪。三毛那本就敏感的心，更加变得脆弱不堪。

荷西每次深夜离开，她都会跑到天台，望着逐渐远离的那个身影，眼泪不停地流下来。有一次，甚至不讲理地跑去挡住门，不让荷西走。荷西看着这样的三毛，也经常会红了眼圈。

现实的枯燥和艰苦给三毛的梦想蒙上了一层灰尘。三毛对自己的选择产生了质疑，甚至想打道回府，再回欧洲去过生活。当然这只是一种想法而已，倔强的三毛怎能轻易放弃自己的梦想？！

好在有荷西的爱，可以充饥，可以取暖，可以依靠。

终于，结婚后，他们得到了一笔"巨款"。那是荷西公司给的两万元家具补助费，还有每个月六千五百元的房租津贴，荷西的薪水又加了七千多。最令二人高兴的是，半个月的婚假，加上荷西同事同意代班的时间，他们足足有了一个月的时间，可以兑现梦想的大漠之旅。

他们请了向导，租了吉普车，一路向西，经过"马克贝斯"进入"阿尔及利亚"，再转回撒哈拉。然后，再从"斯马拉"进"毛里塔尼亚"直到新内加边界，一直到了撒哈拉沙漠下方的"维亚西纳略"，才终于结束旅程。在沙漠深处，他们一起看日落时被染红了的漫漫沙漠，看大漠夜空中铺满的星光，看一群群羚羊飞跃而过……这样独特而壮丽的景观让三毛和荷西爱上了这块荒芜而广阔的土地，他们的爱情也在这次旅行中变得更加深厚、稳固。

蜜月结束，已经爱上这块土地的三毛也逐渐适应了当地的生活，恢复了她强大的社交能力。此后，撒哈拉开始向她拉开帷幕，展现给她越来越多的惊喜和前所未有的体验。

一天下午，她新结交的一对西班牙夫妇朋友喊她出去兜风。他们开着吉普车沿着车印一直开向沙漠深处，虽然已近黄昏，天气还是很热，三毛不知不觉在车里睡着了。

等到再睁开眼时，她看见前面不远的地方居然有个大湖，湖水静得一点波澜没有，湖边还立着几棵树。可是开车的朋友却丝毫不减速，还加足了油门向湖中冲去，毫不理会三毛的大喊大叫。三毛扭头向他太太求助，却见那太太脸上挂着莫名其妙的笑。三毛吓得抱住头，弯起了身子。

过了一会儿，车停了下来，朋友笑着让她睁开眼睛看。三毛抬头看去，前方只有一片荒野，黄沙在风中飘散。湖没了，水没了，树也没了，刚才的一切好像是一场梦。三毛跳下车，踩到坚实的地，感觉刚才的一切就像做梦一样。她恍然大悟，自己刚刚看到了一场海市蜃楼。但是电影里的海市蜃楼都是隔着好远，她却这么近距离地看到了，真是奇异！

有了朋友的三毛，日子开始丰富起来。军团司令会为她联系送水的车，她可跟着一起到沙漠里各处的游牧部落，采风、看民俗。房东罕地的儿子巴新，经常去沙漠里卖水，一路上他就给三毛当翻译，帮忙扛照相器材。

有一天，三毛开着门洗衣服，没注意的工夫，发现家里的一棵绿植，被房东的山羊进来吃掉了仅有的两片叶子。要知道，在这荒漠里能有一棵绿植，是多么不易。三毛气得去找房东理论，刚出门碰到了房东的儿子。三毛向这十五岁的大男孩告状，那男孩并无惭愧之意，还劝三毛不要为这两片叶子生气。转而问三毛："我跟几个朋友去捉外星人，你去不去？"

三毛的好奇心立刻被激发了，完全忘了叶子的事，兴奋地吵着男孩不许骗她，一定带她去。当天晚上，她跟着一群男孩子走了快两个小时，到了没有一点灯火的沙地里伏着，等待着。等了不知多久，感觉都快冻僵了，终于看见一个橘红色发光的飞行物缓缓飞过来，很慢很低。说是捉外星人，可真看到那物，三毛他们早已紧张得不会动了，大冷天里流了一身的汗。回到家，房东告诉她，那东西夜间常常来，不知道是什么。

除了壮美的景色，沙漠里的民俗和民族特性也让三毛很是着迷，他们既有着无可救药的劣根性，又散发着三毛最爱的单纯和质朴的气息。

当地的土著居民是撒哈拉威人，封闭而固执，常常自以为是，还喜欢占小便宜。

三毛住的那条街叫作金河大道，同住的邻居都是沙漠里的财主，不但有西国政府的补助金，还有正当的职业、出租的房屋、一大批羊群，有的人甚至去镇上开了店，因此，收入是十分安稳而可观的。可是，三毛遭遇到的邻居们的所作所为，却完全与"富有"这个词相去甚远，令她大跌眼镜。

虽然是初来乍到，邻居们却并不和她见外。三毛的水桶和拖把常常是从早晨就被借走，各家传着用，直到黄昏还轮不到三毛，好在用完了终会还回来。住久了，即使三毛每天把门关得紧紧的，邻居们还是会派小孩子来敲门，要的东西种类不一，什么灯泡、洋葱、汽油、棉花、钉子、电线、吹风机、熨斗，真是无所不包。三毛和荷西又是心软的，每次都会给，但是却从来没有被还回来。

有一天，邻居的小女孩竟然抱着一只小山似的骆驼尸体进了门，说妈妈让她把骆驼放到三毛的冰箱里。三毛耐心地对小女孩解释，让她回去告诉妈妈冰箱里放不下。没想到，女孩的母亲因此对三毛绷了一个月的脸，只对她肯说一句话："你拒绝我，伤害了我的骄傲。"

当地的撒哈拉威人一向是用手吃饭的。有一个在医院做事的男人，因为受过文明的教育拒绝用手吃饭。每次到吃饭的时间，他就派儿子来向三毛借刀叉。反反复复几次，三毛烦了，就送了一套刀叉给他家。没想到，过两天，那儿子又来借。三毛很奇怪，问那一套刀叉哪去了。男孩说："我妈妈说那套刀叉是新的，要收起来。现在我爸爸要吃饭。"三毛气得冲男孩大吼不借，但看孩子吓得缩成了一团，又不忍心，只得又借了一套出去。

借了这么多东西出去，轮到三毛缺什么去向他们借时，却又不同了。有一次，三毛的火柴用完了，便去找一家邻居。几天前，她刚送给他家五盒火柴，想一定还有剩下的。到了那里，女主人只给了她三根，而且带着不悦的神情。三毛也生起气来："你这盒火柴还是上星期我给你的，我一共给你五盒，你怎么忘了？"

"对啊，现在只剩一盒了，怎么能多给你。"女人更不高兴了。

对这样的邻居三毛有些气恼，但又没有办法。经常会有白种的西班牙人劝他们搬到白人区来，离那野蛮而不讲理的土著人远一些。但是与那些高级职员的白人太太们相比，三毛还是愿意同她的撒哈拉威朋友相处。在三毛眼里，他们虽然有着这样那样令人费解的想法和做法，却不失为一个可爱的民族，因为他们很真实，很快乐，从不抱怨。

有一次，几个女人向她要"红色的药水"，三毛说谁受伤了可以来找她上药。女人们坚持要拿回去自己涂，三毛只得给了。过了几个小时，三毛听见外面传来咚咚的鼓声，跑出去一看，公共天台上一群脸和手涂满了红药水的女人，正在欢歌纵舞。看到这些欢乐的女人，三毛也生气不起来了。

不只是物件，三毛和荷西的人也成为这些撒哈拉威邻居随叫随到的"帮佣"。荷西是电器修理匠、木匠、泥瓦匠，三毛则是护士、老师、裁缝、代书，而且被邻居们训练有素，技艺越来越精。

沙漠的日子一天一天就这样过下去了，三毛的心也逐渐安定了下来。三毛为自己能够融入这个被视为野蛮和固执的民族而感到自豪，她甚至觉得自己已经征服了撒哈拉炙热的太阳和势不可当的黄沙。她开始和撒哈拉威人一起吃骆驼肉，她的皮肤也变得黑红、粗糙，完全没了城市年轻女性的感觉。

随着对沙漠越来越深的了解，她发现沙漠里的故事和各种习俗既多彩又充满了各种神秘的气息。

一天，三毛陪着荷西去镇上理发，理发店里闷热得厉害，她、荷西、理发师三个人因为理成什么样的发型产生了争执，荷西便给了她两张钞票让她出去溜达溜达。

三毛沿街闲逛，看见一个没有窗户的破房子上挂着一个"泉"字的招牌。一问，竟是洗澡的地方，女人早晨八点到十二点，四十元钱。在缺水的沙漠还有可以痛快洗澡的地方，三毛如获至宝。

第二天一大早，她就抱着大毛巾赶往"泉"，把四十元钱交到老板娘手中。老板娘带她进到一个房间里，屋子很小，充满了一股难闻的味道，横拉着的铁丝上挂满了撒哈拉威女人的衣物。女人让三毛拎上两个空水桶，继续往里走。

"泉"原来是一口深井，洗澡的女人就是用桶从那里打出水，互相把冷水从头上浇下来。再往里走，有个大水槽，里面装着发滚的热水，冒着泡泡，雾气茫茫，类似土耳其浴。洗澡的女人们在靠墙的一边成排坐着，墙上还积着厚厚的滑滑的如鼻涕一样的东西。此情此景，三毛再也无法忍受，一溜烟跑到外面去。

老板娘问她为什么只看不洗？三毛笑说，只是来看看她们怎么洗澡。

撒哈拉，在三毛看来，就像是一个隐藏着无数秘密的宝盒，让她猜不透，又看不够。这真的是一个神秘而奇妙的地方。

在这里，百分之九十的撒哈拉威人不知道自己的名字；女孩子十岁就要出嫁；荒凉的垃圾场和坟地边，也可以打到出租车，而且还是"奔驰"牌的；荒芜寥落的沙漠里，竟然也有四星级的旅馆，像皇宫一样……

三毛去过很多国家，走过很多高度文明的社会，但她始终不能下定决心，把自己交付给某一个城市。

直到遇见撒哈拉，她才全心全意地把自己交付于这里。

因为撒哈拉，让她的内心更丰盈、更绚烂。

三毛与撒哈拉的故事，从此传遍大江南北。

孤独的大蜥蜴

> 我爱的族人和银湖，那片青草连天的乐园，一生只能进来一次，然后永远等待来世，今生是不再回来了。
>
> ——《万水千山走遍》

1981年年底，回台定居不久的三毛得到了一个意想不到的机会。

《联合报》邀请她去中南美洲旅行半年，报社负责出资，三毛负责将旅行中的见闻写成游记即可。

这对于正在苦苦思念荷西，又被各种应酬困扰的三毛来说，无疑像久旱遇甘霖。更何况，南美洲也是她向往已久的所在。那里也曾是西班牙的殖民地，所以官方的语言是西语，能再一次找到说西语、听西语的机会，也会解一解自己对西班牙的乡愁吧。

但是，她没想到，这一次的旅行，几乎完全没有了以往那种心旷神怡、波澜壮阔的感觉。也许失去了荷西，一部分的三毛也死了。

这一场旅行，从那个不解风情的约根和蹩脚的助手米夏开始，好像就注定了要波折不断。

约根就是三毛曾经的那个想当外交官的德国男友。三毛虽然没有与他结合，但是约根却始终对三毛情有独钟，一生未娶。两人一直以朋友的关系相处，从未断了联系。三毛来美洲时，约根恰好就在墨西哥做大使。

相识十四年，三毛对约根太了解，而约根又对三毛太不了解。

三毛不是喜欢做一个特殊分子的人，但是约根却最爱使用自己的外交特权，所以三毛出关不用排队，不用查行李。三毛告诉约根自己要来，希望他能帮忙订个旅馆，可是约根偏偏固执地把她拉到自己家里。三毛的脸色便不好看了。

到了家里，约根安排给她的是一间中规中矩的房间，很豪华，四周全是壁柜，床上铺着一块冷冷的动物毛皮，米夏却住进了挂满大大小小全世界各地的乐器房间。三毛忍了一路的气终于爆发了，问约根为什么不给自己米夏的那间房住。约根有些委屈，或许他永远不懂三毛想要什么，或许他只不过更执着于自己的想法而已。

约根的书架上摆着三毛的书，录音机里播放着三毛作词的音乐唱片《橄榄树》。这些都是约根的良苦用心和一片痴情。这么多年了，他还爱着三毛，现在也仍是单身，一直希望能娶三毛为妻。遗憾的是，他们始终没有走到一起，因为三毛知道他们一直是那么不同的两个人。

约根一直向三毛暗示，这个豪华气派的家里只差三毛这个人。尽管天色已晚，约根还是迫不及待地把朋友们约来聚会，三毛知道他是想把自己炫耀给朋友们看，于是应酬了一番，与大家握握手，说累了，就回房休息了。

在约根面前，一切都是规规矩矩的，连早餐也像电影里的布景一样美丽。第二天，三毛要出行，约根又是一通事无巨细的叮嘱：不能坐地铁、坐公交，会遇到强暴；一般的水不可以喝，剥好的水果不要买，低于消费额五十美元的餐馆不能吃；不要随便与男人讲话，照相机要藏好……

他还替三毛安排了行程：先去买高跟鞋，再去参观博物馆，这周需要陪他参加六场宴会。三毛强忍住脾气，没有说出伤人的话。

这个约根在认识的十四年里总是这样不停地向三毛提建议，虽然三毛从未照做过，他还是锲而不舍。三毛对这个男人有一丝怜悯，这么多年，这个迂腐的男人一直爱着一个与他格格不入的一个东方女子，可是为什么竟不自知呢？

住了五天，这样束缚的生活令三毛窒息，她瞒着约根订了旅馆。连米夏都是临走前一晚才知道这个决定，因为三毛担心米夏的嘴不严。

米夏是报社派给她的助手，也兼作摄影。但是这一路，因为米夏语言不通，又缺少旅行经验，更多的是三毛在帮助他、照顾他。

旅途中，经常是米夏负责与行李一起坐着，换钱和找旅馆是三毛的事；三餐饮食、酒吧中遇到什么纠缠，都要三毛来处理；到哥伦比亚的时候，听说这个国家治安不好，别提保护好三毛了，他自己就已经吓个半死，睡觉时房间不只上锁还用椅子顶着门，连三毛来叫他也得问了又问才开；更有甚者，在秘鲁火车上遭遇大水最困难的时候，米夏竟然背着三毛把早饭、中饭吃了，咖啡也没给三毛带一杯，连早晨三毛塞到他袋子里的巧克力也独吞了。

对于这样的助手，三毛也是无可奈何。好多时候，三毛宁可把他支走，自己独自游走。但是，三毛永远是宽容的，她宽容米夏，因为在三毛眼中，米夏正处在一个见山不是山、见水不是水的年龄。只是戏谑：故事中的堂·吉诃德和侍从桑丘·潘沙却换了角色。

不过，在整个的中南美行程中，约根和米夏只是这段旅行的插曲而已，还有许多更严峻的考验让她面对。

首先，就是她那不争气的身体。三毛在南美旅行时，因为高原反应、条件恶劣，本就脆弱的身体更是不堪重负。

在洪都拉斯，因为喝了自来水，三毛得了急性肠胃炎，疼得死去活来，躺在床上两天不能动弹。而且，自从这一次肠炎后，她每天午后都有微烧，上嘴唇也因为发烧而溃烂化脓了，十多天来一直不肯收口结疤。

秘鲁之行，三毛从首都利马乘飞机到高原的古斯各。因为赶上雨季，陆空交通时停时开，滞留的客人走不掉，找一家像样的旅馆很难。第一次上高原，三毛感到身体非常不适，因此不敢乱走，不得不找了家小客栈与人拼住。

本以为睡一觉休息休息就好，没想到，一觉醒来，头痛得几乎要炸开，心脏怦怦直跳，呼吸非常急促，喉头内干裂到剧痛。这是典型的高原病症状。当然并不是每个人上了高原都会发病，但敏感又体弱的三毛总是在劫难逃。

那一路，她过得很不轻松，高原反应和长时间的山路颠簸、晕车，常常让她的身体处于透支、痛苦的状态。有一段旅程，她因为连续六十个小时都处于晕车状态，身体极度虚弱。看了医生才知道，是因为自己血压太低，才会剧烈地晕车、晕机，甚至在电梯内上下也要晕眩。

在智利，药房的人好心免费给她量血压、开药，还说她是贫血，又开了带铁质的维生素，三毛把这些药一股脑地服下了，但是晕眩的感觉还是不肯退，牙龈开始溃脓发炎。血压低这个毛病在她后来返乡祭祖的路上也曾发作过。那时更严重，高压70，低压40，导致她六度昏迷。

就是在这样的身体条件下，她还是走过了包括墨西哥、洪都拉斯、哥斯达黎加、巴拿马、哥伦比亚、厄瓜多尔、秘鲁、玻利维亚、智利、阿根廷、乌拉圭、巴西在内的十几个国家，民俗、当地特产、小吃，都要细细看、细细品。一路走，一路还要写作，为《联合报》发去一篇篇游记。

除了身体的不适，南美之行，一路下来，她的心情绝大部分时间都很低落，感受到的都是艰难、孤独、寂寞和痛苦，这与撒哈拉威人苦中作乐的感觉完全不同。

墨西哥城内每天有大约五百到两千个乡下人涌进来找工作，他们坐在公园和街头，一张张浓眉大眼的脸上露着本分而茫然的神情。因为贫穷，吃在这里也是贫乏而没有文化的。一张饼上放上由肉、香肠还有看不清的东西混合而成的馅，一卷就是一顿饭，当地人称为"搭哥"，米夏却叫它为"小抹布"。除了游客区，其余的地方只能找到"搭哥"吃，大约几角到1.5美元一个。

洪都拉斯是个山城，景色如画，但是三毛却只感到忧伤和沉闷。她心里总也抹不去的是那些贫苦居民的脸孔和眼神，带着害羞而无助的微笑。最忘不了的是一个住在泥巴与木片糊成的小屋的母亲，将手中的几片饼干散给几个衣衫褴褛的孩子的画面。这份忧伤在她走过好几个国家之后仍然久久不能散去。

其实，连她自己也说，洪都拉斯并不是她描写的这样，相反这个国家有着水准极高的工业、城镇和住宅区。但是为什么她的笔下这么多的忧伤？也许，这就是所谓的"境由心生"吧。

还有一次，她的生命差点交付给这块土地。

那是在秘鲁，三毛和米夏乘火车从古斯各去著名的古城玛丘毕丘。返回途中，天降暴雨，洪水暴发，铁路几乎被水冲断，火车只能停在半路，整列火车的人都被困住，焦灼地站在水中等待救援。

等了好久，才看见一辆卡车缓缓开来，人们蜂拥而上，乱成一团。二毛没有跟着人群往后跑，机灵地上了司机旁边的位置，将右边的门锁上，任后来的人拼命地拍打也不理。这时，一个外籍男子冲到司机那边去拉三毛，说："我们是有小孩子的！"这句话真灵，三毛乖乖地下了车，把位置让给了那一家三口。

水还在拼命上涨，已经没过了膝盖。终于又等来了一辆迷你巴士。可是，一个操瑞典话的导游却挡住门不让上，只喊着"宇宙旅行社"的客人。更没想到的是，只上了十一个人，还空着好多位置，车子就撞下水，一个急转弯开走了。又一辆小巴开来，又是一样的操作。三毛难以相信，车子竟然忍心抛下这么多的难民，空着那么多座位就离开。

已经是半夜时分，又来了一辆旅游小巴，太阳旅行社的导游先去挡住了门。这一次，先上了十四个人。三毛再不甘心让车子不载满人就开走。她紧紧跟在这十四人后，在门关上前，抓住了门边的横杠。导游推她下去，她干脆拉住导游的衣襟，死命地拉他下车，还招呼下面的人去前面挡住车。

人群呼啦拥上前面，趁导游慌神的时候，三毛和米夏上了车。可恶的司机竟然关了门向人群中冲去。三毛气愤地冲到司机的跟前一通狂骂，导游生气地把三毛往车下推，多亏车下的人死死抵住她，她才没有掉下去。车上一个大胡子男人看不过去，出手把悬在车门外的三毛拉了上来，还指挥着下边的人上车。一对抱孩子的夫妇，一对白发老夫妇因此得救。

后来，有消息称，那次暴雨，秘鲁全国有六百人失踪，而官方只寻到三十五具尸体。

这种冷漠的人情并不只在秘鲁这一地出现。

三毛刚踏上智利那块土地的三个小时内，也遇到过一连串令人不愉快的人与事。先是在海关，三毛想问一个不忙的海关官员问询处在哪里，得到的回答是："别问我，我又不是的。"机场外，她拿着宾馆地址去问出租车司机，又是类似的回答："你去旅客服务中心好了！我们又不是导游。"旅客服务中心的接待员也是一脸倦怠和不耐烦，没说出一句有意义的话。

这样的事数不胜数：在哥伦比亚遇到乱要车费的出租车司机，收了钱后死不承认的小贩；在秘鲁的青年旅社，遇到乱占床位、满嘴脏话的小混混；在巴拿马的旅馆门前遇到随意挑逗的醉汉们……

本来想借旅行转移一下对荷西的思念，但是面对这样的人，这样的事，三毛对荷西的思念一丝也没有散去。

初到洪都拉斯的那晚，三毛梦见当地叫青鸟的巴士，把她带到了长满棕榈树的热带海边。她在海滩上用树枝一遍遍写着荷西的名字。写着写着，荷西真的从海面升了起来，三毛狂叫着向海里跑去，拉住了荷西的手，连那湿漉漉的感觉都异常清晰。

不知是因思念之苦才有了这苦旅，还是因为这苦旅才更思念荷西。

好在，这苦旅中有一处地方让三毛获得了安宁和慰藉。那是在厄瓜多尔的安斯山脉上，那里有她心心念念的前世今生——印第安部落。

三毛一直认为自己就是印第安人转世而来的。她曾给朋友讲过自己前世的故事：前世的她在安第斯山脉的"心湖"边长大，是一位药师的孙女，名叫哈娃。六岁时，因父母被印加帝国抓去做苦力，只能跟随外祖父一起生活。从小到大，哈娃都是一个勤劳善良的人，由一个小女孩长成了一个妇人，成为人妻。十九岁时，却因为难产而早早死去……

这次平，她的计划就是到高原去，与印第安人住上十天半个月。不管她在厄瓜多尔的朋友如何劝说，也不肯作罢，没有留下与朋友共度圣诞节，就出发了。

厄瓜多尔分为三部分。东部是原始的亚马孙丛林，中部是安第斯山脉所形成的高原，南部是海岸线。三毛要去的高原部落，有他们自己的语言和族称。车子载着她驶进山区。看着六千多米高的雪山，三毛心中顿时冒出不可遏制的熟悉和亲切感。看到围着深色长裙、披了厚厚肩毯、梳着辫子的印第安女人，那种对自己前世是印第安人的猜测，再次潮水般地涌上来。

北部沃达华罗的市集区，是印第安人专门卖给白人货品的集市，热闹非凡。这里的印第安男人沉静温柔而害羞，女人却爱喧哗，也会招揽生意，和气又不失妩媚。在三毛眼里，印第安人是世上最美的人种，他们的装饰自成风格，脸谱设计得也让她痴狂。一天下来，虽然什么也没买，但是这迷人的气氛就足够三毛品味了。

三毛并不满足于此，她向往的是到一块没有游客污染的土地上，近距离接触一下那些纯种的印第安人，了解他们的生活起居、风土人情。所以，她坚持让司机送她去更深处的高原区。

四十分钟后，她的眼前出现了一片草原和一汪湖水，前方已经无路可走。三毛再一次有了归乡的感觉，缠绕心头好久的寂寞与孤独瞬间踪影全无。她执意撵走米夏和司机，也不让米夏再拍照，独自向着远处的炊烟走去。

她走进了名叫"吉儿"的印第安女人家中，用身上挂的一块银牌、帮忙家务和一千个"苏克列"（厄瓜多尔的钱币）换来与这家人同吃同住的待遇。

那几天，在这个部落里，她四处游逛，没有人刻意避开她，也没有人特别看重她。他们信任她，给她看佩戴的古老首饰，还给她编印第安人的发辫，待她像族人一样。面对这清朗的世外桃源，三毛的心也归于零。

几日之后，米夏来接她了。临走时候，她把身上挂的牌子和钱递给吉儿，吉儿却拼命地推着不要，还端了一杯牛奶麦片汤来，硬让三毛喝下去。

他们已经爱上了她，而她却要离去了。

1982年5月上旬，三毛结束了这场长达半年之久的中南美采访旅行，顺利返回台湾。

这一次大蜥蜴之旅，虽然孤独，也一样难忘。

难忘那安第斯山脉里的族人，

难忘前世记忆里，那座山，还有那片湖……

第六章　如歌的行板

三毛，是个爱生活爱到极致的人。

她对生活从来不会苟且。

再艰苦的环境，再疲惫的境况，她也要把生活经营成一首诗。

她那艺术家的审美和灵动的心思，给她的这种生活理念更添了一抹浓重的色彩。

她那持续一生的拾荒事业、变废为宝的技能，更使她在一无所有的情况下，还可以生活得浪漫而富足。

她曾在沙漠里建起最负盛名的美丽的家，她曾用有限的食材"开办了"最美味的"中国饭店"。

即使是在最后的日子里，她在入院前也把家里擦得干干净净，连瓷砖的缝隙都是亮堂堂的。

这样的三毛，让人多了一分敬服，也让父母为之骄傲。

波西米亚

我不穿高跟鞋折磨我的脚，这使我的步子更加悠闲安稳。我不跟潮流走，这使我的衣服永远长新。

——《简单》

20世纪80年代，三毛刚刚"出现"在世人面前的时候，是一个穿着波西米亚衣服、到处流浪、拥有传奇爱情故事的女子。

她的波西米亚穿着在海峡两岸卷起了一股波西米亚风，至今长盛不衰，被许多女人效仿、追随。但是，好像至今没人能穿出她的独特神韵。

当时，在台湾流传着这样一种说法：只有三毛、齐豫、潘越云这三个人可以把波西米亚式的白袍子穿得很好看。

三毛有一张穿白裙的照片，极经典，经常被人拿来用。照片中的她，穿着一条宽大的白色长裙，颈上佩戴一条极具异域风情的挂件，长发在风中飘散，微低头，眼睑也低垂着，赤着脚从一片茫茫沙漠中默然走来，充满了波西米亚人的流浪韵味。

波西米亚风的衣服源于以游荡、流浪为生活方式的吉普赛人的穿衣风格，代表着一种叛逆和不羁。这与三毛的性情极为吻合。

三毛的个性就是热情奔放、敢爱敢恨、纵情生活、我行我素的波西米亚式性格，她那与生俱来的对自由的渴求，让她像波西米亚人一般的流浪和生存，她的爱情更有着波西米亚式的浪漫与奔放。而这一切，她都用她满含着异域风情的装扮做了完美的诠释。正如张爱玲所说："衣服是一个人不说话的灵魂。"

《美国大学辞典》中将"波西米亚人"定义为具有艺术思维倾向的人，他们的生活和行动都不受传统行为准则的约束。三毛就是有着这种行为倾向的人，她追求内心的自由，不愿受任何拘束和限制。

从着装上，我们就能看出三毛的这种天性。她喜欢穿宽宽大大的衣服，在所有照片中，你几乎不会看到她穿紧的、窄窄的衣服，或是套装。所以旗袍、窄裙这种拘束人走路的衣服，她都不会去买。她讨厌太死板的着装，觉得它们有着"兵器很重的防御味道"。

即使是在一些比较正式的场合，像1981年被邀请担任金钟奖颁奖嘉宾时，三毛也没有像其他人那样穿隆重的晚礼服，而只是一件轻波西米亚风的白色长裙，搭配一双绑带凉鞋。在台湾各地巡回演讲时，她也常常是一身古朴的装扮。

在色彩的选择上，她拒绝像黑色这样沉闷的颜色，而波西米亚的经典元素中所包含的浓烈的颜色、大摆长裙、蜡染印花、流苏、手工细绳结、刺绣和珠串，都太符合她的品味，所以才成为她的最爱。为了更适合日常的穿着，她在选择时特意简化了这些元素，只保留"鲜艳、宽摆、印花、长裙"这些精髓。

三毛的着装很简单，但是又很别致，这是她随时用心挑选的结果。在南美洲旅行时，为了买当地最有风情的一种名叫"蹦裘"，一种款式像斗篷的衣物，她竟然坐着公路小巴一路颠簸去了乡下市集。对此，她还自嘲说："坐公路车颠几百里去买衣服也只有最笨的人——而且是女人——做的事情，不巧我就有这份决心和明白。"

在着装上，三毛一直肯花功夫，装扮往往令人耳目一新。有一次，她担任台湾首部人型音乐舞台剧《棋王》编剧时，将美国的毛衣、泰国清迈的项圈、台湾的牛仔裤、西班牙的长筒靴、巴黎的大外套、哥斯达黎加的大皮包，交织在她那163厘米高的身体上，这个"世界大拼盘"竟一点也没有违合之感，显得那么和谐又安然。

在所有服饰中，三毛最爱的就是长裙。

留学期间，她常常穿着大长裙，与女伴们结伴去看歌剧至深夜。在撒哈拉居住的时期，平时做家务、去沙漠深处旅行或者去居住的小镇中心采购物品，为了方便，只穿牛仔裤。但是，在招待客人时，她都会穿起长裙，因为她认为裙装美丽又正式。

三毛在鞋子的选择只看重舒适这一点。十六岁时她得到一双凉鞋，那是由几根简单的带子绕过脚面的宽松款式，便爱上了："真是自由的象征，我跟它相见恨晚，一见钟情，这样的东西踩在脚下，一个人的尊严和自由才真正流露了出来。人生自然的态度，生命的享受，竟然因为简简单单的脚下释放，给了我许多书本里得不到的启示。"

至于女人钟爱的高跟鞋，除非迫不得已，三毛一般是不穿的。

但是小时候的她，曾经有一段时间对高跟鞋是那么的向往呢。

那是念小学的时候，因为老师经常会体罚，三毛对上学有一种恐惧。中午吃完饭，就常常跑到学校的角落去躲起来寻找安全感。那天，她远远地看见校园里出现的老师的身影，看见她的高跟鞋、丝袜、花衬衫、窄裙，三毛心中顿时升起无限的渴望。她希望自己快快长到可以穿高跟鞋和丝袜的年纪，因为那意味着自己已经长大，可以告别书本和学校，获得自由。她想，那该是一种多么大的幸福和解脱啊！

　　当然，那时的向往并不能称为是审美。在青少年时期，三毛对审美还没有什么意识。她的家教森严，穿衣都很传统，上学时大部分是穿校服度过的。但是，小三毛骨子里对美有一种朦胧的期待，比如向妈妈要紫色的裙子，还有看到老师穿着高跟鞋和长丝袜时无比憧憬的心情。

　　真正让三毛对美有了感知的，是顾祝同家的四个姐妹。在顾家跟随二公子顾福生学画画时，偶尔在上课的间隙，三毛会听见那些女孩子们明朗的笑声滑进教室，与三毛当时黯淡的心情形成鲜明的对比。

　　一个黄昏，三毛手里提着满是油污的画箱从画室出来，恰巧与要出门的四个姐妹相遇。这是彼此的第一次见面，因此都带着好奇打量对方。四个楚楚动人的女孩让三毛一阵目眩神迷，一时呆在那里，等到女孩子们上车离去，才醒觉。

　　那一刻，她好像才意识到自己也是个女孩子，是需要衣物来点缀的。回到家里，她羞怯地向母亲提出要打扮。母亲很体贴，带着她和姐姐上街去订皮鞋，姐姐选了黑漆皮，而三毛，却对一张红色的软皮爱不释手。鞋子做好了，尽管新鞋子磨得脚生疼，她却不愿脱去。

　　有了满意的鞋子，衣服却还是老旧的，家里没有给她添置。三毛有些耿耿于怀。

　　这一天，父母的朋友从国外回来，带了一些礼物，其中有一件衣服让母亲转交给邻近的一个姐姐。母亲那几天有事要忙，就没有急着送去。三毛忍不住打开来看，那是一件淡绿色的长毛绒上衣。三毛联想起野兽派画家马蒂斯最爱的配色就是绿和红，觉得这上衣与她的红皮鞋正相配。

第二天下午，她背着妈妈穿了那件绿毛绒上衣和她的红皮鞋，就去顾家上课了。那时，她觉得自己的美丽完全可以与顾家姐妹相媲美。可惜，这一次，她没有碰到那四姐妹，却在画油画时不小心在衣服前襟上沾了一块油彩。

回到家，她想尽办法去擦那块油彩，怎么也擦不掉，索性找来剪刀，将沾了颜色的那块给剪掉了，再偷偷放回包装袋里。三毛就这样神不知鬼不觉地做了一次美的尝试，可惜无处展示，也没人欣赏。

终于，她的老师顾福生给她提供了一个展示美的机会。

一天，上完课后，顾先生告诉三毛，他准备离开台湾去巴黎深造，所以要在家中开一场告别舞会，还会邀请很多好友前来参加，让她也来。三毛对这位老师一向怀着崇拜的心情，离别让她痛苦而伤感，但是舞会又让她满怀期待。

舞会那天，她精心挑选了一件绿色的长裙，腰间别了一朵绒花，再穿上那双红色的皮鞋。三毛感觉自己已然成为童话中的公主。她站在镜子前，第一次认真地欣赏自己，镜子里的她再也不是以前的丑小鸭，绽放着青春的风采和光芒。

舞会是热烈而令人兴奋的。三毛第一次这样怀着自信面对人群。那场舞会，她已经记不清接受了几个人的邀请，只是任由自己在舞池里旋转，无所顾忌，无所保留，青春终于得到尽情地释放。自此，美的意识在三毛的心里开始扎下了根，只待时间与环境的催生与照拂。

1967年，她远走西班牙。从一个闭塞的环境里走出来，突然间获得了自由，本就不拘一格的三毛很容易就接受了更前沿的思想。在那里，她因为受到欧洲简约风影响，审美情趣初成体系，开始喜欢穿一些宽松的、棉麻布料的衣服。我们可以从她在马德里哲学院与朋友们的合影中看出，那时的她已经在装扮上初露波西米亚风的情调——两只辫子，一条宽松的牛仔背带裤。

随着见识和经历越来越丰富，三毛的审美观终于形成，有了较为成熟和较高品位的审美认知。正因为如此，1973年第二次去西班牙的时候，她收获了一次最闪亮的时装秀表演。

这事要从西班牙环宇贸易公司的董事长萨林纳先生说起。两人是因为此前的一次采访结识的，因为投缘成为很好的朋友。这一天，萨林纳邀请她去参加当年马德里最大的春季服装表演日，三毛却因为那一阵正在到处找房子，感觉很累，并不想去，但是耐不住萨林纳再三恳求，盛情难却。于是，那天晚上，三毛自己梳了一个中国宫女的发型，穿了一条白布长裙，披了一件从楼下太太那里借的貂皮小外套就去了。

到了表演场地才知道，那是个有着近千人参加的大型酒会，西班牙的各路明星、要人到场的有好多。更让她想不到的是，萨林纳的公司因为同台湾有生意往来，专门设计了一个特别节目，让三毛和另一位台湾女孩在服装表演后上台走个秀。在明星如云、记者无数的现场，全无准备的三毛当时被吓了一跳，但是不好破坏气氛，只能听从安排。

她先被引到后台，由一名获过金奖的理发师为她做头发。理发师看了三毛自己梳的头，对她能自己梳出这样的头发感到惊讶，没有做任何修改。于是，三毛就穿着自己的白色长裙、顶着自己梳的发型去走她一生中唯一的一次时装秀。

与她一起表演的另一个女孩才十九岁，有些胆怯，就请三毛率先出场。当她一步步走上舞台时，台下响起了如雷般的掌声。三毛脸上带着微笑，向着观众点头示意。这份从容中蕴含的浓厚的东方风情引来观众此起彼伏的叫声。摄影机对着她，闪光灯在她眼前不停闪烁，三毛的内心快乐到了极点，几乎流下泪来。

那一天，她成为所有人的焦点，就像她在给父母的信中所说"一件白布长衣打了一场胜仗"。活动的主办方——西班牙最大连锁商店的老板上台亲吻了三毛，告诉她以后在他旗下的连锁店买东西享受内部价，也就是八折优惠。一位中国老先生激动地走到三毛跟前，对她说："好孩子，我真想亲亲你，你是我们中国的钻石。"说完，流泪而去。

回家的路上，萨林纳对她说了这样一番话："你不可能结婚，你无法安于平淡，我很替你骄傲，我太骄傲碰到你这样的中国女孩，来自台湾令人无法想象，Echo你的一生大概不会如意，谁来配你呢？谁了解你呢？你内心实在是又骄傲又悲伤的，是不是？"

这番话深深触动了三毛，那时的她刚刚经历德国未婚夫猝然逝去的事件，内心本就悲伤而失落，舞会虽然令人振奋，但最终也结束了，她感受到灰姑娘在午夜回归现实生活的残酷，泪不停地流下来。

好在，没多久，荷西来了，然后，他们又去了梦想中的撒哈拉沙漠，三毛的生活开始明亮起来。从那时候开始，她的服饰越来越艳丽、浪漫，充满了异域风情。那时候的她"浓妆淡抹总相宜"，有荷西的陪伴，她的整个人也变得柔软而多情了。

在三毛的打扮中，还有一个重要的元素，就是配饰。她的配饰没有华丽的金银珠宝，只爱那些粗犷、古朴而充满民俗气息的物件。

她身上经常佩戴的物件，是结婚当天一个沙漠女人到家里卖给她的。当时只是一块银色的牌子，后来手巧的荷西用自行车的零件为它做了链子，又到小店里买了两颗琉璃珠子，串起来就成了有着波西米亚风情的项链。这项链，三毛一直视为生命中的一部分，特别是荷西过世后，三毛几乎每天都挂着它。

在南美洲旅行时，三毛更是边旅游边随时淘她的宝。在秘鲁高原玛丘毕丘附近的一个小村子，她去看印第安人望弥撒。看完后，因为下雨，便跑到一间小店边躲雨边买了可乐喝。就在那装满了日用品的玻璃柜里，她看到了几个别针，这一看便不能自已。她和老板娘为别针的价钱周旋了四十五分钟，直到两人累得不行，才终于成交。

还有一只"双鱼"的别针，竟是她从背着孩子的印第安女人的身上买下来的。她本是到那女人那里买煎鱼吃，却在要离开时看见女人别在披风上的别针。那是两只晃动着的银鱼，因为晃动便有了游动的感觉。三毛脱口就问女人卖不卖这银鱼，说完倒是有些不好意思，怎能买人家佩戴的东西呢？没想到，女人竟急急地答应了，又急急地从披风上取下那银鱼别针，好像怕三毛反悔似的，任由那披风掉落。

在三毛的饰品中还有一个极珍爱的宝贝，那就是一副血色象牙手镯。有一阵因为怕小偷偷走，睡觉时都戴着不肯脱下来。这手镯得来不易，是加纳利群岛上最大的古董商送给她的。

那位古董商是个印度人，因为对古物共同的爱好，两人就成了朋友。三毛卖了大加纳利岛的房子后，想到以后回来的机会微乎其微，就去看那朋友。

两人见到后，亲热地拥抱了一会儿，古董商就拿起钥匙去开一个保险箱。边开边对她说："有一样东西，等着你来，已经很久了。"拿出来的就是这副血色象牙手镯。朋友告诉她，这是印度早年土葬的陪葬品，长年下来，尸体里的血就被象牙吸进去了。三毛从看到那一刻，心就剧烈地跳动，摸着它，那种润滑深厚的感觉从手指一直传进心里。

这次，二毛没有讨价还价，直接写了支票给那朋友。

爱了，就值得。

岁月荏苒。如今我们依然可以从她的文字里看到：一个盘着头发，身着白色棉衫、淡蓝色牛仔裤，戴着古铜色的耳环、叮叮当当的手镯，踩着一双绑带凉鞋，从大漠向我们走来的女子。

那女子，风情万种，仪态万千。

赤脚女王

　　我喜爱生命，十分热爱它，只要生活中一些小事使我愉快，活下去的信念就更加热切，虽然是平凡的日子，活着仍然是美妙的。这份能力，来自于那枝小草的延伸。将这份债，不停地还下去，就是生存的快乐了。

——《还给谁》

　　三毛是个特别讲究"情趣"二字的人。

　　在她的理念里，一个人最好的生活观，就是活得"有趣"。

　　无论多平凡、多常见的一件事，她都要尽力用她的才智让它变得富有生趣；生活再艰难，即使穷得只能赤脚而行，她也要让自己活成一个女王的姿态。

　　在撒哈拉沙漠那么艰苦的环境下，她竭尽全力尽情发挥了她化腐朽为神奇的能力，把一个残破简陋的小屋，打造成了一个"艺术的殿堂"。不过，这"艺术的殿堂"并非是用钱堆砌的，完完全全依靠的是她优秀的品位和极高的鉴赏能力。

其实，刚到沙漠时，看到这艰苦的环境，三毛本是打算用父亲的钱改善一下居住条件的。但是，一是荷西不许她动这笔钱，二是沙漠的物价实在高得离谱，三毛不得不将购置家居的想法搁置一旁，只买了小冰箱、小煤气炉、床垫和一个毯子等这些必备品。

一贫如洗可以忍受，但三毛与荷西忍受不了自己住的房子里没有一点生气。于是，他们开始用汗水和智慧一点点筑造自己的城堡。

荷西有一双灵巧的手，三毛则是有着各种鬼精灵的想法。这天作之合让他们给自己创造了一个温馨而灵动的家园。结婚前，他们利用从木材店要来的板子，制成了桌子、书架、厨房的小茶几等家具。蜜月旅行过后，荷西利用剩下的一周假期，又把房子的里里外外粉刷得白白的，与撒哈拉威人灰秃秃的住宅形成了鲜明的对比。那一阵，为了这份家业，他们省吃俭用，只靠吃白面包、牛奶和维生素来支撑体力。

蜜月结束，荷西又去上班了，留下的三毛开始耐心地布置起自己的小窝。

她找了一些空心砖排在房间的一面，上面放上两条长板子，又买来了两块厚厚的海绵垫，一个靠在墙上，一个平铺在板子上，然后用与窗帘一样颜色的麻布盖住，后面用线缝起来。房间里就这样多了一张明媚的长沙发。

荷西做出来的桌子，三毛用一块白布盖住，上面放上母亲寄来的细竹帘卷，摆上陶土的茶具。又从天棚上低低地垂下中国棉纸糊的灯罩，把享誉国际的台湾编舞家林怀民写的"云门舞集"四个字的书法贴到墙上。再把书架刷了褐色的漆，摆上台湾皇冠出版社的平鑫涛先生航空寄来的皇冠丛书，整个房间立时增加了一丝禅意和书卷气。

家里的东西铺排完毕，三毛又把眼睛投向了屋外的垃圾场。

旧的汽车外胎洗干净，里面塞上红色坐垫，放在席子上，成了一个"鸟巢"状的懒人沙发，邻居和朋友们来了都抢着坐。

喝过的汽水瓶，被她用油漆厚厚地涂上，再勾勒出印第安风情的图案和色彩，摆在架子上，成为极具民族特色的装饰品。

还有羊皮鼓、羊皮水袋、皮风箱、水烟壶、奇形怪状的石头，都被三毛捡回来，当作艺术创作的原材料，将它们变身为这个家里的一分子。

家里立时变了一副模样，完全看不出简陋和不堪了。但因为没有录音机，三毛还是不满意。电视机、洗衣机有没有对她无所谓，但是这个家不能缺少音乐。当然，录音机她是没法自己做出来的，只能靠节衣缩食地生活来积攒。为此，她每天不辞辛苦地步行到很远的"外籍兵团"福利社去买菜，因为那里的价格比一般的杂货店要便宜三分之一。日积月累，他们便有了自己的录音机和录音带。

沙漠里的颜色总是黄色的，三毛嫌太单调，她希望能在家里看到些绿意。但是，在沙漠里想找到绿植也是不易的。什么事都难不倒三毛。一天晚上，她拽着荷西偷偷爬过总督家的矮墙，到总督家的花园里去"偷花"，刚拔了三棵就被荷枪实弹的警卫发现了。三毛灵机一动，低声让荷西抱住她亲吻她，还把三棵绿植夹在两人的胸前。警卫以为他们在谈情说爱，就把他们撵跑了。家里却因为有了绿植增加了无限的生机。

就这样，一点点的，这个家摇身变成了一个充满了艺术气息和的沙漠韵味的城堡。荷西的单身同事们被这里吸引，常常在休息日赶过来喝茶、聊天，把这里当成了聚会的场所。三毛也是好客的，每次都是拿出最好的蔬菜、水果招待，有时还会做上一桌菜款待。荷西也因此交上了好多极亲密的朋友。

有一天，三毛独自在家时听到有人敲门。打开来看，原来是前几天她和荷西在路上帮助过的一个通讯社记者，当时他的车陷在沙子里出不来，是荷西和三毛想办法解救他的。当时他万分感谢，想请三毛夫妇去国家旅馆吃饭，三毛夫妇因为太累就回绝了。

没想到，这位记者竟然登门拜谢，手里还捧着一把名叫"天堂鸟"的鲜花，跟着他来的还有一位同事。进了屋，两个人被房间里的装饰震撼，他们不停地发出感叹，难以相信在这个荒芜的沙漠里竟有这样美的家。记者的评价是"这是我所见最美丽的沙漠家庭"。

又过了几个星期，三毛和荷西去镇上看电影，路上有个人突然走过来与他们握手。他介绍自己说是个荷兰人，到沙漠来是因为受西班牙政府委托，来给撒哈拉威人建造宿舍区的。他听那个通讯社的记者说过三毛的家，就想去参观一下。两人听了，爽快地答应了。

第二天，荷兰人来到三毛家，拍了很多照片，又问了一下刚搬来时的情景。临走，他对三毛说："请转告你的先生，你们把美丽的罗马造成了。"

三毛回答："罗马不是一天造成的。"

又一天，三毛家又来个客人，这一次不是别人，是房东。

房东进来不客气地坐到沙发上，称这种水准的房子，不能再用以前的价格出租了，必须涨价。三毛想骂又克制住了，只说如果他涨房租，她就去法院告他。房东嘴里骂着，却也知理亏，灰溜溜地离开了。

三毛这一生搬过几次家，无论在哪里，无论时间长短，她都会把自己的爱巢装点起来，让它成为自己心中的城堡。她的家里从来没有什么过于贵重的物品，但是绝没有贫穷的感觉，反而让人觉得很殷实，很富足。

她和荷西在大加纳利岛买的房子濒临海边，是一栋带独立小院的西班牙式双层白色洋房，坐落在一个斜斜山坡的顶上，正是三毛"梦中洋房"的样子。她把自己搜罗的各种大大小小的玩意儿都放在里面，大串的牛铃、非洲的乐器、阿富汗手绘的皮革、草编的地毯把这个家点缀得充满了波西米亚风情。房前的花草、房后的青菜被夫妻二人打理得郁郁葱葱，屋里更是错落有致地摆满了盆景，充满了生气。

那里的生活条件样样都能满足，比起沙漠里缺东少西的生活，三毛的心至少是不累的。她每天就在这样美丽的房子里做饭、写作、看海，光着脚丫浇花。在落日的余晖中备好晚餐，闻着花的芬芳，听着海浪拍击岸头的声音，等待亲爱的人下班归来，那是三毛最惬意的时光。

这个家是三毛一直爱着并想终老的地方。荷西死后，英国有位叫西沙的记者曾经去那里探望孀居的三毛，在那间房子里，西沙并未感受到荷西离去的憔悴。三毛清爽的打扮、屋里干净而又有情调的布置，让他感受到三毛的心里仍然有着满满的爱，对荷西，对这个家，还有对生活。

是的，即使荷西走了，即使再孤苦的生活，她还是要有让自己回到自己的属地，可以安放自己、安放灵魂。

对于家事，三毛并不是很爱做的，但是布置房间在她眼里就像制作一个工艺品，是艺术创作的过程，所以并不觉得苦。除了布置房间，另一项三毛爱的家务事就是做饭。

三毛在台北时家里娇生惯养，并不需要做家务，所以直到有了自己的家、结了婚，她才真正地动起刀铲来。三毛虽然思想比较前位，但在潜意识里还是有很多传统的观念。她想做一个合格的妻子，为丈夫洗衣做饭。

在那间窄小的沙漠小屋里，三毛既做西餐，也做中餐。做中国菜的食材在沙漠里自然买不到，都是母亲不远万里、花着巨额的邮费给寄来的，所以很是有限。但是，就像布置自己的小屋一样，她一样将有限的食材"点石成金"，做出一道道美味的菜肴，而且每一道菜都被她赋予了诗一样的名字和故事。好在荷西并不了解中国菜，任三毛肆意地发挥她的想象力，把荷西搞得云里雾里。

她给荷西做的第一道菜是"粉丝煮鸡汤"，荷西对粉丝感兴趣，认为是细面条，三毛告诉他，这是"雨"，是春天里的第一场雨被冻住后采得的，非常珍贵。荷西半信半疑，始终不知道这是什么，每次想吃只是喊着吃"春雨"。

荷西与粉丝的纠葛从此开始，始终不明所以。

第二次吃粉丝是三毛做的"蚂蚁上树"，就是用炸好的粉丝浇上肉末和肉汁做成的。这一次的粉丝又被荷西认作毛线，三毛却说是钓鱼用的尼龙线加工成的。

第三次吃粉丝，是东北人常吃的"盒子"。三毛在里面包了菠菜、肉和粉丝剁碎搅成的馅。荷西吃了一口，竟把粉丝当成了鱼翅，还认真地对三毛说下次不要让母亲寄了，因为鱼翅太贵。

一天，三毛做了日本寿司，紫色包饭里掺杂了些肉松。荷西回家，把紫菜当成了复印纸，说什么也不肯吃。三毛不管他，自己吃了好几块。荷西让她张嘴，看她嘴里没有被染成蓝色，才放心地拿起一块撂进嘴里，很英勇的样子。咬了半天，他恍然大悟，"是海苔"。

三毛精湛的厨艺让荷西彻底折服，从此爱上了中国菜。但是三毛的库存越来越少，她舍不得再做了，又回归到西餐的日常上来。吃了三天牛排，荷西就不干了，抱怨吃得不好。三毛很委屈，这么贵的牛排还说吃得不好。荷西说："不是的，太太，想吃'雨'，还是岳母寄来的菜好。"经过谈判，两人互相妥协，最终决定，"中国饭店"每周开张两次。

她的"饭店"不只是给荷西提供服务，还有荷西的同事们，甚至招待了一次荷西的老板，虽然是被迫的。

事情的起因是这样的：那天荷西回家，说老板找到他，要求上家里来吃顿饭，因为其他同事都来过了，只有他没来，而且老板还点了菜：笋片炒香菇。三毛一百个不愿意，因为招待同事是因为友谊，而招待老板有种谄媚的感觉，这是她抗拒的事情。但是看着荷西恳求的目光，三毛只得答应了。

第二天，三毛将餐桌布置得美美的，还精心烹制了几道菜，当然包括老板钦点的"笋片炒香菇"，色相味俱佳，宾主尽欢。临走，老板竟然对三毛发出邀请，说如果未来公共关系室有位置了，请三毛来。送客回来，荷西问三毛从哪里搞来的笋，三毛哈哈大笑，告诉荷西那是"小黄瓜炒香菇"。荷西一把将三毛抱起来，笑说三毛是个会七十二变的猴子。

后来，这些有趣的做饭经历被三毛写成了文章，直接取名《中国饭店》，登在了台湾的《联合报》上，从此开启了她的沙漠文学之旅，让"三毛"这个名字响彻中国的大江南北。

在中国菜中，荷西特别喜爱饺子，而且还有一段有趣的故事。

他们在丹纳丽芙岛居住的时候，与多年未见的三毛的表姐夫在街上不期而遇。在异乡看见亲人，彼此都说不出的高兴和激动。原来当船长的表姐夫这次是从纽约运高粱过来，在岛上要逗留一周的时间。临别时，表姐夫邀请二人去船上吃饺子。

听到吃饺子，荷西一脸愁容。因为他在马德里时有过两次吃饺子的经历，都是随三毛去两个中国朋友家吃到的。但是那两次的饺子，都没给荷西留下好的印象。

可是，那天在船上，荷西吃饺子的功夫让三毛都惊呆了。因为潜水，他的屏气功能异常发达，别人换气时，他可以名吃三五十个饺了，吃了好多。吃完后，还不停地赞叹好吃好吃。临走时，姐夫给他们打包了一些。

半夜里，三毛因为思乡睡不着，就起来把打包的饺子煮了，一边想着故乡，饺子也一边进了她的腹中。第二天，荷西发现饺子没了，还好一阵不高兴。

荷西爱上了饺子，可是长在南方的三毛却不会包饺子。不能满足丈夫的胃让三毛有些愧疚，她决定自己做实验，学包饺子。第一次包下来，只包了二十七个牛肉洋葱馅的，面皮很硬，馅料不好吃，以失败告终，自己却成了个面人。

三毛并没气馁，继续不停地练。经过次次的实验，终于在一个多月后，三毛把自己培养成了包饺子的能手。不到一个小时，一百个热腾腾的饺子就能完好无损地上桌，味道也是鲜美的。荷西有时回家来，也会帮着三毛包，他包出来的是"小老鼠"，加了豆子当眼睛。

从此，家里的饭桌上常常会出现各种各样的白胖胖的饺子，令荷西百吃不厌。三毛也为自己能成为一个"饺子大王"而骄傲，心里面希望什么时候能大展拳脚一番。

时机终于来了。

三毛在大加纳利岛时曾经在某国的领事馆做过秘书，后来因为不愿受一些规矩的约束，再加上荷西工作变动，她便辞职随荷西搬到了丹纳丽芙岛。这天，她突然收到了来自原来服务的领事的电话，说要陪着马德里的总领事来丹纳丽芙岛巡视一天，想让三毛推荐个饭店。胆大的三毛竟然邀请几位贵宾来家里吃。

荷西有些担心，但是三毛却是自信满满，她想的是，终于可以用自己的手艺把真正的中国美食呈现给人看了。

那一天，三毛在家里可以看海的阳台上用门板搭起桌子，上面铺上了淡橘色带有米色花边的桌布，一捧怒放的红色的天堂鸟花摆在桌上，周围摆上她精心烹制的一盘盘白白的饺子，饺子的四周装点着青菜和红萝卜，每个红萝卜还刻成了小朵玫瑰花的形状。饺子的味道更是多样，有猪肉馅的、牛肉馅的、石斑鱼的、虾的、水芹菜的，甚至还包出了红豆沙的。

客人来了，围着桌子观赏，惊叹这美的盛宴。品尝之后，更是赞不绝口，认为这顿饭终生都会难忘。那个打电话来的前上司悄声向三毛感谢，感谢她为自己做的一切。

但是，只有三毛自己心里知道，这一切，使自己得到更多。

因为，她不是在做事，而是在享受自己的生命。

我的宝贝

拾荒的趣味，除了不劳而获这实际的欢喜之外，更吸引人的是，它永远是一份未知，在下一分钟里，能拾到的是什么好东西谁也不知道，它是一个没有终止，没有答案，也不会有结局的谜。

——《温柔的夜》

理想，在人看来往往是神圣的，有时是遥不可及的。

但是，三毛的理想却很普通，普通得甚至可以落到尘埃里。做个拾破烂的人，是她上小学的时候给自己定下的目标。

三毛从小学时作文就非常好，有一次，她编了家里的故事写出来，竟把老师看哭了。因此，每次作文课上，老师都会让她快快写完在课堂上读给大家听。

这一天，也一样，老师布置了作文《我的理想》，三毛写完后就站起来读："我有一天长大了，希望做一个拾破烂的人，因为这种职业，不但可以呼吸新鲜的空气，同时又可以大街小巷地游走玩耍，一面工作一面游戏，自由快乐得如同天上的飞鸟……"

作文还没读完，她就被老师一声怒吼打断了，接着收获的是老师飞来的板擦和两次重写的惩罚。

作文可以改写，理想却不能。从小到大，三毛就是捡着垃圾长大的，而且把那些破铜烂铁当成自己的第二生命。她的拾荒生涯在不同的年龄阶段、不同的环境下有着不同的目标和追求。

童年时捡垃圾是为了玩。那个年代没有现成的玩具，孩子们会充分发挥自己的想象力，到处捡废旧的东西，把树叶折成哨子、破毛笔管当作吹肥皂泡泡的工具、用石子当棋下，简单得不能再简单，但是却快乐得飞上了天。

三毛的第一个玩具不用改造，只是路边捡到的一支弧形的树枝，三毛一边让树枝在地上滚，一边跑着追人玩，树枝点到谁谁就死。因此，这根树枝被三毛命名为"点人机"。那一年，三毛只有三岁。从那时起，三毛就养成了走路时东张西望的习惯，总想着能不能找到一些自己可以废物利用的东西。

上小学时这个习惯就变成了爱好。每天放学，她会托同学把书包先送回家里，自己则一个人在田间的小路上慢悠悠地游荡，希望能拾到宝贝。一颗弹珠、一个大别针、一个美丽的香水瓶、一颗狗牙齿、一只小皮球最后都成为她的囊中之物。在她的眼里，垃圾场是最美丽的花园。渐渐地，捡的多了，三毛对于垃圾也有了一定的审美和兴趣取向。

少女时候的她因为已经读了好些书，眼光更有了大幅度的改进，拾荒的格调自然又提升了一大截。那时的她一度异常钟情于木头。家里用人洗衣服时坐的木头，她看着像竖立的人脸石像，就找了一块砖头替换下木头，搞得用人好一阵不高兴。

有一天，她看街上有人因为盖房把树挖掉，又用锯子把树肢解开，十三岁的三毛鼓起勇气向人要下那剩下的大树根，又拖又拉，停停走走了好久才弄到家里。父母见状，没有责备，也没有嘲笑，反而帮助她清洗晒干，然后把它搬进了三毛的房间。

她的房间除了书以外，就是这些捡来的东西，谁也不能碰，也不能丢。父母开明，从不加阻拦，还很支持她，在三毛不在家的时候，也答应她搬家的时候一定不会把这些宝贝丢弃。

离开家后，三毛因为没有自己的居所，加上学业紧张，只能将自己的拾荒梦搁置一旁，但是心里却是空落落的。学业结束后，虽然还是没办法从外面捡东西，但是她开始另辟蹊径，把同住的朋友们丢掉的旧衣服、毛线、杂志等都搜罗了来，一边与朋友们闲聊一边把这些旧物改装成了布娃娃、围裙、比基尼游泳衣等。也就是从那时起，她练就了一项变废为宝的技能，为她后来装扮自己的居所打下了基础。

等到她与荷西在撒哈拉沙漠定居下来后，她的拾荒事业才又恢复，并达到顶峰。这里面有荷西很大的功劳。

三毛在国外的第一件收藏品就是荷西送的。那时他们还没结婚，有一天荷西去三毛在马德里租住的公寓玩，发现三毛的桌子上除了一张全家福就什么都没有了。过了几天，荷西从老家回来，给三毛带了一只可以盛放头绳等小东西的彩色陶罐。

结婚时，荷西更是给了三毛一个很特别的结婚礼物，那是一个完整的、表情狰狞的骆驼头骨，却给了三毛一个大大的惊喜。那是荷西当天在炙热的沙漠里走了好久才找到的。此后，三毛无论走到哪里，都没有舍弃它，始终让它陪伴在左右。她说，死了也要让它陪着自己。

沙漠看似荒芜，可是在三毛与荷西看来却蕴藏着无数大自然的礼物，他们捡到的石斧、石刀和三叶虫化石等，都会令他们惊叹大自然的鬼斧神工。而历经两年时间、用废旧东西改造后的家更是让她骄傲无比，成为沙漠里的传奇。

因为捡垃圾，他们还有过成为"富翁"的感受。有一次，她和荷西捡到过一百多条像手臂一样长的法国面包，有的还是热的，明显是刚刚出炉的，不知什么原因被什么人扔掉的，夫妻二人拿去工地给工友们分了，大大地饱餐一顿。

西班牙人在沙漠内乱撤退时，他们甚至捡到了一卡车几百箱的法国白兰地，只是后来因为他们自己也要逃离无法携带，只能舍弃。还有在大加纳利岛家附近的海边垃圾场里，他们竟还捡到过现代化的收音机和电视机。

三毛家里的宝贝，除了有用捡来的废物改造而成的，还有很多的装饰品则是她千辛万苦从不同的国家和不同的人手中淘回来的。

她的足迹遍布大半个地球，但是她在旅行中从不爱看风景，就是喜欢赶集，喜欢在眼花缭乱的物品里找到自己爱的宝贝。在所有的物件中，她最爱的有两种，一是古物，二是银器。

收藏古物，三毛不会像职业收藏人那样看重它的市场价值，而是喜欢时光在古物身上雕琢的痕迹上呈现的岁月沧桑的美。

在香港，就有这样一个有着好多老东西卖的古董街是三毛从不放过的，在中环路上。

有一次，三毛被香港的电台邀请去做节目，本以为做完节目，可以好好地玩一下，却没想到日程安排得特别紧张，连最想畅谈的金庸夫妇和小说家倪匡也只是匆匆一见就分手了。

等到最后一天，只剩下最后一上午逗留的时间了。三毛早早起了床，想退了房直奔古董街，却见两个女记者早已在宾馆门口静候她，要求做一个小时的采访。三毛断然拒绝，撒腿就跑。

没想到这两个女记者很有韧性，三毛走到哪儿她们就笑嘻嘻地跟到哪儿，一直跟到了古董街。三毛气得索性坐在一家店门口的石阶上，掏出烟来抽。女记者要照相，她就把头偏过去不让照。

就这一偏头的工夫，一只黑漆漆的大茶壶就入了她的眼。三毛拿到手里，就知道这是一只极好的铜茶壶，与老板议价，竟以四十元港币成交。老茶壶入手，三毛的心也开朗起来，开始对着记者的相机微笑了。

还有一次，还是在古董街，她只花了七元港币买了一只焦黑的灯来。回到家里，父母帮她用桐油用力擦，擦出原貌来，母亲脱口而出"是五更灯"。五更灯里面有一个极小的桐油灯可以点着，油灯上有一个浅浅的凹下去的盘子。母亲告诉她，过去外婆熬名贵的药材时就用这种灯，把药放进小碗里，搁在浅盘上，用慢火熬到五更天才能喝，因此才有了"五更灯"这个名字。后来，这个灯被三毛用来晚上与朋友夜谈用，一谈也是谈到五更天。

老物什中，三毛对老碗也极爱，经常会去台湾各处的碗店里去找。有一次与两个朋友环岛游，她半路总是要求停车去找碗，淘来淘去，弄得车子上堆的满是盘和碗。

旅途中有一晚，他们住在美浓。三毛晚上十一点多在静静的路上游逛，看到一只黑狗在吃饭，其实吸引她的并不是狗，而是那盛饭的器具，是一只老碗。三毛舍不得离去，耐心地看着黑狗吃饭，那狗却以为她要抢食吃，对着三毛恶狠狠地龇牙。三毛一看，先躲开，跑到街上找到一家马上要闭店的日用品店，买了一只大海碗。回到黑狗吃食的地方，狗已经不见了，只有那被舔得干干净净的老碗还在。三毛快速把碗换了，快速地逃掉，恐怕有人出来不让她拿走老碗。

就这样，三毛这儿也淘那儿也找，家里的老碗竟攒到了一百多只。朋友来了爱上了，也会向她讨要，她对朋友也是慷慨，要了便给几只。

对于另一喜好——银制品，三毛则有一种难掩的温情。她的很多饰品，包括项链、手镯、配饰、挂锁、挂坠、别针等都是银制的。每到一处，看到银制的器物，她总是会看个不停。

有一次在玻利维亚的首都拉巴斯的旧街上，她看到旁边的地摊上到处堆着银制的刀叉卖，这么好看的银器堆在地摊上卖，三毛有些心疼，忍不住蹲下身来翻看。看着那粗犷的手工痕迹，即使背包已经满得快溢出来，她还是反反复复在街上走了好多回，找出自己喜欢的，带了一大把回到台湾。

这些刀叉三毛从不会用来吃饭，只把它们插在阔口的瓶子里，每年拿出一两回，用银粉轻轻地擦拭，擦得既不黑也不特别亮，在她眼里这就是银器应该有的样子了。这是她自己的心得，所有的铜器、银器，她都不要擦得太亮，不想让它们沾染上俗世的味道。

三毛拾荒的这一爱好，让她交了很多有同好的朋友，一些朋友也因知道她的这一爱好而特别留意送给她一些难得的宝物。

在大加纳利岛，她就认识了一个职业拾荒者。这人是他们的邻居葛雷夫妇的儿子，原来是瑞典苏黎世的小学老师，因为对拾荒酷爱辞去职务，只靠转卖拾来的垃圾过日子，收入竟然不比当老师的时候差。

他到大加纳利岛是来度假的，因为经常与三毛夫妇在垃圾场相遇，慢慢成了朋友，也就成了家里的常客。

这位职业拾荒人回到瑞典后不久，就托一个开车穿过欧洲再坐船到大加纳利岛的哥哥，给三毛捎来了一架老式瑞士乡间的运牛奶的木拖车，还有一本1920年版本的有着美丽插画和老式花体英文字母的故事书。这两样东西让三毛和荷西高兴了好一阵。作为回报，他们又让那哥哥给朋友捎去一个老的紫铜面盆和镶花的黑铁架、一个粗彩陶绘制的磨咖啡豆的磨子、一块三毛亲手补好的古式女用披肩。

后期在美国休养期间，三毛最爱独自一人去逛西雅图最有名的派克市场，那里是农贸产品、手工艺品的集散地。在那里，她注意到了一家角落里的小店，很不起眼，挂着花花绿绿的衣服卖，并没有什么珍贵的东西。之所以吸引她，是因为老板招呼客人的话是阿拉伯的问候语"沙拉马力古"。这是三毛曾经在撒哈拉沙漠时听到和用到的语言，那种熟悉的亲切感一下子把她引进店里，也回了一句"沙拉马力古"。

老板名叫哈敏，是阿富汗人，专卖阿富汗和印度的衣服和饰物，品位并不高，三毛是看不上的。但是，她还是常常爱去小店里坐坐，只是想去感受那不浓不淡的友谊，扯一些不咸不淡的闲话。哈敏不爱说话，大多是三毛问哈敏答。

要离开美国了，三毛去和哈敏告别。临别，哈敏从一个装满衣服的大铁箱里，掏出一条项链来。三毛看着一条蓝色的带子串起一排宽宽的波斯风情颈饰，上面缀满了圆形的银片，还镶着一些美丽的彩色宝石。

"你这么好的东西，为什么不早给我看？……多少钱？"

三毛有些生气地问，心里想着不论多贵都要买下。

"你说多少？是我太太的。"

最终，三毛用一百美元与哈敏妻子的项链结了缘。

在美国期间，三毛还飞去过一次圣地亚哥，代朋友看望他的母亲。那朋友是一个神父，名叫丁松青，是个美国人，但是在台湾生活，也就是三毛为他出的书做翻译的人。三毛与他可说是无话不谈，他也是保存三毛秘密最多的人。除了性情相投，还因为他是一名神父，三毛和他交谈时就会有一种告解的感觉，不知不觉就会讲很多。

到丁妈妈那儿住了几天，临走时，丁妈妈说小丁神父有来信，让她把一样东西转送给三毛。那是一个裸女的塑像，没有头部，四肢是残缺不全的，乳房很饱满，身体的曲线却让人有一种血脉贲张的欲望。这塑像本是小丁极爱的，因为丁妈妈觉得朋友来问是自己当神父的儿子做的觉得窘，所以不愿意放在家里。小丁又不愿送给别人，这次三毛去，就特意嘱咐妈妈转送给三毛。

塑像易碎不能托运，可是又太重，因为身体的原因，三毛把它暂时放在朋友家未带回台湾，小丁神父因此有些不高兴。三毛答应他下次一定会带回。再去美国，这件巨大的裸女塑像终于躺在三毛的膝盖上，由三毛抱回了台湾。在三毛家，小丁神父见到自己的"女人"，连鞋子都没脱，大步走过去，与三毛一起蹲下身来细细地品味。

小丁神父愿意把自己心爱的"女人"交给三毛，其实是一种托付的味道，他知道三毛有恋物癖，更知道她会善待每一个宝贝。

就这样，许多年下来，三毛收藏的宝贝数不胜数，虽然有一些在搬离大加纳利岛时因不能带回而送给了朋友，但依然有很多珍品在手里。等到后期在台北定居，搬进了一间自己极喜欢的小公寓后，她那来自世界各地的宝物自然就跟了进来。

印度的大块绣巾、西班牙的盘子、苏俄木娃娃、以色列的铜雀、埃及的银盘、沙漠的石雕、法国的宝瓶、摩洛哥的镜子、南美的大地之母、泰国的裸女、意大利的陶瓷小丑、阿拉伯的神灯、中国的木鱼、瑞典的水晶、巴西的羊皮、瑞士的牛铃、尼日利亚的鼓……被她精心地安置，各得其所，意趣横生。

　　宝贝之于三毛，不只是对美的一种探寻，她更珍视每一件宝贝背后所链接的有关人的故事。她要把这些故事记录下来，作为一种怀念，一种寄托，即使人不在，宝贝不在，但是故事却可以把这美与爱传承下去。

　　于是，她找来著名的摄影师吴洪铭，为她的宝贝拍下最美的瞬间。

　　然后，她自己用文字来诠释美，讲述美的故事。

　　图书《我的宝贝》，由此诞生。

第七章　地久天长

朋友，在三毛的生活中一直占据着很重要的地位。

他们给她支持，帮她成长，也是她生活中不可或缺的养料。

她的朋友圈里，不只名人云集，还有为数众多的平民百姓。

金庸、琼瑶、林青霞、齐豫、潘越云、眭澔平、肖全等影视文艺圈的名流，都深深爱着这位历经沧桑仍对生活充满激情的女子。

在加纳利群岛，即使二十几年过去，还是有很多人记得Echo这个有着古道热肠的女人。

从一个自闭的少女成长为一个朋友遍天下的女人，有着太多的机缘巧合，而最重要的契机源于那个儒雅帅气的年轻画家顾福生。

因此，他令她终生难忘。

他们的友谊，一如一壶好茶，清香淡雅，似水绵长。

一缕阳光

有光，有安静的太阳温暖慈爱地将一种能，涌涌不绝地灌输到我的灵魂里来。

——《雨季不再来》

三毛对生命有一种执着的爱。

这爱强烈得让她竭尽自己的每一个细胞去感受，竭尽自己的每一滴心血去浇灌，只愿在这多姿多彩的生活里尽情地绽放自己。

这爱强烈得让她无法容忍任何灵魂上的背叛，当生活中遇到重挫，让她无法达成所愿时，她就会采取最激烈的方式与之对抗。

墨汁事件是第一次让她面对生活的残酷，十三岁的她还没有能力承担起这份屈辱和不堪，她只得逃避上学，逃避与这个世界的交流。

在家里，她像一个活在真空里的精灵，无声无息，最常做的事就是躲在自己的房间，与她的书和那些拾来的宝贝为伴。

那段时间，即使是对母亲，她也很少主动说话。

可是有一天，三毛却一反常态，主动来找妈妈。

这一天是姐姐陈田心的生日，姐姐的同学都来家里给姐姐庆生。

大家在一起笑啊，闹啊，异常高兴，只有三毛，一个人躲在角落里默默地旁观。此时，有一位陈姓同学当场给大家画了一幅画，同学们在旁边一边看着他画，一边赞叹。画完，大家就都散去院子里玩去了，三毛趁此机会，好奇地走过去看那画。

这是一张写满狰狞与痛苦的印第安战争画，画面上倒地的战马、中箭的人、焚烧的篷车让三毛感受到了心灵上的冲击，她心里羡慕那个画画的同学，也想自己能画出这样的画来。

其实，在那之前，父母已经送过三毛去跟著名的画家黄君璧学习山水画、跟邵幼轩学习花鸟画。两位老师虽然很和蔼，但是三毛却不喜欢这死板的画风，学了几次就不肯再去了。三毛看出，这位陈姓同学画的战争画与她学的国画完全是两种风格，作品的内容和画风都强烈地吸引着她。所以她才拿来给妈妈看，问母亲是不是画得很好。

细心的妈妈猜出了三毛的心思，就去打听姐姐的同学是跟哪位老师学的画，由此得知了"五月画会"的核心人物、年轻画家顾福生。顾福生是国民党将军顾祝同家的二公子，是一个有着现代艺术概念的优秀画家，特别在油画创作上颇有造诣。

三毛自闭多年第一次有欲望学点什么，父母当然是想尽办法让顾福生收下了女儿这个学生。

1959年5月的一天下午，十六岁的三毛经过几次内心的挣扎，终于鼓起勇气走出家门，迈进了台北市泰安街二巷二号的那座大宅子。这一天，对她而言，是生命里极为重要的一个日子。从此，顾福生不只成为她的恩师，更成为她人生的领路人，把她从封闭的黑暗世界里拉出来。

顾福生那年只有二十四岁，是个年轻俊美、沉稳儒雅的男子，再加上他身上所散发出来的艺术家清高而又超脱的气息，让三毛在看到第一眼后，心就沦落了，她心里竖起的那道防护线也随之崩塌。后来，三毛在文章中道出了初见顾福生时的那份"惊心"：**"是手里提着的一大堆东西都会哗啦啦掉下地的动魄，如果人生有什么叫作一见钟情，那一霎间，的确经历过。"**

但是，那时的三毛是极度自卑的，她不能也不敢表达自己的情感，只是默默地追随老师学画，就像神话里的Echo一样默默品尝着单相思的苦果。Echo这个笔名就是在她模仿过老师的画作后随手签下的，或许也是想表达内心这份无法言说的情感吧。

当然，如果把三毛对顾福生的感情只单纯看作对相貌气质的迷恋，未免有些太浅薄了。在越来越深的交往中，三毛对顾福生感受到的是父亲般的疼爱、导师般的引领、朋辈间的契合。

顾福生与三毛相处，说话总是商量式的，口吻也是极为尊重的。他从不勉强三毛，也不打探她的过往，只是温和耐心地帮助三毛寻找自我。

西洋画的基础是素描。最开始，三毛很是配合，上课也很积极。画素描需要用馒头来擦掉炭笔的笔迹，因为太期待顾福生的课，她常常是提前三天就让母亲把馒头替她准备好。这一次，三毛本是下定决心要学出个模样来。

但是几次课下来，笔下的东西仍然不能成型。她常常独自对着那些肢解的人体不知所措，有时一直发呆到黄昏下课。终于，有一天，她无法忍受自己那拙劣的作品，收拾收拾东西就要逃离画室。

顾福生看到三毛对素描的排斥，没有责怪她，他领她去了别的房间，让她看看自己的画作。他耐心地与三毛交流，让她不要急，慢慢来，同时告诉三毛以后不用再画素描了，可以直接学油画。三毛的心在这温暖的话语中逐渐地平和下来，开始跟着老师学画油画。

顾福生的油画创作主题大多与"人"相关，关于人的聚散离合、人性的复杂、神秘的人体等，他的画完全以人为中心，富有文学性，而且具有悲剧精神，这些都太符合三毛的审美情趣。"人"也是三毛一生最关注的内容。旅行中她不爱看风景只爱看民俗，文字里也大多写的是人的故事。

这些，不知是受了顾福生作品的影响，还是两人的不谋而合？

三毛的艺术细胞终于被顾福生的各种尝试和包容启发出来。三个月后，她已经可以从容地下笔，任意发挥自己的想象作画了。她的自信也开始一点点恢复。慢慢地，她肯坐回到桌边与家人一起用餐，也不再抗拒听姐弟们讲述学校里的事情，甚至肯在白天一个人出门散步、看画展了。

顾福生对这个敏感而自卑的女孩子格外用心，也许是之前已经了解了情况，他太想让这个女孩走进阳光里了。他知道三毛爱阅读，就把世界名作家波特莱尔、卡缪、里尔克、横光利一、卡夫卡、爱伦坡、芥川龙之介、富田藏雄、康明斯、惠特曼等都介绍给三毛，三毛从此开始接触一些自然主义、意识流的东西，这些作品让三毛不只进一步看到了文学的魅力，也开始对哲学产生了兴趣。

很快，顾福生发现三毛的才华不在画，更多的是在写作上。于是，他把当时台湾文艺青年喜爱的读物《笔汇》《现代文学》等杂志借给三毛，鼓励她也写点东西出来。三毛从所读的杂志中得到很大的启发，萌生了创作的欲望。

跟着顾福生学画六个月后，她写出了自己的第一篇小说《惑》。写好后，她诚恳地交给恩师顾福生，希望得到老师的肯定。对她而言，顾福生的肯定对她是最好的奖赏。

但是，顾福生好久都没对她的稿子做出评价，三毛的心开始忐忑起来，自卑又开始咬噬她的心，那种熟悉的痛苦又有些回头。为此，她两周都没有去画室，再去画室，见到顾福生，只低声说了句病了，算是交代。

顾福生并没追问，只是对她说，"你的稿件在白先勇那儿，《现代文学》要刊，你同意吗？"

三毛一下子呆在那里，不敢相信自己的耳朵。顾福生接着说："第一次的作品，能刊出来很难得了。"

终于有一天，她从顾福生手里接过了一本《现代文学》，在那里，她的处女作《惑》就登在上面，署名"陈平"。看着自己的名字变成了铅字，那一瞬间，兴奋、激动、喜悦交织在一起，让她不能自已。

她捧着杂志跑回家，大声叫着爸爸、妈妈，"我写的，变成铅字了，你们看，我的名字在上面——"。父亲、母亲捧住杂志，看着上面印成铅字的"陈平"二字，听着女儿久违了的大声呼喊，他们的眼里一下子涌出了泪花。

三毛重新拾回了欢笑，她的生活重新恢复了色彩，她想着就这样跟着顾福生学下去，学一辈子，就是好的。却不想，离别在不知不觉中就要降临了。

这是三毛在跟着顾福生学了十个月后的一天，下课后，顾福生对三毛说："再过十天我要远行，以后不能教你了！"这如晴天霹雳般的消息，让三毛陷入了长长的沉默。

顾福生走的那天，三毛因为无法面对，犹豫再三才去码头送别，可惜来迟了一步。她只有一个人来到大门深锁的顾家门口，待到黄昏，一直到路灯亮起。

十年后，同在美国的三毛和顾福生有了重逢的机会。那时，三毛打听到了顾福生的住址和电话，于是毫不犹豫地跑了两百里路到了顾福生居住的芝加哥。可是，在旅馆里，三毛心里又打起了鼓，想着自己一事无成，想着恩师的音容笑貌，多年前的自卑感又出现了，终究没有勇气去面对那个在生命里极为重要的人。

又一个十年过去。三毛终于敲开了顾福生在台北的家的大门，将一口袋自己的书交给老师，算是交了自己的答卷。那时的她名声大噪，在文学艺术的圈子里也有了许多好友，可以与他们海阔天空地侃谈人生种种。但是，面对顾福生，她又失去了往日谈笑风生的自信模样，依然持着学生的恭敬和谦卑，端坐在椅子上，自始至终连椅背都没敢去靠一靠。

这一次相见，三毛也把埋藏心底多年的感激第一次吐露给顾福生。她说："老师，你是我的恩人。"简简单单一句话，却饱含着无比的深情与感激。

是呀，如果没有这个"恩人"，三毛或许就没有后来灿烂壮阔的人生，或许也就没有"三毛"这个作家了。

当年，顾福生对三毛的关爱差不多到了事无巨细的程度。对于这个孤独而又有着独特才华的女孩，他希望尽自己最大的能力帮她走出自己的小天地，拥有一个美好的未来。他觉得要想帮助三毛走出自闭，就必须让她交上朋友，而且这个朋友还要与三毛能谈得来才行。经过再三思量，他把自己的好友陈秀美介绍给了三毛。

陈秀美是当时很有名望的女作家，笔名陈若曦。三毛读过她的文章，也很喜欢。两人一见如故，成为无话不谈的挚友。陈若曦后来写的文章《乔琪》中就有三毛当年的影子。她听说了开办一年的中国文化学院，就劝三毛去找创办人张其昀先生。于是三毛重新回到求学之路上来，走上探索哲学的道路，也在这里收获了她的初恋。可以说，这一切都起源于顾福生当初的安排。

即使是要离开台湾了，顾福生也没有　走了之，仍亲于把三毛托付给了另一位画家韩湘宁。韩湘宁也是个很有才华的画家，任教许多美国的艺术学校，是少数曾使用油漆滚桶作画的画家。

韩湘宁不像顾福生那样沉稳内敛，而是活泼开朗的，因此，他的教学方法也有明显的不同。他经常带着三毛和其他学生去看画展、出外写生，也带他们去看舞台剧和电影，这些不仅丰富了三毛的生活，更让她看到外面更广阔的世界，看见了许多以前没有看到过的人和事。

韩湘宁脾气急，有时看到三毛画得不成样子，气得把石像拿起来就摔。但是那时的三毛已经有了自信，而且也了解老师的脾气，知道他的气很快就会烟消云散的，所以从没有对抗。即使多年后，他们之间的师生情谊一直都在。

如果说是顾福生将三毛拉出黑洞，解开心结，开始面对生活的，那么，跟韩湘宁学习的两年时间，则让三毛真正迈进了大千世界，发现了色彩斑斓的人生。

两年后，韩湘宁也走了，他像顾福生一样，又把三毛交给了另一个画家彭万墀。那一年，三毛十九岁。

彭万墀又是一种风格。他上课时所讲授的内容厚重而深远，用三毛的话来说，就连"旧俄文学的光辉和华格纳的音乐都形容不出"。他经常给三毛听交响乐，引领三毛读一些深刻的书籍；也会带三毛去看画展，看画的同时在旁边细细地为三毛讲解分析，使得三毛对作品的理解更加深入透彻。

就这样，三毛在彭万墀的悉心教导下，不但画艺进步快速，而且做事也像自己的老师一样踏实沉稳起来。三毛对彭万墀的感情就像对父亲一样地尊敬和爱戴。

顾福生、韩湘宁、彭万墀，以自己不同的方式和品格，影响和感化着三毛，终于让三毛这个孤独、敏感又自卑的女孩子，从那个深深的泥淖里一步步走出来，重新开启了她的一段新旅程。

三毛下定决心，从此不辜负大好年华，一定要好好地活出个样子来。正如她所说："我的三位老师，在心里，永远是我一生的老师——虽然个人始终没有画出什么好作品来。我只有将自己去当成一幅活动的画，在自我的生命里一次又一次彰显出不同的颜色和精神。这一幅，我要尽可能去画好，作为对三位老师交出的成绩。"

说到三毛人生中的那些恩师，还有一位很重要的人物必须要提，那就是《现代文学》杂志的主编白先勇。

当时，顾福生把三毛的处女作《惑》就是交给的白先勇。看着这篇虽显稚嫩却又颇有新意的文章，白先勇对顾福生说："这个小姑娘写东西挺有趣。"然后就把它刊在了下一个月的《现代文学》上。他不会想到，正是自己这个小小的举动，却成就了日后一个响彻海峡两岸的作家。

对于白先勇，三毛早就有所了解。休学期间她曾读过白先勇的作品《玉卿嫂》和《谪仙记》。三毛喜欢看白先勇的文章，喜欢他描写的故事、刻画的人物，更迷恋他那美艳到极致的文字。

其实，三毛有很多机会结识白先勇，因为两家是邻居，只有一墙之隔，三毛自小是见过白先勇的。但是，在三毛心里，白先勇是个好高大的人物，从来不敢走近。

《惑》刊登后，三毛已经慢慢走出了自闭的状态，她喜欢在黄昏时分独自漫步。那个时候，她在路上经常远远地会看见白先勇也在散步，便吓得转个弯躲开去。因此，他们的距离就像她自己所说是比邻若天涯。

第一次正式的见面是在送别顾福生时，三毛因为去晚没有见到顾福生，却在码头见到了白先勇，这一次，她鼓起勇气跟白先勇打了招呼。三毛崇拜这个前辈，白先勇也爱三毛的才华。

过些天，《现代文学》的一群作家要在白先勇家开舞会，白先勇也想帮助三毛交更多文学界的朋友，便特意来到三毛家邀她一起参加。三毛去了，但是还是因为胆怯去晚了，到了那里，舞会已经结束，余兴未尽的人正嚷着分成几组打牌。三毛觉得自己还是融不进去，待了一会儿便走了。

这一别，竟是二十年的时光。

再相逢是在电话里，两人回忆当时的往事，不过寥寥。

与这些恩师们，所有的情谊感觉似乎都是这样淡淡的、远远的。

而对于三毛，却足以让她回味一生。

因为，是他们——

把她拉进灿烂的阳光里。

一起唱尽人生故事

朋友的好处，在于可以自由选择。有些，随缘而来，有些，化缘而来。

——《随想》

说到三毛写过的歌，对于大陆的读者来说，恐怕知道最多的就是那首著名的《橄榄树》。这首歌可谓是华语歌坛的顶尖之作。

但是她曾写过的一个专辑《回声》，却是鲜少人知。这张专辑是1985年推出的，共收录了11首歌，歌词都是三毛亲笔所写。

专辑是由李泰祥、李宗盛等七人作曲，齐豫、潘越云演唱，更为独特的是，曲中贯穿了三毛本人的旁白。这部专辑讲述了三毛在人生不同时期、际遇下的心境，包括创伤、失学、自学、沙漠、失去她的荷西等，将她的大半生凝缩在这十一首歌曲里。

这部专辑也将她与齐豫、潘越云的友谊推上了顶峰。

其实，早在1979年，刚踏入音乐圈一年的齐豫，便很幸运地遇到了三毛作词的歌《橄榄树》。当时这首曲子做出后，被确定为当年最卖座的电影《欢颜》的主题曲，作曲家李泰祥为了找到与自己所作音乐更契合的人，可谓煞费苦心，终于在无意之中发现了当时就读台大考古人类学系的齐豫。

齐豫音域宽广，又有沧桑与深情并存的感觉，正是李泰祥想要的歌手。那时候，齐豫只有二十二岁，是三毛的忠实读者。她能为演唱三毛作词的歌曲而雀跃欢喜。这首歌一经推出，就一炮打响，成为台湾当时最热门的歌曲，被很多年轻人所追捧、传唱。

但是她与三毛始终没有机会见面，一直到六年后才有了第一次的约会。那时齐豫所在的唱片公司想推出一张概念性音乐专辑，它与其他专辑的不同之处，就在于是以词作者、作家定位，而不是以音乐风格来定位的。他们想到的就是当时风靡台湾的三毛。等到三毛同意后，公司便安排齐豫担任唱片的制作人。这才有了两人的初见。

虽然齐豫当时已经小有名气，但第一次见三毛时还是有些紧张。多年后，齐豫回忆，自己对三毛的第一印象并不好，觉得三毛"声音细细尖尖的，很造作"。但是接触久了，齐豫发现自己与三毛有很多共同的地方，她们都同样喜欢中国古典文学，都很迷恋《红楼梦》，穿衣风格也很像，于是便成为朋友。她们找来了另一个适合穿波西米亚风的女人潘越云，一起来筹划专辑。

为了这张专辑，三个女人常常聚在三毛家里不分黑白地聊天，聊曲子。三毛是尊重音乐的，在音乐方面没有特别多的意见，很尊重齐豫和潘越云。但在词作上却很执着，对每一个环节都有自己的想法。她把自己人生的关键阶段梳理出来写出歌词，然后每次写好了就用她那有戏剧性的声音朗读给齐豫和潘越云听。

读完歌词，三毛还会把自己的故事细细地说予两个朋友听。她知道只有让她们更多地了解自己、了解自己的故事，她们才会更好地演绎自己的作品。齐豫和潘越云因此而对三毛有了更深更多的了解，也知道了三毛心底很多隐秘的情愫。

随着心灵的交流，齐豫和潘越云越来越爱这个三毛姐姐。她们欣赏她的善良博爱，佩服羡慕她的勇敢，就连三毛对阅读的喜爱都令她们难忘。更重要的是，她们三个人都属于那种自由不羁的女人，气质也非常相似，因此，彼此之间很是惺惺相惜。三毛曾说过，她的生命中有两个好朋友：一个是天使，一个是埃及艳后。天使就是齐豫，埃及艳后则是潘越云。

对于她们三个人的关系，三毛曾这样写道："她（潘越云）和齐豫，加上我，曾经是共同谱作心灵旅途的朋友，而今竟怎么也变成了一种比路人略略多了一些的情形风景，在生命中如此简单地穿过，没有留下太多不自然的情节。我觉得我们三个人，好棒。"

《回声》专辑出版后，一度风靡台湾。这张专辑将三毛的半生划分为四个阶段：从《轨外》到《谜》诉说她的童年封闭；从《七点钟》《飞》到《晓梦蝴蝶》则是少年三毛的初恋记录；从《沙漠》《今世》到《孀》写她与荷西由甜蜜到永诀的心路历程；而最后的《说给自己听》《远方》到《梦田》，则是写她经历人生的创痛之后，终于归于宁静的淡泊心态。

当"三毛离去"这不幸的消息在第二天传出后，台北的大街小巷都响起了这张专辑的音乐。2018年，齐豫和潘越云获得了滚石唱片的支持，于6月9日在台北还举办了一场以《回声》为名的演唱会，以纪念她们永远不能忘怀的好友——三毛。三毛的家人和很多朋友都去听了这场演唱会。

演唱会上，齐豫和潘越云共同演唱了一曲《不曾告别（三毛姐姐如晤）》。歌曲是齐豫为了怀念三毛亲自创作的。创作歌词时，齐豫正坐在飞往秘鲁的飞机上，她想到三毛去南美时也曾飞过这片天空，情不能自已，边哭边写，完成了这首曲子。

在齐豫心里，对三毛一直有种歉疚。为了做专辑，三毛不得不再回顾曾经痛苦的往事，不得不撕开已经尘封的伤口，齐豫觉得自己实在是有一点不休贴的。所以这次写《不曾告别（三毛姐姐如晤）》，她也是在向她的三毛姐姐道歉。

演唱会很成功，以齐豫最后的致辞结束："三毛从未跟我们告别，没有告别就是没有离开。"话虽如此，在她心里，对于三毛的不告而别还是有着极大的悲痛吧。

三毛走了，让她的很多朋友唏嘘不已，耿耿于怀。她生前最好的朋友之一杏林子就公开发言，让大家不要效仿三毛，可见当时面对三毛的决绝心里有一种爱到极致的恨。

三毛一生不愿欠人情，但最后她还是辜负了父母家人还有挚爱她的朋友们。尤其是对她的琼瑶姐姐。当年在荷西死后，琼瑶费了那么大的力气将三毛从死亡边缘拉回，没想到十几年后，还是未能阻挡住三毛死亡的脚步。

琼瑶是皇冠出版社主编平鑫涛的夫人，三毛叫她"陈姐姐"。因为三毛原名陈平，所以出版社的人常常戏称皇冠有两个"陈姐姐"。

少年的三毛从未想过自己会与这个"陈姐姐"有过交集。那个时候，琼瑶是一个遥不可及的存在，她与琼瑶的交集只在报纸上连载的小说《烟雨濛濛》里。每天，她就坐在院子里看，与小说里的人物一起哭、一起笑。

三毛出书后，她没想到，琼瑶竟亲自寄来了自己的一本新书《秋歌》，并在书上签了自己的名字，扉页上还写了鼓励的话。从此，两个人便开始了书信、电话的往来，偶尔还见过几次面。不过，两人之间并没有过多的深交，彼此之间一直保持着一种淡淡的君子之交。

可是，在三毛最痛楚的时候，琼瑶却成为文艺圈里最关心她的人。在三毛处理荷西丧事时，琼瑶夫妇就发来加急电报："Echo，我们也痛，为你流泪，回来吧，台湾等你，我们爱你。"

等三毛回到台湾，琼瑶又来电话，请三毛去她家里。三毛拗不过，只好去了。她穿着重孝的黑衣，在一个初冬的夜晚敲开了琼瑶的家门。那一夜，在客厅的沙发上，琼瑶先是默默地听三毛诉说，默默地陪她一起掉眼泪，给她倒一杯又一杯的茶。

等到三毛讲累了、哭累了，琼瑶才逼着三毛对自己讲："我答应你，琼瑶，我不自杀。"开始三毛只是不肯说出这句话，因为她心里已经有了一个安排。但是琼瑶并不气馁，缠了三毛七个小时，逼了三毛七个小时。三毛不讲、不点头，就不肯放三毛回家。两人厮磨得疲惫不堪。三毛终是累得扛不住，做出了承诺，答应琼瑶不去自杀。

琼瑶放她走了，送到门口对三毛说："**回去第一件事，是当你母亲替你开门的时候，亲口对她说：'妈妈，你放心，我不自杀，这是我的承诺。'**"三毛到家，电话又跟过来，问三毛对妈妈说了没有。三毛告诉她，说了说了说了，然后又痛哭起来。琼瑶才作罢。

三毛是从心底尊敬琼瑶的，也感激她当年曾那么执着地劝慰挽留她。她专门写了一篇文章来表达对琼瑶的敬爱之情，取名为《送你一匹马》。因为琼瑶曾送给三毛一件礼物，那是装在一个陶盒里的有斑点的马。后来，三毛将自己的一本的文集也以《送你一匹马》命名，足见这份友情于她而言，是多么重要、多么珍贵。

她对琼瑶唯一的不满就是琼瑶涉足电影圈的举动。三毛并非不爱电影，她是不爱电影圈里争名夺利的工作环境。她建议琼瑶把写剧本的时间，用于陪伴丈夫，享受清闲的乐趣。然而结果是，琼瑶还没被三毛说服，三毛自己却走进了她曾发誓一辈子不会碰触的电影圈。

1986年，当时的香港著名导演严浩在读完三毛的小说《哭泣的骆驼》后，认为这是一个可改编成电影的好材料，就诚挚地邀请三毛写剧本，被三毛果断地拒绝了。

但是，严浩一直没有死心。1990年，他想为林青霞量身打造一部影片，于是约了林青霞和秦汉，把三毛请到餐馆。三人联合起来劝说三毛为他们写本子。三毛一个劲儿推脱，说自己要去欧洲旅行，没有时间和精力。

一顿饭吃下来，事情最终没有谈成，三毛自己却喝得酩酊大醉。她跌跌撞撞地回到家，不小心从家里的楼梯上跌了下来。送到医院去，检查结果是三根肋骨摔断，断骨插入肺里。三毛被送进医院治疗，计划的旅行也不得不取消了。

两个月后，三毛病愈。这一次，三毛却主动约了严浩、秦汉和林青霞餐馆见面。原来，在病床上，三毛还是禁不住蠢蠢欲动的心，写出了剧本《滚滚红尘》。在餐馆里，她取出了写着剧本的一大摞稿纸，为他们读起来。朗读的时候，林青霞感觉自己已经化身为剧本中的人物，为里面的情节所感动。听完剧本，林青霞、秦汉当即表示愿意演这个戏。

为了这部人生中写的第一本也是唯一一本剧本，三毛可说是耗尽了心血，对于影片的摄制和宣传都倾注了自己满腔的热情。《滚滚红尘》开始动工拍摄后，三毛并没有像一般的编剧那样置身度外，而是经常亲力亲为，参与影片的摄制，甚至还为导演设计镜头。那段时间，三毛又进入了一个忘我状态，每天要在拍摄现场干十六个小时。

影片拍完进入宣传活动后，她在七天之内接受新闻采访超过了二十八次，上了八次电视，最终在一次采访过程中晕倒在台上。

因为《滚滚红尘》的缘故，三毛和林青霞、严浩也成为无话不谈的朋友。他们在一起常常会探讨生死的话题，对"死"从来不避讳，甚至在一次喝酒的时候便约定，他们当中谁先死了，一定要想方设法"回来"告诉对方"死"是什么感觉。

对林青霞，三毛其实是仰慕在先的。早在1973年，她们就曾有过一次偶遇。那时，林青霞虽然只有十九岁，已经因为出演琼瑶的《窗外》而成为影视界一颗耀眼的新星。而三毛还徘徊在生活的十字路口，刚刚遭遇德国未婚夫的猝死，正准备再一次远走西班牙。

她们的相遇是在香港，当时因为要离家，母亲带她去香港的服装店购置衣服，正巧在那里碰见了一样由妈妈陪同的林青霞。那一天，店员的提示才让三毛注意到了林青霞。三毛一直对琼瑶的作品很是钟情，看到林青霞就仿佛看到了作品中的人物，又是痴痴得不能自已，一向对衣服很挑剔的三毛，竟随随便便挑了一件绿色的旗袍就走了。

这一次擦肩而过让三毛记忆犹新，而林青霞自然是毫不知情，毕竟那时的三毛还只是一个素人。连三毛也没想到，十几年后，自己竟为这个明星写了一部电影。两人从路人也变成可以谈心的朋友。

三毛活着的时候，两人见面的次数并不多，不超过十次，但是会经常打电话，在电话里聊个不停，聊各自的心事，也谈论人世间的悲欢离合、爱恨情仇。三毛还曾经跟林青霞约定要一起旅行，但后来三毛却放弃了，她对林青霞直言，觉得林青霞太敏感，会读出她的心事。

三毛去世前的几天，林青霞一直想着要跟她通个电话，但是打电话到她家，电话铃声响了很久很久都没人接。没想到，几天后的早上，她因为有事打电话到荣民总医院找朋友，竟然听到了三毛自杀的消息，让她骇然。

之后，林青霞凭借电影《滚滚红尘》斩获第二十七届金马奖最佳女主角，这也是她演艺生涯中唯一一座金马奖，让她的演艺事业达到了一个新的高度。为此，林青霞说："没有三毛，我不会得到这座奖，是她成就了我。"

三毛的才华确实是无与伦比的，除了文学创作的成就，也在音乐界、电影界创下了辉煌，而这辉煌都是用她自己的人生故事书就的。《滚滚红尘》的故事虽与三毛无关，但影片里的韶华在性格方面有很多都是三毛的本色，所以说，林青霞虽然演的是韶华，但在某种程度上也是演的三毛。

三毛一生在文艺界交了好多知心朋友，因为她的真挚，她的勇敢，她的才华，好多朋友都为她所倾倒，折服。无论是生前生后，这些朋友都希望在自己的生命里能留下三毛的痕迹。

明道文艺杂志社社长陈宪仁，也是三毛的好友。在三毛走了以后，他尽心尽力整理三毛的东西，最后将三毛的所有家书整理后，经三毛家人同意，出版了《我的灵魂骑在纸背上：三毛的书信札与私相簿》，让读者了解到更真实的三毛。也正因为对第一手资料的掌握，陈宪仁才能在关键时刻为三毛正言，给社会上那些不实的传闻以有力的回击。

还有摄影家肖全。三毛最后一次回大陆，去了成都。当时肖全正在成都，为出版《我们这一代》摄影集筹集素材，听说三毛也在，他异常兴奋。因为他早就有为三毛出画册的想法。

他在锦江宾馆找到了三毛，表达了自己的意愿，三毛欣然答应，并随他来到了柳荫街上。于是便有了那组有名的照片：镜头下的三毛，或是像个孩子一样蹲在地上与小孩扑烟盒，或是盘腿斜坐在茶馆的竹椅上，或是跳上三轮车与车夫攀谈，或是孤独落寞地走在小巷里……当肖全将这张照片送给三毛时，她激动欣喜地说："肖全，这不是完整，而是完美。你知道吗？我十几二十岁就梳着短发、背着包满世界地漂，十几年过去了，还是我一个人。你瞧，这是一个多么倔强的女人。"

就是这样，三毛这些亲爱的朋友们通过各种方式共同演绎了一个更加立体、丰满的三毛，也让众多的"三毛迷"们在她逝后还能通过各种途径来回忆三毛。

他们与三毛一起，唱尽人生故事。

遗爱

爱情不是我永恒的信仰，只等待，等待时间给我一切的答案。

——《晓梦蝴蝶》

三毛因为她的豪爽，她的魅力，一生朋友无数，包括众多异性的朋友。

这些异性朋友，有些成为挚交，有些对她倾慕一生却不能得。

其中有一个人，是三毛今生最后的依恋。三毛临死前的最后一通电话、最好一封信，都是给他的。

他叫眭澔平。在台湾，他是家喻户晓的电视台新闻主播和电台音乐总监，曾被评为台湾三大电视新闻主播、台湾十大报告文学作家，还获得过台湾五座传媒"金钟奖"、五座唱片"金曲奖"，至今这项纪录未被突破。

三毛逝后，他怀着对三毛的思念，辞去工作，走出了自己的一条独特人生路，被台湾媒体票选为"两千万台湾人最羡慕的人生"。

三毛自杀时四十八岁，眭澔平只有三十二岁。然而，这种年龄差并没有阻碍他们的交流，也没有阻碍他们成为相知相惜的朋友。他们敬爱彼此，但是从未牵过手，也没有沉浸于男女之情。正如眭澔平所说："**我们之间的爱不是俗气的爱，有文人间的惺惺相惜，她给了我放弃功名远走他方的勇气。**"身心灵作家张德芬称他与三毛是灵魂至交，虽然他们的友情只有不过一年的时间。

这种相知相惜，不只因为有共同的爱好兴趣和心灵上的碰撞，还有一个原因，就是眭澔平在年少时也曾经历过一段自闭的岁月。

眭澔平家境贫困，母亲又一直瘫痪在床。少年的他喜爱画画，看到病床上的母亲从未展露过笑容，他希望母亲不要忘记"笑"，就画了一幅《笑之百态》的图画。没想到这幅画在无意之中被学校的美术老师看到，拿去参加了台湾不分年龄的漫画大赛，竟得了一等奖。

但是父母并没有因为他的获奖就高兴起来，在他们心里，一个苦孩子出身的人要想改变命运只能靠学业上成就，而不是画什么无聊的画。因为这种家庭给予的压力，眭澔平的内心变得自卑和敏感起来，对画画也没了自信，不敢拿给外人看。后来因为升学压力和考试竞争越来越严重，竟失去了画画的动力。虽然最终父亲同意他去报考美术系，但是因为没有学过西洋素描与水彩的应考技巧下，他还是落榜了。从此，眭澔平竟对绘画产生了痛恨的心，不愿再碰画笔。

与三毛相识后，两个人年少时相似的际遇拉近了彼此的距离。再加上眭澔平用整本《红楼梦》写了一篇有关三毛的采访报道，使得他们很快就成为无话不谈的朋友，一起写作、画画、玩音乐，还像小孩子一样比赛起谁走的国家比较多。

他们约定好要一起去旅行，这个计划伟大之处在于他们要"重走历史"，比如太平天国起义的路线、文成公主远嫁西藏的路线、玄奘西天取经的路线、郑和下西洋和马可·波罗东来的路线等。这个计划一度让他们倍感兴奋，为此，三毛开始积极调理身体，眭澔平甚至做好了辞职的准备。但是，最终这个宏伟的计划因为三毛摔伤骨折和眭潕平得到了英国深造的机会而落空。

他们之间这段的珍贵友情很少有人知晓。直到2008年3月，眭潕平才终于打破了十七年的沉默，在台湾收视率最高的谈话节目《康熙来了》中，首度公开了这个埋藏了多年的"秘密"。

对于三毛，眭潕平最大的遗憾就是没有接到三毛的最后一通电话，还有迟迟才读到三毛留给他的信。

他是在三毛死后才听到答录电话机里的留言，才知道三毛在临死前给自己打了电话。想到不知道三毛在最后想和自己说什么，想到如果自己接到电话也许结局就会不一样，他的内心就充满了内疚和痛楚。带着这份遗憾，他在寒冷的冬季踏上回英国继续求学的旅程。

在长达五十三小时的长途火车上，眭潕平意外地在自己带的一本《滚滚红尘》里发现了一封三毛给他的信，这本书是三毛赠给他的，上面还有她的签名。那封信，恰恰夹在《滚滚红尘》的第六十六场戏里，就是男女主角相拥码头诀别的那一刻那一章节。信中写道：

小熊：

我走了，这一回是真的。在敦煌"飞天"的时候，潕平，我要想你。如果不是自制心太强，小熊，你也知道，我那批三百七十五把钥匙会有起码百把交给谁。这次我带了白色的小熊去，为了亲它，我已经许久不肯擦上一点点口红，可是它还是被我亲得有点灰扑扑的。此刻的你，在火车上还是汽车里呢？如果我不回来了，小熊，我曾经巴不得、巴不得，你不要松掉我的衣袖，在一个夜雨敲窗的晚上。好，同志，我要走了。欢迎你回台湾来。

爱人 三毛

　　这封信写得处处都是充满玄机，很多地方眭澔平都是在冥思苦想后才了悟三毛信中隐含的意义。其中最让眭澔平感动的是，一个如此自持自重的三毛，在最后的信中终于委婉地表达了自己对他的感情。

　　三毛特别喜欢小熊玩具，她认为每个真诚可爱并且能给予失意人最好慰藉的就是小熊。所以她就叫眭澔平为"小熊"。他们之间还互赠过小熊作为陪伴左右的礼物。

　　三毛是个内心极其丰富的人，任何人都很难真正地了解她，所以她内心很是孤独。眭澔平在第一次采访时，就曾经用"一个拥有三百七十五间客房的大旅馆"来形容三毛丰富的人生内涵和广博的见闻，每一个房间都可以展示出不一样的三毛。可是，真正能让她愿意交付这三百七十五间房门钥匙的又能有几人呢？

　　三毛曾说她的二百把钥匙已经给了荷西，但是因为与荷西无法沟通有关中国的事物，还剩下一百多把钥匙无人交付。对于一般人，最多也就是交付三把钥匙。但是，三毛在信中明明暗示要把自己的一百把钥匙交给眭澔平，可见，三毛在内心已经把眭澔平当作是心灵相契的朋友，而直到收到这封信前，眭澔平还浑然不知。

　　三毛在信中对眭澔平刻意用了"同志""爱人"两种称呼，这两个称呼更清晰地表明了三毛对眭澔平的情愫。因为他们在生前聊天时，曾对人生伴侣达成了共识，那就是"一定要既是浓情蜜意的爱人，也要是个志同道合的同志"。三毛在信中将这两个称呼交付与眭澔平，正是内心情感的表达。

　　既然如此，三毛为什么没有以身相许呢？这在她给文坛大师司马中原的一封信中可以找到答案："在台湾，有位深知我心的老弟，但他太痴太傻，我根本不可能嫁给他，但我不能不说'我真的很爱他'。"

三毛去世后，眭澔平带着对三毛的思念，下定决心一个人去完成两个人共同去旅行的计划。他用了二十年的时间，依靠着单人自助的旅行方式、倾尽半生积蓄走遍了全世界一百八十多个国家，包括三毛曾经走过和生活过的地方，探访了三毛曾经的足迹和一些挚爱亲朋。

他也帮三毛实现了很多生前的愿望。三毛住院期间，眭澔平曾去病房探望，三毛和他讲了好多自己想去却没去过的地方。比如百慕大三角、英国的麦田怪圈、亚马孙河、复活节岛等。这些地方，后来眭澔平都代她去看了、去经历了。在西班牙加纳利群岛，眭澔平听三毛的邻居和朋友们说，三毛很久以前就想可以把鱼翅当面条吃、把冰激凌当饭吃等，他就一一帮她实现。

为了怀念这位红颜知己，后来他还买下了三毛的房子，成立了三毛纪念馆，精心收藏了她的很多遗物，直至现在仍在苦苦支撑。

他写了很多旅行日记和怀念三毛的歌曲，后来汇集成一本书《三毛的最后一封信》，里面记录了二十个三毛的故事，填写了二十首纪念三毛的歌曲，收录了二十段三毛尘封的录音、二十幅为三毛创作的画卷以及二十年一百八十多个国家的旅行记录，为他们的友谊画上了完美的句点。从他的记录里，我们才得知，原来三毛真正的初恋并非人所共知的舒凡，而是另有其人。

他是个美国人，名叫梅坚。2009年，眭澔平去走访时，他在夏威夷大学担任教授。初见梅坚，这个开朗的美国人就给眭澔平唱了一首中文歌《如果没有你》，告诉他这是当年他和三毛在十七八岁时最喜爱的歌曲。

年轻时的梅坚是跟随担任美军顾问团陆军上校的父亲移居台北的。梅坚在一个基督教青年会担任英文教师，在那里结识了他的学生

Echo。那是1961年，当时的三毛刚刚走出自闭的旋涡，梅坚质朴的个性、对知识的热爱让两人很快熟识并成为朋友。

在梅坚的印象里，三毛是个又漂亮又有才华的女孩子，会画画，英文的表达能力也很强。年轻的他们有很多共同的爱好和话题，经常在一起看电影、逛街、聊天。三毛的热情和多情深深吸引着他，两个情窦初开的少男少女终于走到一起，而且得到了双方父母的认可。

梅坚经常被三毛带去家里听唱片、聊天，三毛的父母对他很是热情，他叫他们为"陈爸爸""陈妈妈"，陈妈妈还会给他准备很多好吃的东西。因此，梅坚对二老也有着很深的感情，即使三毛离世，他与二老也保持了相当长时间的联络。

梅坚只比三毛小三个月，年龄相当、两小无猜的感情令三毛和梅坚既欢欣也兴奋，彼此好像没有发生过什么矛盾。那时候，他们曾经一起读了《麦田里的守望者》，这本书成为影响他们一生的书。

但是，幸福的时光总是短暂的。在交往一年后，梅坚要去夏威夷大学学中文并主修数学，两人从此开始了异地恋的生活。

每到暑假，梅坚都会飞回台湾来看三毛。那时三毛会带他去台湾大学玩，两人还常去阳明山上三毛当年旁听就读的中国文化学院。三毛见到梅坚当然是欢喜的，嘴里就会不停地哼起当年流行的西洋歌曲《我的男朋友回来了》，要么就是唱她和梅坚共同爱着的"如果没有你，日子怎么过……"。

相隔千山万水，那时的通信和交通又不发达，最终这段感情不得不无疾而终。但是，梅坚却始终不能忘记三毛，不能忘记那段纯洁而美丽的初恋。1966年他再次去台湾学习时，还到三毛家看望了"陈爸爸""陈妈妈"。即使到了暮年，他依然偶尔会拈出那段闪亮的青春岁月不停地回味。

把她送进了教室。就这样，一大一小的两个人成了朋友，他们用手势、写写、画画知道了彼此的故事。

炊事兵对三毛呵护有加，每逢三毛当值日生需要担水，他都替三毛拎，一直把她送进教室。后来索性上下学的时候连书包都会替她背。他们养成了每天早晨必须见面打个招呼的习惯。

上课前，三毛会教炊事兵认几个字；放学了，三毛又找她的大朋友玩跷跷板。炊事兵怕自己太重，伤了三毛，每次都不坐上去，只是用手压着跷跷板的一头，听任三毛的指挥。他没有钱给三毛买礼物，就常常把芭蕉叶捡来做成方形的垫板送给三毛。三毛呢，也会送炊事兵礼物，有时是手工课的成果，有时是一颗小小的话梅。

三毛人生中的第一次打架也是为了炊事兵。炊事兵因为又聋又哑，常常被调皮的男同学打趣。有一天，三毛正在教炊事兵认字的时候，有个男同学趁炊事兵不注意，抢了挑水的扁担就跑。三毛看到，直接上去抓住男生就打，两个人撕扯中，男生的头碰到了秋千，疼得哇哇大哭去找老师了。一边的炊事兵只是心疼地替三毛拍打身上沾的泥巴。此时的他好想抱抱三毛，却忍住没动。

这种超越年龄的友谊在三毛满怀枯燥和恐惧的学校生活里填进了一丝色彩和快慰。但是，这种纯洁的友谊却被古板的老师所误解。她觉得炊事兵对三毛怀有不轨之心，不只去家里家访，还找来三毛让她不要再理炊事兵，否则就记大过、打她。这种威胁对于那个年龄的三毛来说就像是天要塌下来的祸事，从此再不敢与炊事兵打招呼、玩耍。

炊事兵不明所以，每次热情打招呼得到的回报却是三毛的躲避与冷漠，他只能哀哀地张望。这一天，他趁三毛作值日生打水的机会，又来替她拎水，三毛只好默默地跟在后面。快到教室时，炊事兵蹲下眭澔平发现，梅坚每天都习惯戴着宽沿的大草帽、穿着原浅蓝色牛仔裤，这样的打扮与夏威夷的都市繁华好像很违和。眭澔平忍不住问他为什么爱这样穿。梅坚回答：这样的装扮是因着他衷心向往农民质朴自然的生活风格。

这也是他与三毛最契合的地方吧。

三毛的生命里还有一个男人，他们的感情比友谊多一点，比爱情少一点。他的中文名字叫李柯。

2012年4月，优酷视频向观众推介了一本书——《三毛的回声》，其中有一句推介语引起了"三毛迷"们的关注，那就是：该书首次披露了他与三毛之间一段鲜为人知的恋情。这个"他"就是曾任中国国际广播电台"欢乐调频"节目主持，也是这本书的作者——美国人李柯。这本书的确写到了三毛与李柯十年的交往过程。

《三毛的回声》这本书是李柯本人的自传，而且只有一章写的是他与三毛的故事。之所以取这个名字，是因为他写这本书的动力源于三毛。他说："三毛的英文名字Echo，是回声的意思，虽然书中只有一章是记录我和三毛情感经历的，但当初正是三毛鼓励我创作的，她说一个会讲故事的人应该把自己的经历写下来，所以我把写这本书当作是完成三毛的一个愿望。"

李柯是1979年来到中国的，先后在台湾、香港、上海、北京等地广播电台做节目主持人。1981年，他经一个美国朋友的介绍认识了三毛，并且一见如故，颇为投缘，此后竟然保持了十多年的亲密交往。

这十年间，很大部分时间他们都处于普通朋友的关系。他们两人都是奔波之人，但是却一直保持着电话联系。三毛几个月会给李柯打个电话，有时是从台湾，有时又不一定是从世界的哪个角落打来的。

李柯去台湾时，都会去和三毛一块儿去逛街喝茶。位于樱桃山附近有个茶室，是他们的最爱。三毛在那里常常会微笑着为他演示茶道，他们就这样品茗谈心。

三毛是孤独的人，但她明确地对李柯说，和他一起，她感觉不到孤独。李柯就说，孤独的时候可以随时打电话给打。李柯看到三毛小臂上残留的当年自杀时留下的伤疤，也会心痛。

他们在一起八九年的时间，感情都没有往前走一步，因为李柯有情人。后来这个相处七年的女友背叛了他，令他心碎不已，也推着他向三毛迈进了一步。

那是1990年11月8日，因为同在香港，他们相约在港丽酒店见面。这一天，李柯向三毛表达了自己的思念和情感。看得出来，三毛很开心，她约李柯过一阵一起去周庄旅游，并说："我一直想知道，我们的感情能走多远，一起旅游也许能找出答案。现在，我们都恢复了自由身，都成了单身，我们的感情没有了障碍。也许我们在一起，是命运的安排？让一切都顺其自然吧。"

这天晚上，他们在海边散步，三毛第一次把手放进了李柯的手心里，李柯也第一次拥抱了她。三毛对他说，她很喜欢和李柯在一起，因为李柯从不要求她什么，可以让她做自己。

从那天开始，李柯和三毛经常通电话。他们谈去周庄旅游，谈三毛的《滚滚红尘》，商量着是否有结婚的可能。电话中的三毛似乎很快乐，李柯并没有感到她有任何异样。

1991年新年那天，李柯拨了三毛家的电话，可是，电话没有人接。第二天再打，还是没有人接。李柯没有担心，以为她去了父母家。他等着三毛的回电，却没想到等来的竟是三毛去世的消息。

1月4日傍晚，李柯正准备出门和朋友吃饭，一边穿衣一边看电视新闻，电视里播出的三毛去世的新闻让他呆在了那里。那之后好长一段时间，李柯都沉陷在痛苦中无法自拔。

后来，李柯一个人去了周庄。那里有一间三毛茶楼，他孤独地坐在靠窗的桌子边，眼泪一滴滴落进茶杯里。

李柯一直认为如果一卡不走，他们会结婚。至于，三毛内心是如何想的，无人可知。

也许，在三毛心里，虽然荷西逝去多年，仍然无人可以取代。

也许，不论是眭澔平也好，还是李柯也罢，都是一个爱却不能嫁的人吧。

第八章　无边的爱

博爱，是三毛人生的主题曲。

在她那里，爱是不分国界、不分年龄、不分阶层、不分性别的。

无论是对丈夫、父母、手足，还是朋友、邻居、陌生人，她都报以最真诚、最美好的爱与关怀。

特别是对那些处于社会边缘的人，她更是给予了极大的关注与同情，尊重他们，善待他们，想尽一切办法解囊相助。

她视每一个人为芸芸众生中平等的一分子。

无论是愚昧无知的撒哈拉威女人，还是漂泊异乡的台湾渔民，抑或是流落街头的日本商贩，即使是对奴隶、犯人、文盲、垂死的老人，她都能从他们身上看到生命的光芒和灵魂深处的渴望。

在她那里，

生命，怎样都美。

亲爱的三毛

我愿在这步入夕阳残生的阶段里，将自己再度化为一座小桥，跨越在浅浅的溪流上，但愿亲爱的你，接住我的真诚和拥抱。

——《亲爱的三毛》

三毛用她那雅俗共赏的文字、流浪远方的情怀，吸引了大量的读者。20世纪80年代，"三毛热"从台港横扫整个华文世界，也引领了"流浪文学"的崛起，使之成为当时最受学界关注的文化现象。

许多读者因为迷恋三毛、爱着三毛，常常以书信的方式寄托自己的仰慕之情。有一位读者的来信，非常精致。从信的外观可见是一张牛皮纸做成的，信纸用红丝线勾勒出边，上面有一个大红的盘花扣，左面一个"春"字，呈现出浓浓的中国风。打开来看，信上只有七个毛笔字：祝福中国，祝福您！没留姓名，只是这一针一线一笔的郑重，成为三毛收信中的极品，被她珍藏。

十几年中，三毛曾收到过上万封来自陌生读者的来信。三毛并没有像很多大牌人物一样，将这些来信束之高阁，而是每一封都亲自拆看，认真地阅读，也认真给读者回信。她在拆信的过程里看到的是一个个善良而寂寞的灵魂，所以她要善待他们，用博爱之光照亮他们前行的路。

那个时候，没有电脑，所有的回信三毛都是用手写的，加上身体不好，压力就感觉很大，总怕辜负了那些爱她的人。特别是荷西离世、她刚回到台北的那段时间，书桌旁竟有两麻袋的读者来信等着她。

看到三毛呼声这么高，《讲义》杂志特意为她开辟了"亲爱的三毛"专栏，陈宪仁也约她在自己创办的《明道文艺》上开设"三毛信箱"专栏。这两个专栏为读者与三毛之间架起了一座快捷的桥梁。三毛在专栏里并没有以生命导师的面貌出现，只是把这里当成一个朋友聚会的场所，只不过是换种方式谈天说地、共享悲欢离合而已。

对于这些陌生读者的来信，她诚挚坦率的本性依旧不变。有人问她不快乐的时候是否想到死，她可以勇敢说出有过两次。她在回复某大学生的信中，甚至细心到建议读者观察自己情绪的低潮是不是周期性的、生理性的，并劝她可以去咨询医生，还提出了运动、饮食等方面的建议。

给她写信的人三教九流都有，各个年龄段的也都有，她都一视同仁，怀着慈悲之心诚恳作答，写出了很多有建设性的回信。对此，三毛却说："回信之后，受善最多的人，可能还是我自己……这些信件，是一面又一面明镜，擦拂了我朦胧的内心。"

三毛一生永远都是这样怀着谦卑的心爱着每一个人、每一个生命。虽说有家庭宗教信仰的影响，但更不失为她的天性。在三毛的心里，生命本就没有高低贵贱之分，一样值得尊重和敬爱，即使是一只小动物、一棵欣欣向荣的植物，亦是如此。

两三岁的时候，看到堂哥们常常会用手碾轧蚂蚁，然后把它当成战利品收藏起来，就会很生气。她知道自己无力阻止，就去喊大伯母和妈妈。伯母和妈妈以为是堂哥欺负她，赶紧过来问。三毛说清楚缘由，长辈们都笑她的痴，一个老仆人却很感动地说：“二小姐真是慈悲心肠。”

三毛小的时候非常内向，朋友很少，因为年龄比其他同学小，更是显得有些不合群。可是，在念四年级的时候，她却收获了一段忘年交。这个忘年交不是什么博学的长辈，也不是有着悲悯之心的老师，他只是一个驻扎在学校里的部队炊事兵，而且还是个哑巴。

他们俩的结识是因为一头疯水牛。那天上学，不知为什么，一头疯水牛一直追着三毛跑，三毛一路飞奔终于安全进了学校、进了教室。可是，疯水牛却被引进了学校，在学校里乱跑乱撞。校长通过学校的广播让孩子们不要出教室，班里的同学用棍子把门顶上，防止水牛闯进来。

这时，班里的风纪股长却发现茶壶里没有水，就找值日生去厨房打水。三毛正巧就是那一天的值日生。牛在操场上发疯，风纪股长却逼她去打水，并威胁她如果不去就要记下来告诉老师。担心被老师体罚的三毛，硬着头皮拎着茶壶拼了命一样跑去厨房，接了满满的一壶热水出来。

一大壶热水对她而言，很重，又怕洒出来烫伤，没法再跑。想到疯牛，三毛胆怯起来，躲在角落里嘤嘤地哭起来。此时，驻军部队训练回来了，不费力气地就把疯牛赶走了。三毛这才肯出来，三步一走五步一停地慢慢向教室挪去。

就在这时，她遇见了那个身材魁梧、有着牛一样鼓鼓的眼睛的炊事兵。他放下肩上的扁担，接过三毛手里的大茶壶，示意三毛带路，身，用手指甲在地上画了十几个问号后，红着眼睛看三毛。三毛急得不知如何讲，又不愿意出卖老师，只是拍着自己的心口喊着："不是我！不是我！"然后就逃掉了。

部队终于要离开了，三毛从教室的窗户望向离开的队伍，极力寻找那个熟悉的身影，总是不见。突然，那个高大的身影出现在教室里、老师的身边，是炊事兵！三毛不顾老师的阻挡，一边跑出教室，一边打手势招呼炊兵出来。

炊事兵递给三毛一个书一样大的纸包，又紧紧握住三毛的手表示告别，然后就低着头急匆匆地追赶队伍去了。三毛看那纸包，上面写着炊事兵的名字和地址。打开来，是一大捧牛肉干。牛肉干那时非常珍贵，三毛只能在新年的时候才能得到一两片。

可是，这么珍贵的离别礼物，三毛还没来得及吃一片，就被老师夺走了。地址没收了，牛肉干喂给了学校里的土狗，因为老师说怕里面下了毒。喂土狗时，三毛看到老师的脸上挂着慈祥而平静的微笑。那微笑平时是那么难得一见。

三毛从此再没办法与炊事兵联系，长大后的她一直怀念着这个曾用心呵护自己的大朋友，她好想找到他给他寄一大捧牛肉干过去。那个憨厚质朴、有着无限爱心的炊事兵，成为她今生第一个辜负的人，这是她一生的遗憾，每每想起，自责、愧疚涌满全心。

三毛的朋友可以说是三教九流都有，她从不会戴有色眼镜看人，在她的眼里，即使是小偷、犯人、文盲，也都有他们可爱的、闪光的一面。

在撒哈拉沙漠期间，她有过一次考驾照的经历。考试地点的对面是沙漠监狱，里面关着的不是重犯，只是些为女人争风吃醋打伤了人或是喝醉酒打群架的人。这些犯人最爱的事就是站在天台上，看考场上的考生。

每当有单身的女子来应考，他们就会兴奋大叫："哇！小宝贝，美人儿，你她妈的好好考试啊，不要怕，有老子们在这儿替你撑腰……啧啧，真是个性感妞儿！"三毛听到这样的叫喊，也不以为忤，反而会不由得笑了起来。她说自己倒是很欣赏这些天台上的疯子，因为"起码我还没有看过这么多兴高采烈的犯人。真是今古奇观又一章"。

三毛第一次车试因为大意败下阵来，第二次认认真真地操作便通过了，毕竟她是个无照驾驶好久的"老司机"了。刚考完，就看见荷西从几十里外特意跑来向她道喜。

"咦！你有千里眼吗？"

"是刚刚天台上的犯人告诉我的。"

三毛当时就想，关在牢里面的人，不一定比放在外面的人坏。

之后，她还特意让荷西去给牢里的人送去了两大箱可乐和两条烟去。她说："我不低看他们，我自己不比犯人的操守高多少。"

沙漠里的撒哈拉威女人很愚昧，宁可病死也不会去看医生，因为医生都是男的。她们发现三毛这里有可以止痛的药，身上哪里痛了就会来找她要。三毛因为久病成医，对于一些小痛小灾倒也愿意帮忙。经她手用过药的女人和孩子，百分之八十真的做到了药到病除。慢慢找她的人就多起来，三毛俨然成了一个出诊的医生。为此，荷西还为她捏着一把汗。三毛却不忍拒绝，因为她实在是看不得那些女人受苦。

毕竟不是医生，三毛的手里没有那么丰富的药材和器械，不过，她还是运用自己的聪明才智为信任她的邻居们解除了一些病痛。十岁的邻居姑卡腿上长了核桃大的疖子，三毛给她用了消炎药和药膏都没用。她想到中国古书上曾经记载的方法，就用豆子捣成糨糊敷在疖子上，疖子没几天就好了。荷西为此赞叹说："你们中国人真是神秘。"

令荷西不解的事还有很多。三毛曾经用十五颗复合维生素将一个濒死的女孩救过来，还用指甲油给人补牙齿。房东的母羊生产后，身体内拖出来一块像心脏似的东西，三天也没有落下来。房东想要杀掉，被三毛阻止了。她把母羊拉到天台上，灌了一瓶葡萄酒下去，竟神奇地好了。她说这是偶然间听到农夫讲的方法，她竟然记住了。

最感动人的，是三毛对于每一个需要帮助的擦肩而过的陌生人，也都会倾尽全力。

在大加纳利岛居住时，三毛和荷西常去小渔港边的夜市逛。一天，三毛发现了一个卖非洲彩石项链的小摊，来了兴致，停下来询问价钱。那摊主却对三毛感了兴趣，用口语问三毛是不是日本人。三毛日语懂得不多，却勉强可以对话，告诉那摊主自己是中国人。然后，挑了两个项链付了钱就走。没走几步，那摊主就追过来，找回一些零钱给他们，说都是东方人，给打折。

两人接着逛夜市，但是三毛始终忘不掉那个流浪异乡的年轻的日本摊主，终是拉了荷西回转，邀请日本摊主去家里吃饭。于是，他们知道了他的名字——莫里，知道莫里背井离乡一个人生活，在一个偏僻的小街的水泥楼房里租了一个床位住。

三毛和荷西非常同情这个异乡人。只要做了肉类的食物，三毛就会用锡纸包好送到莫里的摊位上。莫里逐渐地安定下来，生意也做得不错。三毛在心里对他的牵挂才淡下来。

三毛和荷西因为租住的房屋太小搬了家。那段时间，三毛开始执着于画石头的生活，不分昼夜，不眠不休，终于身体又亮起了红灯。她不得不开始看医生、休息，就这样浑浑噩噩地过了几十天，才突然又想起了莫里。

等到身体好点，三毛就去港口找莫里。没有看到莫里，却听一个熟识的摊主说起了莫里前一阵的不幸遭遇。

原来，莫里去了次南部回来后所有东西都被偷走了，穷得只剩下身上穿的那件衣服，惨得饭都没得吃，又因为没有工作证，连给人洗碗都没人要。后来又是坐牢，又是流浪街头，终于因为生病倒在街上被人送去医院。莫里曾经期待三毛能来找他，可以一解燃眉之急，却没等到，加上不知道三毛新家的地址，就断了联系。

三毛听着心里充满了愧疚，觉得自己欠负了莫里。等到看见莫里出现在市场时，三毛艰难地向他走去。她对莫里做了解释，却觉得是那么的苍白，看着尼龙布上摆的一些廉价的小猫小狗，更是觉得愧对莫里。简单地几句寒暄后，她看到自己的女友马利亚在远处正带着孩子玩，就邀请莫里改日去家里吃饭，然后匆匆道了别，走向马利亚。她掏出一千元钱交给了马利亚，指着莫里的摊位，让马利亚过去把摊位上的东西都买过来。

过了几天，夜色已经很晚，莫里带着一个朋友敲开了三毛家的大门。他是来和三毛道别的，说要去巴塞罗那重起炉灶。三毛为了心里的那份愧疚，留下莫里和他的朋友，把家里所有的东西都拿出来，做了满满一桌子菜。就这样，终于有了一个圆满的离别，三毛才算心安。

三毛就是这样，在别人看来是自找麻烦的事，在她好像都是责任与义务。

在大加纳利岛居住的时候，他们的邻居是一个跛脚的瑞典老人。那老人名叫加里，自己一个人独住，因为脚趾已经烂掉，活动很难，所以从不出门，窗户也紧闭。他的家里堆满了空罐头盒子，连张床单也没有，只睡在一张软垫子上，衣服破旧得像抹布一样。

三毛自从看到加里的境况，就没法袖手旁观了。她每天给加里送做好的饭菜。然后，为了让加里得到正当的照顾，可以就医，她又去找其他的瑞典邻居、社区负责人，请求他们提供一些可能的帮助。但是所有人都觉得自己没有这个义务。

从荷西的本意来说，他也不想惹上这个大麻烦。但是三毛说，她不能不管，不能眼看着这个老人孤零零地死去。当然，只要是她要做的，荷西都会无条件配合。两个人抱着加里去了医院。为了保住性命，医生把加里的腿锯下了，三毛和荷西把老人的瑞典钱币换成西币支付了手术费。

手术后，莫里身上还是散发着臭气，护士和医生对他都是避之唯恐不及。三毛那几天，食不甘味，经常会跑去医院探望加里。一天晚上，加里突然用清楚的德文说自己好了，要回家。三毛去征求医生的意见，医生也说他恢复了，可以回家了。三毛高兴得竟流出眼泪来。

第二天一早，三毛和荷西去加里的房子换了新床单，把屋子收拾整齐，又去花园里剪了一大把野花，才开车去医院准备接加里回家。可是，到了医院，加里的病床上却空空如也。护士告诉他们，加里清晨就死了，已经被送去殡仪馆。

加里就这样带着自己的故事走了，留下三毛一直不知他为什么孤独地守在一个异乡的岛上过活。

这些并不重要。

对于三毛而言，人生何处不相逢，相逢何必曾相识。

哭泣的骆驼

　　每一粒沙地里的石子，我尚且知道珍爱它，每一次日出和日落，我都舍不得忘怀，更何况，这一张张活生生的脸孔，我又如何在回忆里抹去他们。

——《哭泣的骆驼》

　　三毛走遍千山万水，看尽人间冷暖，除了对那些被无视和欺压的人充满悲悯之心外，还有一份痛心耿耿于怀，那是为着自己的无能为力。这样的事情在撒哈拉沙漠是最多的。那里的撒哈拉威人有很多陈旧的风俗，存在着太多的不平等和落后观念。

　　最早给三毛带来心理上的冲击是，沙漠里的妇女那低到尘埃里的社会地位。撒哈拉威女人从没受过教育，也没有职业，甚至连自己的年龄都不知道。女孩子从七岁开始就要学着织地毯，一直织到她要出嫁，然后这张地毯就被卖出去，或者当自己的嫁妆，或者是给自己的兄弟作为未来娶妻的聘礼。

　　三毛看到这些妇女的无知，就想着自己能做点事情，虽然改变不了现状，至少尽一点绵薄之力。于是，她在家里开了个免费的女子学校，收了十几个女学生。她的教学很随意，有时教她们数数和认钱币，有时教她们一些简单的算术题，诸如一加一等于二之类的。

一天，有个女孩不好好上课，跑到三毛的书架边好奇地翻，抽出了一本名叫《一个婴儿的诞生》的书。这本书图文并茂，讲述了从受孕到婴儿出生的历程，内容生动有趣，立刻把屋里所有学生的注意力吸引过去。三毛索性放下当时正在讲的算术，开始讲起生命的起源这个课题。令三毛惊讶的是，有几个孩子妈妈看起来也是第一次了解生命的秘密，听得津津有味。于是，这个"家庭学校"又增设了两周的"生理卫生课"。

在这些女孩子中，三毛有一个最要好的，名叫姑卡，是房东罕地的女儿。她很活泼，也很美丽，还比其他的女人有些思想。三毛看她的相貌大概有三十岁左右，所以当她的父亲罕地告诉三毛姑卡只有十岁时，三毛实在是吃了一惊。

姑卡也有撒哈拉威人不讲理的一面。

有天晚上，三毛要和荷西去国家旅馆参加荷西公司举办的一个酒会。三毛找出了好久不穿的黑色晚礼服，用心地熨得平平整整，又戴上平日不用的稍微贵些的项链。酒会是八点钟开始，他们七点四十五分的时候开始穿戴，准备出门。

这时，三毛才发现原来放在架子上的纹皮高跟鞋不见了，却看到了一双黑黑脏脏的尖头沙漠鞋静静地立在自己的鞋架上。三毛一眼就认出那是姑卡的鞋子。她赶紧跑到姑卡家，生气地向姑卡要鞋子，还质问她为什么要偷自己的鞋子。

姑卡却一脸无所谓的样子，不慌不忙地找，翻遍了屋子也没找到，然后平静地对三毛说，可能是妹妹穿走了。三毛气不打一处来，又着急参加酒会，只能放了姑卡一马，回家换了棉布的白衣服和一双凉鞋去参加酒会了。在那珠光宝气的氛围里，三毛一枝独秀，被荷西的同事嘲讽为只差一根手杖的牧羊女。

姑卡来还高跟鞋，鞋子已经被弄得不成样子，三毛气得一把夺过来。姑卡见状竟也生气起来："你的鞋子在我家，我的鞋子还不是在你家，我比你还要气。"这句不着边际的话竟把三毛弄得哈哈大笑起来。

三毛逗姑卡："你再去问问所有的邻居女人，我们这个家里，除了我的'牙刷'和'丈夫'之外，还有你们不感兴趣不来借的东西吗？"

让三毛想不到的是，姑卡竟认真起来，"你的牙刷是什么样子的？"

这明明还是个不谙世事的孩子。

可是有一天，罕地夫妇来却找三毛，请求三毛告诉姑卡，她马上就要结婚了。三毛听了张口结舌，一个只有十岁的孩子，在台湾，还是向父母撒娇的年龄，竟要为人妻？！三毛对罕地夫妇说姑卡现在结婚太小了，结果罕地说他的妻子嫁给他时才八岁。三毛又问他为什么不自己对姑卡说，迂腐的罕地竟理直气壮地说："这种事怎么好直讲？"

按照撒哈拉威人的风俗，嫁女儿是一笔很大的买卖，可以有丰厚的收入。过去没有钱币的时候，聘礼囊括了羊群、骆驼、布匹、奴隶、面粉、糖、茶叶等一大单。后来有钱币了，聘礼直接就变成了钞票。姑卡的未婚夫送聘礼那天，三毛因为是女人不被允许参加，只能听荷西的转述。据荷西说，罕地用姑卡换来了二十万西币，相当于台币的十三万元左右。

过了几天，罕地要给儿子受割礼（犹太教和伊斯兰教的一种仪式，把男孩的阴茎包皮割去少许），三毛就跑去看。那时姑卡因为要出嫁已经很少出门了，三毛特意去她的房间看她。房间里还是破破烂烂的，满地都是破席子，只有姑卡的几件衣服是新的。三毛很奇怪，问姑卡结婚后带什么东西走。姑卡说，她不走，按照习俗，新婚女儿和女婿可以住满六年再走。这是唯一让三毛感到羡慕的事。结了婚还可以守在爸妈身边，以，的确是难得的幸福。

结婚前一天，姑卡不能留在家里，需要打扮好去她的大姨家里住。迎亲的队伍凌晨三点就要出发，这个时间沙漠里还很冷，三毛披着大衣恳求姑卡的哥哥带她一起去。小伙子还算开明，总算是答应了。

到了姑卡大姨家，三毛看见姑卡穿了一件有许多褶的大白裙子，上身却用黑布紧紧地缠起来，显得更臃肿。这是撒哈拉威人独特的审美，他们以胖为美。大姨是个很老的撒哈拉威女人，给姑卡编了三十几条细辫子，每根小辫子上都编入彩色的珠子，头顶还插满了五光十色的假珠宝。

新郎的年轻朋友们一点不客气，直接冲进姑卡的房间，粗暴地抓起姑卡的手臂就往门外拖。姑卡开始哭叫起来，但是这些人并不放手，等到门外，姑卡突然伸手抓了新郎的脸一把，那脸上立刻出现几个血道出来。新郎也不示弱，上手扭住姑卡的手指。

整个迎亲的过程就在这样的打骂、哭喊中进行着。三毛担心姑卡吃亏，一个劲儿催促姑卡上车、不要撕扯。姑卡的哥哥在一旁安慰三毛，说这是风俗，如果结婚不挣扎、入洞房不哭叫是会被人嘲笑的。

一个十岁的孩子，竟要这么早地面临从少女向女人的蜕变，三毛的心仿佛要沉到谷底。新郎入洞房后，三毛没有离开，她一直垂着头待在客厅里，等待着来自一个十岁女孩贞操被夺去的那声叫喊。不知过了多久，一声凄厉的"啊"的叫喊从屋里传来，那么痛，那么悠长，三毛静坐在那里，眼眶慢慢地湿起来。

过了一会儿，新郎拿着一块染着血迹的白布走出房来，他的那些朋友们一下子发出了暧昧的呼叫。在他们看来，这就是婚礼最圆满的结局，而三毛却再不想留在那里，她好像刚刚看完一场充满讽刺的悲喜剧，心里面五味杂陈。

婚礼是要举办六天的。在这六天里，姑卡不能出门，客人也一律不许看她，只有新郎可以自由出入。到第五天的时候，姑卡的妹妹来叫三毛，说姑卡找她有事。三毛本来就挂念姑卡，一听姑卡找她，不管三七二十一，掀开门帘就进了姑卡的房间。

姑卡看见三毛像见到久别的亲人，亲着三毛，让她不要走。三毛仔细看去，姑卡原来那胖胖的脸蛋竟在这五天内瘦得连眼眶都陷了进去。"给我药好吗？那种吃了没有小孩的药？"姑卡低声请求着。三毛面对这个满脸孩子气的新娘，毫不犹豫地答应了，并约定好这是两个人的秘密。

撒哈拉威人的男权主义就是如此的霸道，有钱的男人甚至会有几个老婆。三毛就听说一个大财主虽然上了年纪，却拥有四个美丽而年轻的太太。有一次，三毛有机会被邀请去这个财主家做客，但是因为太太们很害羞，三毛不得一见。不过，摆在她面前的银壶、银的糖盒、茶具倒着实让三毛神魂颠倒了好一阵。

那天，财主招待的都是西班牙白人官员的阔太太，三毛和荷西因为是财主堂弟阿里的朋友，才被邀请在内。财主招待大家吃骆驼肉，整个用餐过程都只有一个黑人男孩在忙前忙后。这个男孩很能干，被阿里指挥着生火、串肉、烤肉、搬椅子、买汽水，肉烤好后再用盘子给客人端上来，忙得团团转。

被一个小孩子来侍候，三毛的心里很不舒服，加上自己讨厌那些白人太太们做作的样子，索性就坐到那孩子身边去，一边帮他串肉，一边自己给自己烤肉吃。她虚心地向那男孩学习怎样串肉、怎样放盐、怎样扇火、怎样翻肉，那男孩因为有人这么看重他，高兴得脸都红了起来。

看到男孩子来来回回的忙碌，三毛终于忍不住去问阿里男孩是谁，为什么要做这么多的事情。阿里告诉她，男孩是奴隶，是家族世世代代传下来的。三毛追问奴隶的来历，阿里没办法，就把当地人蓄奴的方法讲给三毛听。原来，有的当地人在沙漠里看到有黑人就去捉，用棒子打昏，再用绳子绑一个月，黑人就不逃了；如果能把全家都抓来，那就更不会逃了。于是，这些黑人就沦为奴隶，成为可以买卖的财产。

三毛很气愤，在一个不允许离婚的国家竟公然允许蓄奴现象的存在。更令她难以接受的是，这些奴隶被主人派去做工，比如替政府修路、给别人家帮工等，工钱归主人，主人却不负责养他们。

因为这个缘故，与财主告别时，三毛道了谢就出来了，没有握手，也下定决心不再见面。走了一条街后，三毛偶然发现小黑奴跟在他们后面，三毛停下来，小黑奴立刻躲到一边偷偷地看她。三毛跑过去，从包里拿出两百元钱塞进小黑奴手里，说声谢谢就赶紧跑了。虽然她觉得用钱来表达情感有些低级，但是又想不出别的办法。

第二天晚上，三毛独自在家，听到有人轻轻地敲门。门打开，是一个穿着很破烂的中年黑人，头发已经花白。他谦卑地弯下腰，双手握在胸前，完全是拜谢的意思。那人不会说话，只是不停地打手势，又掏出两百元钱要塞给三毛。三毛明白了，这是小黑奴的爸爸。三毛没有接钱，也打手势告诉他，这是给他儿子的，因为他为自己烤肉吃。两个人互推了好久，哑奴才放弃，谢了又谢离开了。

几天后的一个清晨，三毛打开屋门，看见门外放了一棵滴着水珠的新鲜翠绿的生菜。三毛一下子就知道这是谁送的了。没想到一个几乎衣不蔽体的奴隶竟然用尽全力回报她那么一点小小的施予，这与她那些总是借走拿走她无数东西的邻居真是天壤之别。三毛为此对这个哑奴又多了一分敬爱。那生菜也舍不得吃，插在了一个大口的水瓶里，摆在客厅。

几个月后，她的房东罕地要在天台上加盖一间房子。听说雇了全沙漠最好的泥瓦匠来做，三毛就去天台上看，想不到竟是那哑奴。哑奴看见三毛过来，马上露出真诚的笑容，三毛则对他送给自己生菜表示感谢。哑奴竟打手势说："你们这种人，不吃生菜，牙龈会流血。"三毛惊异于哑奴竟然有这样的常识。

哑奴的确非常聪明。虽然两人用手势来交流，但是一直很流畅。他还能在地图上迅速找到撒哈拉和西班牙所在位置。

这一天，到了中午，温度高得令人难以忍受，待在家里都觉得烤人。三毛想到暴露在天台上的哑奴，就跑去叫他下来，给他找了一处阴凉的地方，铺上草席，让他休息、吃午饭。

她看到房东给哑奴的午餐只是一块干硬的面包，这种面包三毛是认得的，那是撒哈拉威人从军队要来的旧面包，平时都是磨碎了喂给羊吃的。三毛不忍心，为哑奴拿了冰冻的饮料和新鲜的面包吃。可哑奴呢，只是少少地吃一点、喝一点，他说，剩下的要留着给妻儿吃。

荷西见过哑奴后，有空的时候就跟着哑奴学手艺，一起做起泥匠来，还请了哑奴来家里吃饭。慢慢地，两人和哑奴成了朋友。沙漠里的人是看不起这些黑人奴隶的，他们喊他们是猪，还往他们身上吐口水，连小孩子也瞧不起他们。但是，哑奴在三毛和荷西这里找回了一些自信和自尊，见到他们也不会再弯腰鞠躬了，这令三毛很是欣慰。

哑奴还邀请三毛和荷西去他家里做过客。那是个一无所有的家，连一只喝水的杯子都没有，只有一个呆傻的妻子和三个年幼的孩子。看到这样的光景，三毛甲是经常竭力帮助哑奴了，她常常会给他拿一些食物、饮料、布料、一大把糖果、生火的炭等。在物质极为贫乏的环境下，三毛能做的也只有这些了。

哑奴是个极懂得感恩的人，他虽然贫穷但却有着自己的尊严，总是想尽办法以自己的方式回报给三毛夫妇。看到山羊把三毛家的天棚踩坏了，他就悄悄地替他们补好；夜晚会偷了水来把三毛的车洗得锃亮；刮大风了，他会马上替三毛收好衣服，放在干净的袋子里，拉起天棚上的板，扔进三毛家里。

三毛与荷西看着这善良的哑奴，从心底想帮哑奴找回自由，但是终是不得其法，又怕真有了自由哑奴又失去了谋生的手段，事情就这么延宕下来。

这一天，姑卡突然跑进三毛的屋里，告诉三毛，哑奴被他的主人卖到了毛里塔尼亚。因为哑奴能干，会管羊，也会接生小骆驼，所以有人要买他。现在买卖双方正在谈价钱。

三毛当时气得跳起来，脸上变了颜色。她急匆匆地跑到外面，看见门外停着一辆吉普车，哑奴手脚被绑了，坐在吉普车里。三毛急得冲进邻居家，看到那个大财主正和一群穿戴很好的人坐在一起，谈笑风生，一看就是谈判很顺利。

三毛知道一切都无法挽回了。她跑回家，把所有的现金都拿出来，又扯下铺在床上的大沙漠彩毯，跑向吉普车，把钱和毯子塞进哑奴的怀里。这一次，哑奴没有拒绝，他跳下车子，迈着小小的步子向家里跑去。那些看管哑奴的人抓起一条大木板就去追，三毛也紧张地跟着跑。

最终，哑奴把彩毯和钱留给了妻儿，自己却被重新抓进吉普车远远地离开了。三毛的眼泪也随着远去的车肆意地流淌下来。她知道，这个朋友今生是不能再见到的了。

不久，沙漠里民族自决的号角已经吹响，三毛也要离开沙漠了。

三毛的心有一丝沉重。毕竟，在这里，她的幸福人生才得以绽放。那一夜，她睡得很不安稳。

早晨，女孩子们又早早候在门外，等着三毛为她们上课。

三毛幽然地对她们说：今天放假，不上课。

女孩子们却不肯走，啪啪地打门。

三毛只好打开门，叽叽喳喳的说笑声一刹那又充满了屋子。

再讲一次吧——

也许，这是最后一次了。

骄傲的姿态

我从来没有跟这么优雅的上一代跳过舞，想不到他们是这样地吸引我，他们对生命的热爱，对短促人生的把握，着实令我感动。

——《稻草人手记》

撒哈拉，是二毛深爱的土地，她爱它的辽阔，也爱那夜晚的繁星，唯一让她深恶痛绝的就是那里的一些陈规陋习，痛恨这些陈规陋习所造成的不幸与灾难。姑卡让她心疼，哑奴让她悲悯。

在这个迂腐的环境里，只有一个人可以与她对话，那就是沙伊达。她仿佛是一股清流，让三毛在荒芜而无知的沙漠里看到一片绿洲，虽然很孤单，很微小，却足以让三毛饥渴的心灵得到一丝慰藉。

其实，沙伊达，不过是一个普通的撒哈拉威女人而已。她十六七岁的时候父母双亡，被医院里的嬷嬷收养，后来被培养成为医院的助产士，接生的技术在沙漠里是数一数二的。

虽然是孤儿出身，也没有受过正规的教育，沙伊达却是一个聪慧、有主见、有思想的女子，加上长得异常美丽，身上散发着一种迷人的魅力，为许多男人所倾倒。就连三毛第一次见了也是呆立了很久。

　　沙伊达是沙漠里最能与三毛在精神上达到契合的女人，因此，两人在一起时亲如姐妹，也无拘无束。三毛经常在火热的下午，带着零食开车去医院找沙伊达。两人跑到阴凉的地下室里，在浓浓的消毒水的味道里，一边吃着零食、缝着衣服，一边谈天说地，上下古今、天文地理。

　　三毛喜欢沙伊达，因为她的举止不像一般的撒哈拉威女人那样懦弱、羞怯，也不会躲避男人。她会与男人正常的交流，到朋友家做客即使有男人在，也会摘下面巾大方面对。就因为这样，她遭到很多撒哈拉威人的排斥，他们骂她是婊子，诽谤她到处和男人睡觉。

　　三毛也亲耳听过一些流言。那天，女孩子们照例到她家来上课，空闲时聊起天来，主题就是沙伊达。她们说有个叫阿吉比的男人爱沙伊达，沙伊达并不爱他，却要和他说话。阿吉比拼了命地去求沙伊达，沙伊达却变了心，与另一个叫奥菲鲁阿的男人好上了。

　　奥菲鲁阿，三毛是了解的，也是她的朋友之一。那是一个年轻英俊的警察，接受过高中的教育，敦厚和气开朗，非常讨人喜欢。而那阿吉比呢，是个商人的孩子，一天无所事事，却依仗着父亲的财势，在镇上作威作福，三毛清楚，沙伊达不可能与他有任何瓜葛。

　　看到大家背后这样诽谤自己的朋友，三毛心里很不是滋味。她劝沙伊达，既然喜欢，就尽快与鲁阿结婚吧，免得总是被流言蜚语所困扰。沙伊达只说鲁阿不是自己的男友，然后就一副有苦难言的神情低头不语了。

　　当时，沙漠里的局势非常严峻。撒哈拉威的游击队鼓动族人闹着要民族自决，隐藏在阿尔及利亚开始酝酿立国之事；西班牙对于是否放弃还没做出最后决断，摩洛哥国王那里又开始蠢蠢欲动了，大有瓜分沙漠之态。

镇里的撒哈拉威人被游击队煽动得已经按捺不住，到处贴满了赶走西班牙、不要摩洛哥、要独立的标语。因此，小镇里的西班牙人和撒哈拉威人也有了剑拔弩张之势。就连邻居小孩子因为童言无忌，都当着三毛的面说游击队要来杀三毛、杀荷西。三毛一方面感到难过，另一方面内心又充满了恐惧。

一天，鲁阿来到三毛家里，请求三毛和荷西帮忙周末的时候带他出镇回家。鲁阿的家在大漠里，三毛和荷西之前去过几次，与他们家相处得非常融洽，鲁阿的父母和弟妹待他们如亲人一般。但是，现在的局势，谁能保证他们在路上不被游击队抓住，把他们当作仇恨的靶子呢？两人很是犹豫。

鲁阿这里却一再地请求，说如果没有他们的帮助，他一个撒哈拉威人没有通行证可能不被允许出镇，而这一次可能是全家人在大乱前的最后一次团圆。三毛和荷西听了，不再拒绝，只要求鲁阿保证他们傍晚就回来。

星期天，三个人早早起身，荷西开车，出了阿雍城，直奔大漠而去。通过城关时，把守的卫兵善意地提醒三毛和荷西，要小心巴西里。巴西里是游击队领袖的意思。一路上，两人一直心怀忐忑，直到远远地看见鲁阿家褐色的大帐篷，一直悬着的心才终于放下来。

鲁阿美丽的母亲哈斯明和两个妹妹急急地跑过来，带着沙漠里火一样的热情来迎接他们。三毛见状，心也开朗起来，把给鲁阿家的礼物都搬出来，家里顿时有了太平盛世里走亲戚的氛围。

鲁阿的父亲是个族长，满头白发，坐在那里向他们举手示意。三毛向老人行了沙漠里最尊敬的礼仪才走过去坐下。这是三毛在沙漠里唯一用最尊敬的礼仪问候的人。老人从兜里掏出一对沉沉的银脚镯递给三毛，站在一旁的鲁阿替父亲解释说："每一个女儿都有一副，妹妹们还小，先给你了。"其含义不言而喻，在这个族长眼里，三毛是似女儿一样的人。

外面，哈斯明带着儿女们在准备当天的食物，杀了两只羊羔，还做了一锅"古斯古"（一种沙漠里的面食）。三毛觉得准备得太多了，吃不了的。哈斯明告诉她，一会儿还有五个儿子回来呢。这倒着实让三毛吃了一惊。来了这么多次，她从来不知道，这个家里还有另外五个孩子。哈斯明解释说，他们已经走了很多年，期间只回来过一次。

不一会儿，一辆土黄色的吉普车卷着黄沙开了过来，车上下来五个蒙面的男子。进了屋子，五个男子摘下面巾，露出与鲁阿一样英俊的面孔和一口整齐的白牙；再脱去外面穿的宽袍子，五件土黄色的游击队的服装赫然露出来，刺痛了三毛的双眼。三毛与荷西对望了一下，石化在那里，心里满满的被骗的感觉，血一下涌到了脸上。

鲁阿看着他们二人惊愕的神情，涨红着脸向他们解释，要他们放心，这只是一次家庭聚餐，绝没别的意思。哈斯明也赶紧一边劝慰三毛，一边叫三毛一起去外面割肉，以缓解这尴尬的气氛。鲁阿的一个哥哥走过来，握住荷西的手，诚恳地说："其实鲁阿要出镇还不简单，也用不着特意哄你们出来，事实上，是我们兄弟想认识你们。"三毛和荷西的顾虑这才彻底打消。

气氛重新活跃起来。在鲁阿的哥哥中，三毛特别注意到那个二哥，其神色、气度在这个沙漠里显得那么超凡脱俗、与众不同。席间聊起政局，三毛劝他们不要过于理想主义，打游击可以，但是要靠他们这个仅仅七万人的民族来立国还是有些杯水车薪。可是，哥哥们认为她太悲观了，而且他们觉得只要尽了力，成败都无所谓。

　　眼看太阳西下，荷西和三毛起身告辞，鲁阿家人都有些恋恋不舍。特别是哈斯明，一边包了一条羊腿一边近乎哀求地希望三毛再留一会儿。三毛说下次再见。哈斯明却一口咬定他们不会再回来了，撒哈拉威人也不会有独立的一天，她的孩子们只是在做梦。

　　上了车，鲁阿的二哥突然走近三毛，悄悄地对她耳语道："三毛，谢谢你照顾沙伊达。""她，是我的妻，拜托你了。"然后一转身大步走开去。三毛豁然开朗：为什么沙伊达与鲁阿走得那么近，为什么她总感觉沙伊达对自己有什么隐藏？一下子就明白了。她也为沙伊达高兴，因为，在撒哈拉威人里的确只有这个二哥能与她相配。

　　回去的路上，鲁阿终于给他们吐露了二哥和沙伊达的故事。二哥，就是西班牙和摩洛哥政府到处寻找的游击队的巴西里。他与沙伊达已经结婚七年，但是因为沙伊达信奉天主教，不能让父母知道，这是为族人所不容的。另外，巴西里也怕摩洛哥人劫了沙伊达作为要挟，所以不敢向外人说。他们就这样一直做着隐蔽的夫妻。

　　三毛听了，心里不知为何产生了隐隐的不安，为巴西里，也为沙伊达。

　　不久，联合国派了人来到沙漠，调查撒哈拉威人民族自决的问题。西班牙总督做出大方的姿态，表示支持撒哈拉威人自决，这使得撒哈拉威人与西班牙人再一次和好如初。撒哈拉威人对自己的前景异常的乐观。三毛却觉得他们是在飞蛾扑火，沙伊达可能也是撒哈拉威人里最清醒的那个，她说："关键在摩洛哥，不在西班牙。"

　　果不出所料。摩洛哥终于招募了两百万的军队向西属撒哈拉进军，疯狂地向边界逼近。眼看战火就要烧起来了，西班牙政府开始紧急疏散自己的子民，荷西每天都在公司的浮堤上帮忙撤退军火、军团。

没几天，镇上开始三三两两地飘起摩洛哥的旗帜，连邻居罕地家的平台上也升起了一面。三毛对罕地的行为灰心得几乎流下泪来，罕地却无奈地说，为了家里的妻儿老小只能如此。唯一让三毛得到一丝安慰的是，姑卡的丈夫阿布弟不愿苟活，去投奔了游击队。

三毛这里也随时等着荷西通知她离开的消息。离开的消息还没来，却在一天晚上等来了沙伊达和巴西里。沙伊达惊恐地发着抖，巴西里跌坐在椅子上向三毛要东西吃。三毛担心罕地会去告密，把他们推进了没有窗的卧室。巴西里郑重地把沙伊达托付给三毛，希望三毛把沙伊达带走，因为摩洛哥人已经知道他有妻子在镇上。之后，他怕连累三毛，径直离去了。

这一次见面，三毛也知道了沙伊达和巴西里有一个孩子，由医院里的嬷嬷带着第二天先去西班牙。一夜无眠后，沙伊达早晨坚持要回医院看看孩子。三毛无奈，就和她约好，下午由三毛去接她，一有机票的消息，立刻就走。

五点多，三毛开车去接沙伊达，路上遇到交通管制，一打听，竟然说是因为巴西里死了，而且还是自己人打死的。三毛听了这消息，如同五雷轰顶。她强打精神，开车去医院找沙伊达，沙伊达不在，嬷嬷和孩子也早就走了。她又开车去撒哈拉威人聚集的广场去找，终于从一个卖土产的老人那里打听到了惊人的消息：晚上，撒哈拉威人将审判沙伊达，因为她把巴西里出卖给了摩洛哥人。

三毛清楚，沙伊达被陷害了，可是自己又想不到什么办法。就这样，在懊恼、难过的情绪中，三毛开着车跌跌撞撞地回到了家。姑卡又跑进来，告诉三毛，晚上八点半沙伊达要被阿吉比那些人处决。三毛一听就明白了，阿吉比不过是借着这个乱世故意整死他追求不到的女人罢了。

　　三毛打听好会审的地点，八点多就开车直奔过去从来不愿去的杀骆驼的屠宰房，那里常年回响着骆驼的哀鸣，白骨撒满了沙谷。可是这一天，挤在那里看热闹的人潮把骆驼的哀鸣也淹没了。

　　八点半不到，一辆吉普车匆匆开来，三毛看到了里面一动不动的苍白的沙伊达。三毛想叫她，向她挥手，但是人太多，她在里面是那么的渺小，声音和手势完全不能发挥作用。

　　沙伊达被阿吉比拖着头发从车上拽下来。没有什么会审，沙伊达的衣服直接被当众撕破，赤裸的胸部展露在众人面前……

　　三毛感觉自己无法动弹，想叫叫不出，想哭没有泪，不忍看，眼睛又直直地望向沙伊达移不开……就在这时，一个人像豹子一样蹿过去，拉开压在沙伊达身上的人，拖着沙伊达往后退。三毛看清楚了，那是鲁阿，他于里拿着一支手枪作防卫。但是终究是人单势孤，那七八个恶棍拿着刀扑上来，沙伊达在混乱中狂叫着："杀我，杀我，鲁阿……杀啊……"

　　几声枪响，人群惊叫奔逃，三毛被人推倒、被人踩过。一阵混乱之后是死一般的宁静，三毛终于可以坐起身。周围的人群已经散去，不远处，阿吉比正被人扶上车，车子一溜烟就消失了。只留下三毛自己，还有不远处躺着的两具尸体。那是她的朋友鲁阿和沙伊达。

　　这天夜里，三毛无数次从噩梦中醒来，每一次醒来，她都忘了自己身在何处，眼前只是不停地飘过沙伊达、鲁阿和巴西里那美丽而哀伤的面孔，偶尔仿佛又见他们在身边凝神端坐。

　　他们是三毛敬爱的人，她爱他们在这贫瘠而衰败的土地上，活出骄傲而不屈的姿态，用坚定的信仰滋润着自己年轻而美丽的生命。

　　她以为，只有在乱世才能有这种她遥不可及的生命姿态，没想到，当她离开沙漠，在加纳利群岛居住时，再一次被另一种生命姿态所震撼。而这一次，令她震撼的竟是一群已步入夕阳的老人。

在大加纳利岛，她和荷西居住的地方是北欧人、德国人聚居的地方，而且大部分都是七八十岁的老人，大概是因为这里风景和气候都宜人，就选了来这里养老。

最初，三毛对这些老邻居做好了老死不相往来的打算。年龄那么大，肯定玩不到一起、说不到一起嘛。荷西不在家的日子，她只是在去镇里买东西的时候和镇里的人说说话，从不与邻居交流。

但是，不交流并不代表不好奇。她注意到自己居住的社区里，有一个瑞典的老人每天推着小垃圾车在窗下过，从清早就出来，一条街一条街地扫，然后还要用抹布用力地擦。有政府的人告诉她，这老人是主动提出免费打扫街道的。

有一天，海风很大，三毛看到窗外飘落了好多白花。那老人竟一朵朵地拾起来，海风一吹，花又落下来，他就不厌其烦地捡。就这样捡了二十多分钟还不停，三毛忍不住过去帮他拾花。两人自然而然地有了交流。那老人对三毛说："这个社区总得有人扫街道，西班牙政府不派人来扫，我就天天扫。"

三毛心里叫他老疯子，可是，从此，她自己却每天等到老人出现时，就会和"老疯子"一起把自己住的这半条街扫干净。

还有一次，三毛开车回家遇见一对德国老夫妇提着菜往家走，三毛的悲悯之心又发作，搭了两夫妇回家。一天，那对老夫妇邀请三毛一起去海边看日落，三毛看着这两个加起来有一百八十岁的老人，心里其实很不愿意。想着这样的散步不知会拖拖拉拉地多慢，但是又不忍拂了他们的好意，便一起去了。

三个小时后，他们回到了家。三毛是跛着脚回来的，脖子上围了老太太的手帕，身上穿着老头的毛衣，一屁股坐到家里的石阶上累得不行。那对老夫妇摆出胜利者的姿态教导三毛以后要常常走路。

邻居还有一个七十多岁的孤寡老人艾力克，每天带着工具为邻居们修修补补，一毛钱不收，乐在其中。三毛因为让他帮助修车房的门，与他熟络起来。

一天晚上，他邀请三毛晚上参加自己举办的音乐会。参加音乐会的都是周围的老年邻居，乐器有笛子、小提琴、手风琴、口琴，还有老太太纵情高歌。一个老人竟俏皮地邀请三毛共舞。三毛为他们的热情所感染，为这样美丽的生命所感叹。

在这样一个老年社区里，三毛没想到，自己所感受的并不是寂寞与悲凉；相反，却处处充满了人生的智慧和灿烂的色彩。

三毛岛上的生活，也因此而丰富灿烂起来。

第九章 随心而动

三毛的笔从来只听命于自己的心。

她的作品最大的特色就是纪实和抒发自我。

虚构、浮夸从来不是三毛的风格，她只写真实的生活和真实的自我，她的素材亦都源于自己以及她生命中触手可及的人和事。

她用平实的语言，从"我"出发，以"我"为中心，将一个个感人肺腑的故事娓娓道来。

这种独特的写作个性，也让她的作品风格随着她的生命轨迹而发生不同的变化。

青春期的她是迷惘的，作品自然显示出晦涩、灰暗、低沉的气息；与荷西在一起的六年，她的作品终于爆发出蓬勃的生命力，充满了欢快、明朗的笔调。

荷西逝后，历经人生沧桑的三毛开始在流浪中回归，用淡泊、平静的心来面对自我，作品也越来越多地走向对生命真谛的思考。

写作，在她，永远是一种随心而动的自由。

迷失在雨季

岁月的流失固然是无可奈何，而人的逐渐蜕变，却又脱不出时光的力量。

——《雨季不再来》

三毛的写作天赋是与生俱来的，上小学时写的作文就常常被老师当作范文。

长大后，她的这一天赋有了更广阔的天地去施展。

1962年，三毛因顾福生的推荐，得以在白先勇主编的《现代文学》上发表了她的处女作《惑》，当时的她只有十九岁。受此激励，她在远走西班牙前又写了几篇短篇小说和散文，分别发表在了《皇冠》《幼狮文艺》《中央副刊》上。

20世纪70年代，成名集《撒哈拉的故事》出版后，她又将自己少女时期的成长经历写成文章，连同早期发表的那些作品，一同汇总在一部文集里，取名《雨季不再来》。

在她看来，虽然这本书里的故事并没有撒哈拉的故事那样有趣精彩，还包含着一些幼稚的思想和不成熟的技巧、不愉快的经历，但是也许，她只是想让喜爱她的朋友们更多地了解她，看到她如何从一个不堪风雨的温室花朵成长为一棵可以支撑起一个家、经受风沙磨砺的坚强大树的。也或许，她是希望读者能在她从二毛变成三毛的蜕变经历中得到启示，相信生命就是一条流动的河，时间可以塑造一切、改变一切。

《雨季不再来》这本书，记录了三毛从十七岁到二十二岁少女时代的成长过程和内心体验，呈现出她早年敏感脆弱又过分执着的性格，带着一份生涩的认知，同时也带着对生命的意义和生活的价值孜孜以求，又终不得解的痛苦。这种痛苦，这份对人生的困惑与迷茫，驱使着她上大学时出人意料地选择了哲学这一专业。

这一时期，她的文字里充满了不堪回首却又刻骨铭心的回忆。那时的她彷徨过，失意过，痛苦过，放弃过，无所适从的心让她彻底迷失。就像她在《惑》里所写："我从哪里来，没有人知道，我去的地方，人人都要去……风呼呼地吹，海哗哗地流……我去的地方，人人都要去……"

写这篇稿子时，正是她刚刚迈出自闭的大门、跟着顾福生学画的那段时间。文章里丝毫没有年轻人应有的朝气和热情，只弥漫着"死亡"的味道，让人感受到极度的压抑、无助，还有凄厉，充满了忧郁、苍白、灵性的气息。

《惑》中的主角"我"是一个精神病患者，她被病痛和噩梦所折磨，整日处于沉郁、幻觉的精神状态里，像断线的风筝，找不到所依。每天在她脑子里萦绕的都是一个名叫"珍妮"的女孩，嘴里唱的就是三毛所写的那句歌词：我从哪里来，没有人知道，我去的地方，人人都要去……

珍妮的创作原型源于三毛曾经看过的一部美国奇幻电影——《珍妮的画像》。影片讲的是一个为生活挣扎的名叫Eben Adams的画家，因为经济萧条，生活在破产的边缘。在一个冬日，他偶然遇见了一个叫珍妮的小女孩，画家为珍妮画了张速写，出乎意料地，这张画被一个画店老板看中并买下，还约请他再画一些这样的画。之后画家断断续续遇见了几次珍妮，并以她为模特画出了一幅又一幅作品，在这过程里，两人之间产生了一种特殊的恋情。终于，有一幅画像被收藏到了博物馆，画家的生活也得到了改善。而此时，珍妮却消失不见了。

这部电影是20世纪40年代好莱坞的一部优秀影片，渲染了非常强烈的悲剧性与宿命感，一个落魄画家和一个身世缥缈的鬼魂的恋情也充满了未知和无奈，是又一部"人鬼情未了"的翻版。

三毛小的时候曾经看过这部影片，情节记得并不清楚，只对珍妮那阴郁、伤感、不带人气的声音留下了深刻的印象。她在《惑》中所写的"我"因一直陷在珍妮那凄凉的歌声里无法自拔而处于精神崩溃的状态。但是她又反感别人把她当成病人。如果有人说她有病，她就会变得更加无所适从、歇斯底里。她想摆脱珍妮，但是那歌声始终在呼唤她走近珍妮，你中有我，我中有你，合而为一。

正如她的朋友陈若曦所说，这篇文章实际上是三毛在倾吐自己自闭时期的心境。她因为墨汁事件也的确患上过严重的心理障碍。从《惑》中我们可以感受到三毛当时那种内心的挣扎和绝望，看到她潜藏在内心的想要走向"天堂"的强烈渴望。

那段痛苦的时光，后来被她填进一首歌词中，名叫《轨外》，收录在唱片《回声》的专辑里。歌曲前，三毛自己有段独白，这样说："没有上学的日子持续了七年。对于一个少年来说，那造成了生长期的一个断层。以后，那七年啊有如一种埋伏在身体里的病。一直到现在，仍然常常将自己禁锢反锁在黑暗中，不想见任何人。"

三毛在写这些早期作品时，并没有什么成名的欲望和想法，她只是想宣泄自己的情感，更重要的是，这些作品的发表可以帮助她找回在这人世活下去的信心和勇气。

在这些作品中，三毛用自己略显青涩而稚嫩的笔触抒发出那种驱之不散的愁苦和自怨自艾的心情，充满了对人生虚幻的无力感、失落感，少女的忧郁、少女的烦恼、少女的迷惘和苦闷是那一时期作品的总基调。

但是，对于一个自卑自闭的孩子而言，她又不愿将自己的情感直言不讳地展现给他人看，也不愿意别人窥见她的内心，因此，她在创作中刻意地使用一种含蓄、委婉、晦涩的写作手法，借助景物、借助他人的故事来寄托自己的痛楚。

她笔下的蝴蝶，重要的不是色彩斑斓的模样，而是朝生暮死的悲凉；她笔下的黄昏不是夕阳西下的壮美，而永远是雾蒙蒙、阴沉沉的；与之相反，那个她逃学躲去读书、无人光顾的六张梨公墓，却是宁静、温柔又安全的所在。

在她笔下，周围人的色彩也是灰暗的。《蝴蝶的颜色》里，她把那些一起上学的同学们上学时的情景描写成"一个一个背着大书包穿着黑色外套和裙子的身影微微地驼着背"；《吹兵》写对不通人情的老师的失望与憎恶，对自己辜负炊事兵的满满的歉疚；《紫衣》写母亲在大家族中无法做自己，痛失好不容易争取来的与同学相聚的机会，她也因此对母亲怀有一份怜悯与不平。

顾福生的出现是三毛这一时期的一个重要转折点，她的生活里开始有了些色彩，但是童年的阴影始终没有消散，笼罩在她的意识里，还是会时时冒出头来让她失了方寸，又回到她封闭的世界里来。特别是顾福生的离开，对她是个重重的打击，也带走了她一部分的灵魂。

1967年，她在《人间》的副刊上刊登了一篇文章，名叫《极乐鸟》。文章虽然以给一个叫"S"写的信为名铺开，里面也虚构了一些故事和情节，但是我们却能从她的大部分叙述中看到顾福生的影子。比如学画油画、那件深红的毛衣、大大的阔叶树、签在画作上的Echo，还有纽约，这些标签明明白白地就是属于顾福生那个人。

顾福生让三毛认识了什么是一见钟情，但是在她自卑的心里，这位恩师又永远是个遥不可及的存在。《极乐鸟》也许就是三毛想借着文章疏解自己无法表露的情怀和对老师深深的怀念。只不过，那时的她，没有明朗的心情和足够的智慧来处理和面对自己的情绪。于是，她在里面描写的S，与她一样有着自杀的情结，与她一样都在透支生命。

三毛一生的绝大部分作品都是纪实的，只在早期创作了几部短篇小说，这似乎与三毛"我手写我心"的创作原则不符。但是，如果仔细研究会发现，虽然小说中的故事和人物是虚构的，但是心境和情绪却完全来源于三毛的内心，只是又一种模式的心灵寄托而已。

《秋恋》《月河》《雨季不再来》，这几部小说都是以爱情为主题的，内容里虽然充满浓浓的情，但是结局却都是悲剧性的。青春期的三毛，对爱情的认知本就是浪漫中透着悲剧。

她的爱情故事里大多都是一见钟情式的，就如1963年发表在《中央》副刊上的《秋恋》。故事中的男女主人公，相遇在法国的一家咖啡馆，一个寂寞孤独的女孩，遇见了一个深刻多情的当海员的男孩，就这么爱上了。但是他们的恋情只有两天的时间，吻过，拥抱过，祝福过，然后只能是永别，两人又奔前程，像落花、像流水，一切终将过去。

同年，三毛又在《皇冠》杂志发表了一篇短篇小说《月河》。《月河》中的主人公林珊和沈是同一个校的学生，都画得一手好画，两人的画曾经在一起被展出过，所以互相知道已经很久了，也倾慕已久，只是苦于无缘相识。终于，在参加一个女同学的生日舞会时，两人结识并在一起跳了一支舞。

就在那舞池里，虽然没有说什么，他们的心灵却发生了激烈的碰撞，眼神交汇在一起，怔怔地望着彼此，在一刹那成为最亲的人。然而，舞会结束，他们却没有道别就分手了，此后也没有机会再见面。直到一天中午，沈来了电话，告诉林珊他要去美国了，还向林珊要了地址，说会写信给她。林珊的心觉得像被什么掏空了一般，大脑也像失去了意识一样不能自主思考。

沈走的那些日子，林珊对什么都很厌倦，只想靠在窗口吹风，或者是抱着猫咪晒太阳。几个月过去了，沈没有来过一封信。她痛恨自己固执地将自己托付给一个远走他乡的人，却又情不能已。终于，信来了，这段感情也有了结局。沈的信中没有一句伤害她的话，但却把两人之间交流的门紧紧地关闭了。

这篇小说发表的时间是1963年8月，第二年，三毛有幸成为文化学院第二届的学生。入学后，三毛对高她一届的戏剧系才子梁光明产生了仰慕之心。她对梁光明那个时候的思慕之心像极了林珊。只是她要比林珊勇敢，主动创造了与梁光明相遇、结识的机会，还主动将自己家里的电话给了梁光明。他们的爱情由此开始。

虽然在任何文章及资料里我们都看不到两人之间的情感如何，但是从陈嗣庆的一些言语中，我们可以看出因为三毛的敏感任性，加之当时自卑的心理，两人的感情也是经历了很多冲突和矛盾，最终还是以分手告终。

1966年9月，三毛在《出版月刊》上发表了一篇小说《雨季不再来》。这是一篇写失恋的小说，主人公"我"一直在苦苦等待恋人的回心转意。文中男主人公的名字虽然叫"培"，但是很明显写的就是梁光明，而女主人公"卡帕"的原型就是三毛。因为在文化学院读书时，三毛会让同学们称她为"卡帕"。

"卡帕"这个名字取自一部日本小说《河童》，是除了《红楼梦》外对三毛影响比较大的另一部书。三毛的悲剧性格也有一部分源于此书。《河童》这本书的作者芥川龙之介本身就是悲剧式的人物。他出生后九个月，就因为母亲精神失常，被送到舅父芥川家做养子，因此，在他心里留下了恐惧又自卑的种子。成年后，他虽然取得了文学上的成就，但是因为健康和情绪上的问题在三十五岁时服安眠药自杀。

《河童》创作于芥川龙之介的生命晚期。这篇故事记述了一个疯子回忆他在河童国的所见所闻，借用一个疯子的眼睛，把读者从现实中抽离出来，假托一个虚构的河童国世界，对当时日本社会的现实予以了机警的讽刺和犀利的批判，充满了哲思意味。

他笔下的河童是日本神话里的一种水怪，身材像四五岁的小孩子，头上有个碟子，常会做出青蛙跳跃的姿势，或是爬到树上看人。河童的身体略微透明，而且能够随着环境而改变颜色。河童们有自己的国家，也有自己的生活。在河童国里，自杀是再正常不过的行为，就连庙里供奉的神像都是以自杀结束生命的著名人物，像尼采、梵高等。

书中有一个情节非常值得关注，就是河童生产小河童时，父亲会向母亲的肚子发问："你愿意来到这个世界上吗？"而母亲肚子里的小河童如果说愿意，他就会被生下来，如果说不愿意，他就不出生。芥川龙之介写出这段情节实际上反映的是他内心那种强烈的渴望，反衬出他心底"生不由己"的无奈与悲凉。

三毛内心的自杀情结很严重，这在她的天主教家庭是不被允许的，然而，却在《河童》里找到了支持。她常常会把自己比作河童，河童的读音就是卡帕。如果我们读过《河童》，再去读三毛早期的那些作品，就会发现：原来，年少时的她一直希望自己能成为"卡帕"，可以自主决定生命的走向。

但是，那时的她因为年少，只能屈从于老师、父母和社会传统。

她与梁光明的初恋是在文化学院里发生的。文化学院位于台北的阳明山上，每到雨季到来，三毛因为不爱打雨伞，常常把自己淋得湿漉漉的。《雨季不再来》的故事就是在这样的背景下展开。

她的文章中处处充满了悲伤的气息：

这儿没有麦田，没有阳光，没有快乐的流浪，我们正走在雨湿的季节里，我们也从来没有边唱着歌，边向着一个快乐的地方赶去，我们从来没有过，尤其在最近的一段时分里，快乐一直离我们很远。

四周的窗全开着，雨做了重重的帘子，那么灰重的掩压了世界，我们如此渴望着想看一看帘外的晴空，它总冷漠的不肯理睬我们盼望。而一个个希望是如此无助的否定掉了，除了无止境的等待之外，你发现没有其他的办法再见阳光。

雨中的日子总是湿的，不知是雨还是自己，总在弄湿这个流光。

雨下了那么多日，它没有弄湿过我，是我心底在雨季，我自己弄湿了自己。

…………

那段时光，三毛的世界里，雨一直下。

火热的天堂鸟

港口的椅子上，一个外国老太太，一个西班牙老渔夫，两个人话也不通，笑眯眯地靠在一起坐着，初恋似的红着脸。

——《黄昏的故事》

少年时期的三毛，像一只迷失在森林里的小鹿，东闯西撞，千疮百孔，内心深处充满了对生命的迷惘和困惑。

为了寻找生命的意义，她在台北文化大学选读了哲学，希望从哲学的殿堂里找到答案。但是，书本里的理论并不能让她得到满足。当初恋无果后，她那不甘寂寞的心终于想要冲破藩篱，去远方寻找自己的伊甸园。于是，她告别双亲，远走他乡，开始了她的流浪生涯。

留学生涯的磨砺、异国生活的多彩多姿，让三毛渐渐忘却了昔日的伤痛，成为一个敢爱敢恨、率真爽朗，对生活充满热情与情趣的人。但是，在那些高度发达的国家，她依然找不到心灵故乡的感觉，所以总是在不停地奔波、流浪。

终于，《国家地理》上一张撒哈拉沙漠的图片触动了她的"乡愁"，那雄浑静穆的美勾住了她的魂魄，此时，任何事情都无法阻挡她奔赴大漠的脚步。三毛是幸运的，爱她的父亲给她以精神和财力上的帮助，爱她的荷西为她放弃了自己的理想，三毛因此得以在撒哈拉沙漠找到了自己身心的归宿。

沙漠里狂卷的风沙和炙热的阳光，让她改头换面，成了"铜红色的一个外表不很精致，而面上已有风尘痕迹的三毛"，也使她那不羁的性格得到了最大程度的包容和放逐。艰苦的环境、独特的风俗更让她经受了另一种历练，她的人生观和价值观也随着这独特的生命体验而悄然改变。

逐渐健全的人格、美满幸福的爱情生活，使三毛情不自禁地拿起停辍十年之久的笔，把沙漠里的所见所闻、所做所想信马由缰地写出来。文章里呈现的不再是小女孩的小欢小痛、无病呻吟，而是大漠的壮美、质朴的民俗、有趣的故事，笔触里更是充满了真切的爱与善。

这些文章在台湾发表后，立刻引起了轰动，从此三毛成为海峡两岸人尽皆知的作家。她那朴实无华的语言、妙趣横生的大漠故事打动了无数人的心。如果把三毛的早期文学称为"雨季文学"，那么她的中期作品就可以称为"沙漠文学"。

此时期作品的重要内容之一就是描述她与荷西的婚姻生活。她的第一篇沙漠文学作品就是以三毛在家为荷西做中国菜的有趣经历为蓝本创作的，取名《中国饭店》。写成后，三毛把它投给了台湾的《联合报》。没想到只不过十天的时间，她就收到了报社给她寄来的报纸。

看到"三毛"二字的时候，她激动万分，这是她停笔十年后的第一篇文章，也是第一次使用"三毛"这个笔名。她等不及荷西下班，拿着报纸去了荷西的工地，分享她的快乐。那一天，两人都高兴极了，"**十年以后，第一次写文章，在沙漠里，只有一个人可以分享，而这个人是看不懂我的文章的人，可还是很高兴，像孩子一样在沙漠里跳舞。**"

此后，三毛一发不可收拾，又陆续创作了十一篇关于沙漠里的故事。这些故事对于远在台湾和大陆的读者来说既新奇又有趣，充满了谜一样的色彩和魅力。而且，作品的创作风格又不是那种曲高和寡、标新立异的，三毛只用最平实的语言将大漠里的故事娓娓道来，因而成为老幼咸宜的读物，尤其受到青年人的追捧。

1976年，《撒哈拉的故事》由台湾皇冠出版社出版。此后，该书不断再版，共出了三十七版。它是三毛的第一部文学集子，也是她众多文集中再版次数最多的一本。三毛成了真正意义上的畅销书作家。

但是，我们不能因此认为三毛"沙漠文学"时期的作品仅仅是《撒哈拉的故事》这一本，《稻草人手记》《温柔的夜》都属于这一时期的作品。这些作品，从《中国饭店》开始写到荷西去世前的所有经历，不只是在沙漠，也包括了他们在加纳利群岛生活的那段日子。这些作品的格调、手法、内容都是雷同的，代表了三毛那一时段平静、舒朗、幸福、快乐的心境。

这一时期的作品有的反映了三毛对婚姻生活的热爱，比如《白手起家》《素人渔夫》《亲爱的婆婆大人》；有的写撒哈拉威人独特的民风民俗，如《娃娃新娘》《沙漠观浴记》《芳邻》；有的只写身边那些普通的人的故事，比如《爱的寻求》《沙巴军曹》《卖花女》。

无论什么内容，我们都可以看到三毛对凡俗生活的由衷热爱和全心投入，对所有的人、事、物都抱有如沙漠中绽放的天堂鸟花一样火热的情怀。

从她的字里行间，我们可以感受到那一时期她那盈满整个身体的爱，肆意地流淌出来。当然，这一切都源于她与荷西美满幸福的爱情生活。

爱屋及乌。她因为爱荷西，也毫无条件地爱着荷西的家人，甚至可以违背自己的个性，即使对婆家不当的所作所为，都可以委曲求全。这些经历被她写进《亲爱的婆婆大人》和《这种家庭生活》里。

荷西和三毛一样，都是结婚当天才把这事告知父母的，因此公婆对三毛的意见很大。三毛心里有些亏欠，又了解公婆爱子之深，就会每周给公婆写信问安，还把家里的一切事宜细细地说给公婆听，写了半年，婆婆只字未回，三毛也不恼。

圣诞节随荷西回公婆家里，她更是极尽儿媳之道，早早起床，抢过婆婆的抹布扫帚，清洁屋子，过节那天承包下三十七个人的圣诞大菜的采买和制作工作。婆婆终于被她融化了，不只送了礼物，临别时竟然抱住三毛，呜咽不止，发抖地说："儿啊！你可得快快回来啊！沙漠太苦了，这儿有你的家。妈妈以前误会你，现在是爱你的了。"

三毛和荷西从沙漠逃出后，住在大加纳利岛时，婆婆、二姐和二姐夫带着两个孩子，曾来他们的家度假。那几日，三毛一直处在紧张的状态里。她就逼着荷西从单位预支工资出来，买他们平时舍不得吃的食物；知道婆婆爱干净，她特意买了新床单换上；每天脚不离地地为婆家人做饭、煮咖啡、做下午茶；为年幼的孩子洗澡、擦痱子粉……直到这一行人离开，她才肯放松地躺下来休息。

这些所作所为，对于任情任性的三毛来说并不容易，但是，我们在她的文章中看不出丝毫的不满和抱怨，只有对生活的执着和努力。

她的文字里不只写荷西，还写她的朋友、邻居、陌生人，特别是那些弱小无助、生活在底层的人们，她都可以在他们身上努力挖掘出闪亮而美好的情操，并诉诸笔端。

《沙巴军曹》讲的是一个士兵用生命挽救仇人孩子的故事。

在干涸的撒哈拉沙漠，有一处沙漠绿洲，名叫"魅赛也"，是个非常开阔的地带，还有着少见的一处淡水，无疑是沙漠里的一块宝地。可是，奇怪的是，这个地方却只住着几个帐篷的居民。三毛不解，当地人就给她讲了一个惨烈的故事。

十六年前的"魅赛也"是一片美丽的土地，小麦可以在这里生长，椰枣落了一地，水源也极其丰富，是最好的放牧和生活的地方。成千上万的撒哈拉威人把这里当成了常住地。

可是，有一天，他们宁静的生活被打破。因为那时的撒哈拉沙漠还没有明确的归属，西班牙的沙漠军团也在这里扎下了营。虽然他们并没伤害任何人，但是撒哈拉威人却不愿意与外人共享这块宝地。他们阻挡军团的人用水，为此双方常常起争端。一天晚上，一大群撒哈拉威人偷袭了军团的营房，全营的人在睡梦中全被杀光了，只有一个士兵因为当晚醉酒未归而幸免于难。

因为这个惨烈的杀人事件，没有人再愿意留在这里，于是这片绿洲就这样被荒废了。唯一幸存的士兵怀着对撒哈拉威人的仇恨，被编到镇上的营区里，却从此不肯告诉别人自己的名字。因为他觉得包括自己弟弟在内的全营的弟兄都死了，他自己不配再有名字，还在胳膊上刺上了营团的名号。对于撒哈拉威人，他内心充满了敌意，从不与他们打交道。

三毛认识这个士兵的时候，沙漠已经不太平，局势非常不好，很多西班牙人开始撤离沙漠。有一天，三毛在家里听到了爆炸声，荷西回来告诉她，那个士兵死了。原来，早晨，在爆炸的地方，那士兵看到一群撒哈拉威的小孩在玩一个盒子，盒子上插了一面游击队的旗子。士兵感觉不妙，他跑过去想让孩子们散开，已经来不及了，一个小孩拔出了旗子……士兵猛地扑到盒子上，盒子爆炸了，士兵被炸成了碎片，孩子们却都活了下来。

被十六年的仇恨啃啮的士兵，最终却用自己的生命换取了仇人孩子的生存，让三毛无比敬爱。她也为士兵哀叹，哀叹他把自己的生命永远地交付给了这片他爱恨交织的土地，再也不能回到故乡。

所有触动三毛心灵的人和事都会被她用笔记录下来，她希望用自己的笔把这些平凡而伟大的故事呈现给更多的人，她想让世人明白即使在看似卑微的生命里，一样可以绽放圣洁的光芒，无论阶层高低，无论年纪大小。

在大加纳利岛居住时，三毛结识了一个瑞士的小男孩达尼埃，他家里有一个坐轮椅的残疾父亲，还有一个患肝病已经病危的母亲。父亲每天除了喝醉酒后打骂达尼埃，什么事也不做，照顾这个家的重任落在了这个只有十二岁的孩子身上。

达尼埃话很少，但是只要母亲喜欢的，他都要拼尽全力去完成。母亲爱吃蛋糕，他就学会了做蛋糕；母亲爱花，他就在花园里种满了花；母亲喜欢鸡，他就养鸡，有一天还给三毛送来一小篮鸡蛋。母亲要过生日了，他拿来两千元钱，拜托三毛帮忙买香奈儿的香水，理由依然是"妈妈喜欢"。

达尼埃每天早晨六点就要起床，喂鸡、扫鸡房、拾蛋、把脏衣服放进洗衣机、喂猫狗、准备早餐、打扫屋子，然后才去上学。下午放学，就去买菜、晾衣服、熨衣服、做晚饭，临睡前还要给重病的母亲擦身子，再带狗散步，每天都是半夜十二点之后才能上床。三毛难以想象，一个仅仅十二岁的孩子可以把生活料理得这么井井有条。

达尼埃的母亲终于病重离世，三毛问达尼埃是否要回瑞士，他摇头，说父亲的腿不好，瑞士太冷了，不适合父亲居住。交谈中，三毛才得知，达尼埃竟是从孤儿院领养的孩子，那时达尼埃已经八岁了。也就是说，他们在一起的时间不过才四年的时间。可是，这个孩子却在竭尽全力侍奉着自己的养父母，哪怕养父那样的暴虐。

三毛把这故事也写下来，取名《巨人》，因为她觉得达尼埃就像巨人一样伟大，自己在他面前变成了一粒渺小的芥草。

这种在生命面前谦卑的态度，在她中期的作品中处处可见。这种谦卑展示出的反而是三毛自信的光芒，她愿意在这大千世界里承认自己的不足和渺小，并且愿意把这不足暴露给世人看。

《温柔的夜》写她准备坐船从大加纳利岛去丹纳丽芙岛。在从出发到港口的路上，她一直被一个流浪汉一样的人追随，向她要两百块钱。三毛不愿理会这种不劳而获的人，也讨厌他尾随一路恬不知耻的样子。

那人向她解释，自己是挪威公民，本是来丹纳丽芙旅游的。可是，一次出门的时候，护照、钱、旅馆房间的钥匙都丢失了，而旅馆又要求他必须提供领事馆的证明才能给他开门。不得已，他才来大加纳利岛的领事馆开出证明，但是又没钱回到丹纳丽芙去。他求过船员，想免费打工把他渡过去，只要进去旅馆房间，就能取到钱就把船费付了，但是没人同意。

他恳请三毛能借给他两百元钱，到了丹纳丽芙，他就有钱了。虽然看那人悲愁的脸有些怜悯，但是三毛依然狠下心不理他，因为她觉得他在说谎。船票明明是五百元，他竟说借两百元，这分明就是在编故事。

　　然而，就在即将登船的一刹那，三毛的爱心又泛滥了。她想着为了一杯汽水、一块牛肉饼的钱，就是去拒绝一个可怜的人，于心不安。她折身返回，将五百元钱交到流浪汉的手中，同时对他说，"下次再向人借口要钱的时候，不要忘了，从大加纳利岛去丹纳丽芙岛的船票是五百块，不是两百。"

　　"可是，我还有三百在身啊！"

　　三毛痛恨他又圆滑地向自己扯了个谎，但是船要开了，她无心纠缠，匆匆地赶船去了。

　　上了船，三毛买了食物登上甲板，想着边吃边看风景。却见一个身影一边喊一边挥舞着船票飞奔而来，马上要收的船梯停下来等他。那人跑近了，上了船，三毛看清了面孔，竟是那流浪汉。

　　三毛立时明白，流浪汉并没说谎。她把自己缩进阴影里，不让流浪汉发现自己。她很惭愧，惭愧自己在这一晚上折磨了一个真正需要帮助的灵魂，惭愧于自己加给那人的莫须有的难堪。她在内心恳求那人的宽恕与原谅，也为自己的自以为是而懊恼。

　　纵观这一时期的作品，我们处处都可以感受到三毛那炙热的情怀和豁达的品格。对人，对己，她都投注了最大的爱与光。她的创作风格也由《雨季不再来》时的沉郁、迷惘和无助，转变为热情、温暖、明亮和诙谐。

　　因为，在荷西这里，她终于，找到了属于自己的伊甸园。

无可奈何花落去

相信生活和时间吧！时间如果能够拿走痛苦，那么我们不必有罪恶感，更不必觉得羞耻，就让它拿吧！拿不走的，自然根生心中，不必勉强。

——《倾城》

三毛在《我的写作生活》中说："我的写作生活就是我的爱情生活。"

的确，是爱情、是婚姻催生了三毛的创作灵感，让她一泻千里、洋洋洒洒地写出了那么多脍炙人口的文章。但是，命运再一次捉弄了她。荷西撒手人寰，她又重新回到暗无天日的黑洞里。

当她再一次从黑洞里挣扎出来时，心境发生了巨大的转变。当然，此时的三毛，已不再是曾经那个脆弱无助的小女孩，历经风雨、看尽人生百态的她，已经有勇气和胆量将自己从悲剧中解脱出来。为了年迈的双亲，她勇敢地结束流浪生涯，回到现实世界中来，继续演好她的角色，继续自己的写作生涯。

写作，是她的生命之根，至少在这里，她还可以做梦，任自己的梦成真。只是，此时的她，已无法再写出波澜壮阔的文章。荷西的离世成为她创作的分水岭，彻底改变了她的创作风格。

荷西走后，她的感情经历了从思念之悲痛，到无法抑制的焦灼痛苦，到最后归至一种无可奈何的情绪。这种情感的起落，她用《梦里花落知多少》《万水千山走遍》《送你一匹马》三部作品做了完美的诠释。

在《梦里花落知多少》里，三毛从与荷西结婚写起，包括她在大加纳利岛的孀居生活，一直写到回台北定居。在这一系列的故事里，三毛把对荷西的怀念镌刻到每一个文字里，布满了悲伤、凄凉与思念。

这种痛彻心扉的感情在很多文章里都被她展露得淋漓尽致。在《明日又天涯》中，她反复地说："有谁，在这个世界上不是孤独地生，不是孤独地死？"她甚至觉得，自己再不需要打扮得花枝招展了，最爱的长裙也可以收进箱子里了。荷西走了，带走了她生活的激情，只有在文字里可以让她找到寄托。

她在《似曾相识燕归来》中她写自己跟随公婆去教堂祷告，她虔诚地祈祷："神啊！请你看我，给我勇气，给我信心，给我期盼和爱，给我喜乐，给我坚强忍耐的心——你拿去了荷西，我的生命已再没有了意义——自杀是不可以的，那么我要跟你讲价，求你放荷西常常回来，让我们在生死的夹缝里相聚……"

《梦里花落知多少》这篇文章里则是满满的与荷西在一起的回忆，新年许愿、两人的争吵、荷西为她过的最后一个生日，她把自己幸福到极点进而担心失去的恐惧心态描绘得入木三分。种种回忆让她在文字里把思念化成了幻想和梦境，相信荷西仍然活在某一个空间里，一遍遍地跑回家来探望自己："我慢慢地睡了过去，双手挂在你的脖子上。远方有什么人在轻轻地唱歌，记得当年年纪小，你爱谈天，我爱笑。有一回并肩坐在桃树下，风在林梢鸟儿在叫，我们不知怎样睡着了，梦里花落知多少。"

但是，梦终有破碎的时候。她只能回到她与荷西曾经共同居住的那个岛，那个屋，因为，在她心中只有那里才是自己的家。只有在那个家里，她才可以坐进摇椅，轻轻地吹上那曲最爱的《甜蜜的家庭》。

在这一整本书里，我们处处可以看到荷西的痕迹，回忆也好，怀念也罢，三毛只希望把荷西留在自己的文字里陪伴她，文字里充满感伤而虚空的色彩。

三毛的作品里有两篇《荒山之夜》，一篇收在《撒哈拉的故事》集子里，另一篇就收在这本《梦里花落知多少》里。同样的题目，呈现出的心境却大大不同。

在撒哈拉沙漠里的那次，是写三毛与荷西去沙漠深处寻找化石遇险的经历。那时候，他们正享受幸福的婚姻生活，虽然期间遭遇了荷西身陷泥淖、歹徒围困的险境，因为有爱的支撑，三毛最终用自己的勇敢与机智解除了困境。

被爱滋养的三毛，事后回忆和写这段经历时，并没有任何的恐惧和不安，有的地方笔调甚至是欢快而俏皮的。荷西问她去不去找化石时，她"跳了起来"，上了车也是"在车垫上跳了一跳"；她把沙堆比喻成月亮，"它们好似一群半圆的月亮，被天空中一只大怪手抓下来，旋转在撒哈拉沙漠里"；她写自己在车里兴奋得胡说八道，荷西被她逗得哈哈大笑。

就是在经过一番对解除困境过程的紧张描写后，三毛还不忘在最后以荷西发现她只穿了内衣裤、两人疲惫不堪中还相约第二天再来的情节来收尾，把那紧张恐怖的氛围缓解下来，让人感受到她那积极的乐观主义的生活态度。

可是，在没有了荷西之后，她的荒山之夜却充满了凄凉、孤独、无趣的味道。那是在大加纳利岛孀居的时候，虽然是与二个朋友一起去的，但是在一个小时的时间里，四个人在路上几乎没有任何的交流。同去的朋友是乡下人，虽然朴实可以无拘无束，却不是三毛可以交流的对象。

她眼中的风景又是肃杀的：仙人掌是"灰绿色的"，茅草是"米黄的"，月亮是"白白的"，荒原是"衰衰的"，石头是"秃兀的"，每一块石头还有着它"苍凉的故事"。朋友收音机里播放的也是弗拉门戈充满哭腔的歌唱。

这样的旅行让三毛只感到不快活、不安宁，她的身体也开始反抗，胃痛起来。此时的她，异常想念自己小屋里那盏还亮着的小灯。等不及与朋友第二天一起下山，凌晨三点钟，给朋友留了张字条，她在漆黑的夜里自己离开了荒山。

三毛写完这篇文章，直接把沙漠里那篇的题目拿来用了，也许是因为，她在独自回家的暗夜里，想起了几年前与荷西一起度过的那次荒山之夜。此情此景，物是人非，只能独自饮泣。

孀居的日子里，三毛的生活处处流淌着忧伤，连她最看重的自由二字都被描写得走了模样："我是自由的，此刻父母不在身边，没有丈夫，没有子女，甚而没有一条狗。"这种自由读来有太多的心酸和心疼。

一年的孀居生活后，三毛终于下定决心，重整旗鼓。她与她的最爱告了别，回到台湾，开启了正常的生活。但是伤口还是在滴血，疼痛也不可能在瞬间消失。恰在这时，她得到了一个疗愈伤口的机会，那就是去中南美洲旅行。

旅行本是三毛的挚爱。但是，这一次的旅行因为有着太多身体和灵魂上的病痛，善良博爱的她变得挑剔起来，还有一点点不讲理。在《万水千山走遍》这本书里，我们可以看到她对米夏、约根的种种不满。

就约根来说，客观地讲，虽然他没有尊重三毛的个人喜好和想法，但是其初衷绝对是好的。他把三毛安排在自己家里住，给她豪华的卧房，安排她的行程、餐饮，叮嘱她注意的事项。一切的一切都是出于对三毛的爱，虽然这爱有点自私，但绝无恶意。可是，三毛非但不领情，还任由自己对约根给脸色、发火，连她的助手米夏都感到过意不去："他很真诚啊！你做什么一下飞机就给人家脸色看？"

对于米夏，我们在作品里也看到了三毛的不满。从文字里看上去，米夏确实像个不懂事的孩子。可是，在米夏的眼中，三毛又是怎样的呢？这一点我们从李柯的文字中可以一窥一二。

李柯在他的《三毛的回声》里说，三毛在南美旅行的时候，与她同游的一个朋友曾给自己写过信。虽然他没有提到这个朋友的名字，但是从他说这个朋友学说西班牙语、摄影的这些细节，就可以看出与三毛笔下的米夏正吻合。而且当时与三毛结伴的只有米夏一人，很明显给李柯写信的就是米夏。

李柯说，那个朋友在给他的信中提到"三毛脾气很大，身子却很弱。她给自己和他都施加了很大的压力。三毛聪明、敏感、咄咄逼人，后来脾气越来越大，真的不是一个很好的旅伴。他有过提前打道回府的想法，她不会不放他走"。据李柯说，南美之行结束后，米夏筋疲力尽，在台湾休整了很长时间才恢复正常的生活。而且很长一段时间，他都不愿谈及这段旅行。

可见，这次旅行，对两人来说都有些煎熬。所有这些表现与沙漠时期那个宽容、善良的三毛判若两人，与三毛的本性也违和。三毛对他人的友善是人尽皆知的，所以才令朋友遍天下。南美之行的特殊表现只能说明那时的她还没有彻底地从伤痛中走出来，她的心也还没有得到很好的安置。她的焦灼、她的烦躁一定是达到了一种极限，才让她改变了看人的角度、对人的态度。

好在三毛并没有滞留在这种情绪里，在时间的打磨中，她逐渐走出了阴霾，进而对生命有了更多的体悟和思索，并把这种体悟和思索写进了《送你一匹马》的集子里：

"明知生是个体，死是个体，但是我们不肯探索自己本身的价值，我们过分看重他人在自己生命里的参与。"

"人类顺其自然的受捆绑，衣食住行永无宁日的复杂，人际关系日复一日的纠缠，头脑越变越大，四肢越来越退化，健康丧失，心灵蒙尘。"

在《说给自己听》里，她通过与自己对话的形式，对生命的起承转合写得云淡风轻，也因此劝慰自己不要自弃，"如果你相信，你的生命是野火烧不尽，春风吹又生，如果你愿意真正地从头再来过，诚诚恳恳地再活一次，那么，请你告诉我，你已从过去里释放出来。"

从这些文字里，我们可以看到，三毛依然那么热爱生命，她用自己的力量给自己安慰和鼓励，帮助自己完成了自我回归。

《送你一匹马》中，已经没有了流浪的味道，也没有了大悲与大喜，她就像一个普通的作家一样，用散文的笔调，有时话家常，有时忆往昔，有时写人物，有时聊街景，好像是要用一本书把她过往没有写过、关注过的一切，都写进去。

以往的那些作品，我们看到的更多的是三毛和荷西的故事，看到的是神秘而奇特的异域风情，其他的她很少提及。但是在《送你一匹马》中，她写了很多很多对读者而言素未谋面的人。

《他》写的是她的大弟陈圣。文中的陈圣是个从小不爱读书、嘴里叼着烟、带着女孩子骑摩托车招摇过市的浪荡子，三毛为此常常会去骂这个不争气的弟弟，甚至还把梳子扔到了弟弟的脸上，渗出了血。因此，在三毛离开家后，两人没有任何联系，再见面时难免有了生疏的感觉。

不过，随着近距离的接触，三毛发现她从来没有真正认识过她的大弟：他会花自己一半的财产为归来的三毛买二手车，在三毛肩膀痛时为她做指压、买葡萄酒，他的好多钱都捐给了基金会，还劝三毛把稿费也捐出去，他与公司的合作伙伴一直相亲相爱，从来没红过脸……

这样的大弟反倒让三毛产生了自卑的心理，坦言自己也许不配做他的朋友。她在文章最后为当年扔梳子的行为向大弟道歉，还说要尽力爱护大弟的一双儿女尽力作为补偿。她更感谢大弟教给了她很多。这番言语，我们已经能看出，那个谦卑、善良、懂得感恩的三毛又回来了。

除了弟弟，书中，她还讲到了爱好长跑的父亲、从不生气的母亲，写自己与父亲、母亲与自己之间的关系。还有高龄离世、一生快乐的大伯父，两个可爱的侄子侄女天恩、天慈，甚至在一篇文章里把主角的地位交给了姑姑，让她讲述一段自己琐碎而平凡的故事。

　　她写了她的朋友琼瑶如何将自己从死亡边缘拉回，写自己对笔友张君默敢于在身心俱疲时"逃亡"的欣赏，写她与朋友张拓芜、刘侠的一次相约，全书最后，她还用诗的形式写了诗人痖弦的故事，取名《杨柳青青》。

　　她把她周遭的人、事、物娓娓道来，让我们看到那个在大漠里流浪的神奇女子终于回到人间，归于平凡。在这本书里，三毛的笔锋也变得圆润、平静、成熟了许多，同时还隐藏着一种无可奈何的情绪。台湾清华大学已故校长沈君山曾评价三毛晚期的创作，已达到"无可奈何花落去，似曾相识燕归来"的文学高境界。

　　看看这些句子：

　　"我要说，人到了这个地步，哀不哀乐已经了然，可是'自由的能力'却是一日壮大一日。偶尔放纵自己，安静痴恋读书，兴之所至，随波逐浪，这份兴趣并不至于危害社会。"

　　"当，沉默的大众，不再是大多数，而是全部的时候，我们这一群平凡的人，到哪里去听真理的回音？"

　　"琢磨，是痛的，我是一块棱棱角角的方砚台，一块好砚，在于它石质的坚美和它润磨出来的墨香，而不是被磨成一个圆球，任人把玩。"

　　"生活，是一种缓缓如夏日流水般地前进，我们不要焦急。我们三十岁的时候，不应该去急五十岁的事情，我们生的时候，不必去期望死的来临，这一切，总会来的。"

　　这就是三毛在最后日子里的心境——平静，淡泊又无可奈何。

第十章　谜

三毛，因为她的传奇人生、唯美爱情，成为一个谜一样的女子。

人们对她的作品趋之若鹜，不只是喜欢看那些奇异的故事，更想了解她行云流水般的人生。

然而，那过度脱俗而浪漫的故事，像童话一样的不真实，引起了许多人的猜疑和讨论。

而她猝然了断生命的行为，更给这些故事增加了神秘的色彩，引发了公众的讨论。

她的死一如她一生的做派，特立独行，任性而为，把一连串的问号和未解之谜留给了这个世界，任后人云云。

也许在她而言，人生本就是一个反复遇谜、解谜的过程。

多几个又何妨？！

来不及相识

　　我喜欢做的第一件事情，是"出发"。我不说离别，事实上每一次旅程里，出发的时候也象征了告别；但是我喜欢将离别形容为"出发"，它本来就是一体两面的。

——《远方的故事》

　　三毛，这个走遍千山万水的人，在很多地方留下了足迹，除了欧美的许多国家，还包括大陆的新疆、华东、重庆、成都、敦煌，尤其对于那些充满异域情调、民间风情和远古气息的地方更是情有独钟。她在去敦煌时甚至留下了自己的衣冠冢，足见其对这古城的喜爱与留恋。

　　但是，非常奇怪，在三毛的作品里，我们没有看到她去西藏的任何记载，也几乎没听到她的亲友们提起。唯一可见的只是在三毛的一篇《高原的百合花——玻利维亚纪行》中提到过只言片语："玻利维亚，这南美的西藏，过去每当想起它来，心里总多了一分神秘的向往。"

　　难道三毛真的从未涉足西藏？

这对于一个充满好奇又对旅行爱到骨子里的人来说，是不可思议的。

事实是，三毛的确去过西藏。这个谜是由摄影家车刚揭晓的。

车刚是中国诸多以拍摄西藏题材为主的摄影家之一，辽宁省丹东市人。他从20世纪80年代初进藏，先后曾在《西藏日报》、西藏旅游局和《大公报》供职。

车刚与三毛结识是在1990年的9月，当时三毛是从新疆经成都转至拉萨。而车刚时任西藏旅游局的摄影师，刚刚去参加上海的旅游博览会预备会归来。他一走出贡嘎机场，就遇到了拉萨旅行社的导游小董正在等客人。车刚因为工作的关系与旅行社的人非常熟悉，就问小董有几个客人。一听只有一个，他就不客气地上了旅行社那辆蓝灰色的切诺基北京吉普，准备搭车回市里。与此同时，一位女士也上了车，坐在了他的右侧。

车子发动后，车刚为了打破沉闷的气氛，随口问了那位女士一句："您是作家？"坐在副驾驶位置的小董转过头来，惊异地问车刚："车老师你不认识她啊，她是三毛啊！"然后，小董又把车刚介绍给了三毛。车刚赶紧道歉说："您是三毛啊，我这人不读书不看报，孤陋寡闻。"三毛淡淡地说了句"没关系"。

那时从机场到拉萨还没有修直达的公路，开车要从曲水雅鲁藏布江大桥走，路窄路况又差，距离有一百多公里，开车需要一个多小时。所以，几个人在车上就渐渐地熟悉攀谈起来。

谈起西藏，三毛说她一直特别向往，但是因为身体不好，一直心有余悸。加上，她对西藏不了解，也就迟迟未成行。

三毛有个习惯，去一个地方前，需要做足了功课，了解清楚之后再去。为了去西藏，她此前曾九去尼泊尔，因为那里也有藏传佛教的寺庙，也居住着一些藏族同胞。

在尼泊尔，她还有过一次奇遇。那时，她走进了一座寺庙，见一位老喇嘛正闭目诵经，就虔诚地跪下听经，老喇嘛诵完经看到她，一张口就说"你是作家"，令三毛很惊讶。不是人三毛，却知道她职业的人，这个老喇嘛是第一个。车刚是第二个，所以三毛觉得车刚也很神奇。

她对车刚的职业非常感兴趣，希望车刚能为自己的西藏游拍照，这让车刚欣喜万分。对于一个摄影师而言，这是求之不得的好事呀！两人约好后，三毛心情越发好，她看着车窗外的风景，又激动又兴奋，她说太喜欢西藏了，终于找到了生命的归宿。她嘱咐车刚为她买一套藏族服装，不要过节穿的喜庆的，只要日常的，最好是别人穿过的。车刚一口答应。

巧的是，旅行社为三毛安排的拉萨宾馆与西藏旅游局只有一条马路之隔。小董去安排三毛入住，车刚这里先回单位向局领导汇报了出差任务的完成情况，同时又把三毛来拉萨的事说了。局领导立刻让车刚引领着去饭店见了三毛，并指示，除了已经收取的费用，其余在藏的一切费用全免。那位局领导对车刚说："一定好好接待，一个名作家写几篇好游记，比我们花钱做广告效果好得多。"

车刚因为当天下午和第二天上午有公务在身，所以与三毛约定，第二天下午开始为她拍照。可是，当天晚上下班后，导游小董就打来电话，说三毛头痛得厉害。车刚和导游立刻带着三毛去了西藏军区总医院门诊，医生给量了血压开了药。

第二天上午小董陪三毛去了布达拉宫参观，中午在拉萨饭店与车刚一起用餐后，三毛回房间休息，约好了下午两点半酒店与车刚在大堂见。

车刚中午备好了相机胶卷，早早到了酒店大堂等三毛，心里因为这次意外得到的摄影机会而激动。可是，快到两点半时，他却看到三毛扶着墙、流着泪来到了大堂，说反应大，快死了……车刚和小董立刻把三毛扶上车，直奔军区总医院。一路上三毛很痛苦，浑身抽成一团。

车刚看三毛的状态实在太差，急中生智，让司机把车直接开到干部病房。当时恰好是午休时间，病房里没有医护人员来接诊。车刚急了，就去猛敲护士值班室的门。一位小护士打开门，不高兴地问："干啥子？"

"有病人要抢救。"

"去门诊！"

"来不及了，你开个病房让病人先吸上氧。"

不知小护士是看车刚当时的表现太凶悍，还是出于医者仁心，她开了间病房，车刚又帮她推来大氧气瓶，让三毛吸上，然后又推了瓶氧气放在病房里，打开阀门直接放气。

安顿好三毛后，车刚赶紧去给医院的院长打电话说明了情况。院长马上安排专家、医生组织抢救治疗。当时专家对三毛的诊断是：轻度脑水肿。专家还说要是再耽误半个小时到一个小时，三毛就没救了。

三毛就这样住进了医院。

第二天，车刚抽时间去看望三毛，此时的三毛情绪已经好转，向车刚要来他的摄影作品看。看过之后，三毛很满意，夸车刚是个优秀的摄影家，还说要介绍车刚加入英国皇家摄影学会。

三毛与车刚很投缘，同意车刚带喜欢她的朋友们来看她。车刚的好多朋友因此而有幸与三毛合过影，不过都是在病房里。车刚拍摄三毛的几张照片也是在病房里完成的。

就这样，三毛用四天的时间，在病房里完成了西藏之旅。

病情稳定后，她不敢再在西藏逗留，又回到成都。

然后就有了肖全为她在成都拍摄的那组有名的照片。

多少年后，肖全到拉萨时，特意去了车刚的家里。他看到车刚拍的三毛的照片，听了车刚讲三毛在西藏的故事。

肖全为此还感谢了车刚，他说，如果那次三毛留在了西藏，他就没机会拍三毛在成都了。

三毛与西藏，就这样还未来得及相识，就分手了。

你会错了情

有时候，我们又误以为一种生活的习惯——对一个男人的或女人的，是一种爱情。爱情不是必需品，少了它，心中却也荒凉。

——《爱情》

20世纪90年代，在大陆的媒体上流传着一段传奇——三毛与王洛宾的旷世之恋。这段流传的故事最普遍的说法大致是这样的：

1990年，三毛在《台湾日报》上读到一篇关于歌曲《在那遥远的地方》的报道。讲述的是"西部歌王"王洛宾年少时邂逅了一位美丽的卓玛姑娘，为其倾倒痴迷，在短短三天这内就写下了这首优美的歌曲。

文中披露了王洛宾如何在那黄沙漫漫的戈壁，将他那传奇的一生都献给了西部的民歌创作与传播事业。他曾因"莫须有"的罪名，先后入狱两次，共长达十八年；年近不惑的时候，妻子又病逝，留下他一人独守。每个黄昏，他都坐在门前看夕阳沉坠；夜幕四垂时，总要对着悬在古旧墙壁上的太太遗像，弹一首曲子给她听……

王洛宾创作的民谣被很多人所喜爱，他不仅被誉为"西部民歌之父"，同时亦享有"情歌大王"的美名。三毛自小就是听着王洛宾的歌曲长大的，《在那遥远的地方》《达坂城的姑娘》《掀起你的盖头来》都是她的最爱。这一次了解了王洛宾历尽坎坷的一生，更让三毛万分感慨，她立即萌生了结识王洛宾的想法。

为此，她想尽办法报名参加了一个大陆旅行团，《明道文艺》主编陈宪仁还特意为她创造了一个见王洛宾的机会——委托她为王洛宾代送稿酬。旅行团在乌鲁木齐的两天时间里，三毛没有随团行动，而是自己一个人找到了王洛宾的家。

两人虽然初次相见，就相谈甚欢。三毛为王洛宾演唱了自己写的歌《橄榄树》，王洛宾为那词里淡淡的忧伤所打动，也为这难得一见的真诚所动容。于是，王洛宾也为三毛唱起了自己在狱中写下的作品《高高的白杨树》，当唱到"孤坟上铺满丁香，我的胡须铺满胸膛"时，三毛流下了眼泪。之后，王洛宾又给三毛讲了每首歌背后的故事，因为他写的每一首歌都打上了他生命的印迹。

真实感人的故事，衰老面庞下掩抑不住的激情，都让三毛为之迷醉。

初次相识，王洛宾就把自己新疆的好朋友介绍给三毛，并带着三毛去了天山，带他领略新疆的异域风情。直到这时，王洛宾对三毛还知之甚少，只知道她是个台湾的作家，至于写过什么、写了什么一无所知。

两天很快过去，临别时，王洛宾去宾馆为三毛送行。当他来到问询服务处询问"三毛"住哪个房间时，立刻引发了宾馆里工作人员的震动。因为三毛不想被人骚扰，所以入住时是以本名陈平登记的。王洛宾一句无心的问话，立刻在宾馆里引发了地震，大家奔走相告，都捧来三毛的著作，请她签名。也直到这时，王洛宾才意识到，这位叫

"三毛"的女作家有多出名。被人群围住的三毛只能与王洛宾匆匆告别，并许诺九个月后再来相聚。

回到台湾后，三毛将自己与王洛宾的相见与谈话，整理成《中国"西北民歌之父"王洛宾一鞭钟情》和《在那遥远的地方找到了原作者》，分别在台湾报纸和新加坡《联合早报》上发表，引起巨大反响；王洛宾也应大陆媒体之邀，写下《海峡来客》和《回访》两篇短文，在《团结报》上刊登。

此后，两人书信频繁，特别是三毛，在信中表达出了强烈的思念和倾慕之情。王洛宾看出端倪后退缩了，他在给三毛的一封信中说："萧伯纳有一把破旧的雨伞，早已失去了雨伞的作用，但他出门依然带着它，把它当作拐杖用。我就像萧伯纳那把破旧的雨伞……"言外之意就是两人的感情是不可能的。王洛宾的这种想法应该说是在情理之中，毕竟两人差距太大，那一年王洛宾七十七岁，而三毛只有四十七岁。

三毛收到信，却无法忍受，迅速结束手边的工作，打点行囊再一次奔赴新疆。此时的她，无论如何也没想到，等待她的并不是一次欢愉的相聚。飞机下守候她的不只有捧着鲜花的王洛宾，还有众多的媒体和那频繁闪到刺眼的闪光灯。原来电视台正在拍有关王洛宾故事的一部纪录片，三毛的到来无疑会为这部纪录片增色许多，所以，才有了这次场面宏大的欢迎仪式。

此时的三毛对于俗世的喧闹、仪式、闪光灯早已厌倦，又是在不知情的状况下让自己的秘密公之于众，让她心生不悦。勉强着应付完，随着王洛宾回到了他的家。三毛的情绪已经平缓，她拿出一件特意定制的类似故事中卓玛穿的藏族服装，装扮起来。

开始几天，她与王洛宾经常一起外出上街逛景、购物买菜，回家后三毛亲自掌勺做饭。闲暇的时间里两人就在一起聊天、弹琴、唱歌、写词。三毛的心再次体会到愉悦和宁静。

但是好景不长，没过几天，王洛宾就开始忙于自己的事务，继续他的纪录片的拍摄。摄制组一会儿把他拉出去拍外景，一会儿又要到寓所采头拍，有时还要拉上三毛配合……

这些场景打碎了三毛的梦想。本想久留的三毛，提前结束了行程，离开了乌鲁木齐。回到台湾后，又给王洛宾来信，告知他自己已经与一个英国人订婚，从此两人断了联系。事实是，根本没有什么英国的未婚夫，三毛只是借此终止了与王洛宾的关系。

这个故事在三毛去世后开始满天飞。人们普遍认为是三毛爱上了王洛宾，王洛宾因为年龄等各方面原因把她拒绝，但三毛的亲友们却对此予以否认。

姐姐陈田心在接受《广州日报》的采访中就这个问题曾专门做过解释："对王洛宾，她写信和我们讲，从小唱王洛宾的歌，现在却能认识这个人；王洛宾的年纪很大，所以她把王洛宾当作长辈，但三毛对长辈表达爱的方式不同，或许人家会以为是男女之爱，但她的感觉就是找到了从小就仰慕的艺术家，他生活很苦，想尽可能帮助他，帮他做一些事。这种情感是源自艺术创作的欣赏，也是一种长辈晚辈间的情感传递。三毛从没提过两人会变成终身伴侣，而是希望能给他一些温暖。"

而对此事最具权威的解释来自司马中原。

司马中原是台湾的著名作家，曾主持中国广播公司深夜节目《午夜奇谭》。在《午夜奇谭》中，司马中原把自己亲耳听过或亲眼见过的一些光怪陆离、乡野奇谭说给听众听，是当时热门的广播节目之一。

1997年5月11日，作为三毛的好友，司马中原在《中国时报》上曾发表了一篇文章《三毛的生与死——兼谈她的精神世界》，首次披露了三毛结识王洛宾的过程，并提到三毛与王洛宾的结识始作俑者就是他自己。

原来，有一年，司马中原去香港，在与香港的女作家夏婕交谈时，听夏婕说起了一段往事。夏婕在内地生活时，跟音乐家王洛宾共处过很长一段日子，对王洛宾的经历了解颇深。她讲到王洛宾多灾多难的生活，还有对已故妻子的怀念，令司马中原非常感动。

回到台北，司马中原立刻把这个故事讲给了三毛听，还没讲完，三毛就哭红了双眼，她说：**"这个老人太凄凉，太可爱了，我要写信安慰他，我恨不得立刻飞到新疆去看望他。"** 因此，才有了后来奔赴新疆的想法和意愿，并于1990年4月成行。

第二次去新疆是当年的深秋，回来后，三毛就告诉司马中原："我这次去看王洛宾，他并不像你所说的那样，我去他家，一屋子媒体人物和当地干部，我有被耍的感觉，我原本只是想和他单独聊聊的。"

司马中原为此一直觉得有些对不起三毛，就想着找个机会听三毛说说当时的情况。但是阴差阳错，直到1991年1月2日，他才想着给三毛打电话，结果因为三毛住院未能如愿。没想到，从此天人永隔，这个结司马中原永远没有机会解开了。

不过，司马中原坚信，在整个的交往中，一直都是王洛宾会错了情。

当然，王洛宾的想法并不是空穴来风，它源于三毛在1990年4月27日写给王洛宾的一封信。信上有这样两句话："闭上眼睛，全是你的影子"；"你无法要求我不爱你，在这一点上，我是自由的"。不要说王洛宾，就是我们一般人看来这都是一封火热的情书。

但是司马中原却说，三毛写信常用"亲爱的""最爱的"字眼，更把"爱死了"当成挂在嘴边的口语。所以她的表达并不是什么爱情。

三毛的确是这样一个人，她的博爱让她在与男人的交往上不存在太多的芥蒂。眭澔平就曾经提到，她在画家席德进和作家王大空重病住院期间，经常主动去陪伴他们，还会帮他们按摩。在探望金马影帝孙越叔叔的时候，她还送过他一架可以射那些坏护士的小飞机。

为了证明三毛对王洛宾没有特殊的爱，司马中原还在文章中提到在三毛去大陆前，两人在茶馆的一次交流。在交流中，司马中原看三毛情绪低落，就劝她要打起精神好好生活，遇到合适的人可以再论婚嫁。但是三毛明确表示，她经常在梦中与荷西相见，只希望早点与荷西会合。司马中原认为，"试想一个早想和荷西在另一个世界会合的人，会在死前'求嫁'吗？"从司马中原的这个回忆来看，那个美籍主持人李柯认为三毛会和他结婚的想法，可能也是自己的一厢情愿吧。

由于对三毛的愧疚，司马中原对王洛宾将自己与三毛在一起的消息大肆宣传非常不满，认为他很不厚道，还曾经写长信给夏婕，希望夏婕出面澄清。有一次，他和夫人去周庄游玩，特意去那里著名的"三毛茶馆"坐坐。这个茶馆是三毛的一个忠实读者为了纪念三毛而开的。

到了茶馆门口，夫妻二人看见那里竟然放置着一帧王洛宾的放大相片，气愤至极。他的夫人甚至上前数落了茶馆老板一顿，逼他把照片拿掉才肯罢休。后来这幅照片再也没挂上过。

不只是司马中原，三毛的好友陈若曦也证实，三毛从新疆回来后，有一次去了香港，见到夏婕还气得破口大骂。三毛本是个博爱之人，为什么这次的反应这么激烈呢？一定是有内情的。

2003年，台湾远景出版社出版的一套书中却披露了另一个惊人的故事。那是小说家七等生的合集，共十册。其中有一篇题目为《两种文体——阿平之死》的文章，以第一人称的形式，记录了他与阿平的信件往来、文学交流。这个阿平，就是《倾城》的作者，当然就是三毛的化身。

七等生，也是台湾20世纪60年代很有争议的一个作家。作品形式与文体奇特，内容晦涩难懂，曾获得过台湾第一届文学奖。在七等生的笔下，他与阿平长年通信，而且是深层的交流。

这篇文章不只提到阿平摔下楼在医院治疗的痛苦过程，还提到了她困扰在金马奖中的心态，同时也提到了三毛的第二次新疆之行，并称此行给三毛的身心造成了重创。文中把王洛宾描写得很不堪，说他向三毛勒索钱财，三毛不给就把三毛关起来不放她走，直到三毛肾炎发作，才被送去医院得以解脱。

这篇文章记录的是非曲直无人能证实，但是很多权威人士认为可能性不大。毕竟从王洛宾的收入和生活水准来说，他并不缺钱，不应该干出这种龌龊的事。

不过，这次新疆之行，确实有一段时间，三毛与家人失去了联络。家人为此还在《民生报》上发了消息寻找三毛。直到三毛到四川与家人联络上后，家人才又在报纸上发表了她平安的简短讯息。具体情由也没有提及。

不论如何，每一个亲人、每一个朋友都是根据自己的想法在推断，究竟怎样，当事人已不在，无从考证。

不过，爱与不爱又如何？！

三毛本就活在自己的世界里，是非曲直，任人评说。

归去来兮

如果说出生是最明确的一场旅行，死亡难道不是另一场出发？

——《岁月》

对于喜爱三毛的读者来说，1991年1月4日，是个黑暗的日子。

这一天，三毛舍弃了挚爱自己的父母、亲人、朋友以及成千上万的读者，在医院里用一条丝袜结束了自己年仅四十八岁的生命。没有任何征兆，没留下一句遗言。

三毛这次入院是因为子宫内膜肥厚，本不是什么大手术，在自杀的前一天，这个小手术只用了10分钟就完成了。可是，谁也没想到，她却在手术之后告别了人世。

对于家人而言，虽然生前三毛多次流露轻生的想法，但是当她以这样果决的方式离开，还是有些措手不及。其一，三毛在入院前还在家具店订制了一套新沙发，把它摆在阁楼里；其二，三毛一贯喜欢把自己打扮得非常整洁，而离世时身上却只穿了一套睡衣；其三，在3日晚上，母亲在医院里的朋友还给她送去了牛排等吃食，并打电话告诉三毛母亲，三毛的精神状态很好。

谁料想，4日早上大约七点，医院的清洁工在打扫房间时，就发现三毛半悬在她病房卫生间的马桶上方，脖子上吊着一条肉色的尼龙丝袜，另一端挂在吊输液瓶的铁钩上。

医院报警后，警方立即赶到现场搜证勘验，确认三毛的死亡时间必然在凌晨两点左右。检查人员还发现，三毛自缢的卫生间内安装有马桶扶手，只要她有丝毫的求生意愿，就可以立即抓住扶手终止自己的行为。可见，三毛离世的心意已决。

三毛过世后的第二天，父亲陈嗣庆在家人的陪伴下来到三毛的居所，希望能找到任何有可能说明三毛死因的线索，结果一无所获。葬礼上，母亲缪进兰给三毛穿上最喜欢的衣服，棺椁里缀上三毛最喜欢的黄玫瑰，用基督教的方式为爱女送了行。

三毛未留只言片语突然离世，在社会上引发了各种对其自杀原因的猜疑。时至今日，仍然不断有各种传说纷至沓来。

有人说她是因对荷西的死一直无法释怀而去，有人说是因为忍受不了疾病的困扰，有人说三毛生前通神灵、受神灵的召唤而去……三毛生前好友、《联合报》副刊主编、诗人痖弦认为，三毛的过世不是自杀，是吃安眠药太多了。琼瑶认为三毛的自杀更多是内心深度的孤独与绝望。眭澔平则说，三毛死于抑郁症。

各种猜测交织一起，让人眼花缭乱。但是从比较了解的家人和朋友的推测，结合她的人生经历、作品思想，我们可以推断，三毛的死很可能是多种因素共同促成的。

第一个原因，是三毛那与生俱来的豁达的生死观。

作家倪匡对于三毛的死曾这样评价说："三毛对生命的看法与常人不同，她相信生命有肉体和死后有灵魂两种形式。她自己理智地选择追求第二阶段的生命形式，我们应尊重她的选择，不用太悲哀。三毛选择自杀，一定有她的道理。"

的确，三毛对死亡从未感到过恐怖和不安，自小对坟地就有莫名的亲切感，作品中对于死亡的描述也是比比皆是。每当被美景惊艳到，或是心灵受到巨大震撼时，三毛情不自禁地就会想到死。

她在散文《夏日烟愁》中写道："也是在这一个山区里，看过一次成群飞跃的野马，在长满着百合的原野上奔跑。那一幅刻骨铭心的美，看了剧疼，只想就在那一刻死去。"在《一生的战役》中，当父亲给予她充分的肯定和欣赏时，她也是产生了死的念头，"爸爸，你认同了女儿，我却百感交集，不知活下去还有什么意思，很想大哭一场。这种想死的念头，是父女境界的一种完成，很成功，而成功的滋味，是死也瞑目的悲喜。"

虽然三毛看到的是美丽的景象，体会到的是愉悦的感觉，但在她脑中浮现的却是死亡。可见，在她的潜意识里是希望通过死亡让这种美丽的景象、愉悦的情感永远持续下去。死亡在她，代表着一种永恒，那是另一种形式的美。

她对死亡甚至有一种好奇。大姐陈田心在分析三毛死亡的原因时就曾说："我想她其实对死亡也有种好奇心，总想看看是怎么回事。"

在南美旅行时，三毛对于陈列在墨西哥博物馆的自杀神，表现出浓厚的兴趣，还不停地追问导游：那个自杀神到底是什么职位，它究竟是允许人们自杀，还是促使人去自杀，或者只是负责接纳自杀的人？三毛认为，这个不知名的小神，能够超越所有的宗教，接受并允许人自杀，是多么伟大啊！在她看来，这是对于人类最大的尊重，因此，自杀神才是最伟大的宗教。

对死亡的这种理念，让三毛对生死有一种极致的豁达。

对于荷西的职业可能面临的危险、对于人生的无常，她在给父母的信里，都有提到，还劝慰父母要对亲人的离世有心理准备，不要太过于伤心。荷西刚刚离世的一个深夜，她与父母谈话时说，"如果选择了自己结束生命的这条路，你们也要想得明白，因为在我那将是一个更幸福的归宿。"

在三毛看来，死亡并不可怕，人生的终点不过就是"赤条条无牵挂"地离去，回到人的出发地。它只是人生状态的一种表现形式，甚至还带有一种沧桑的美感。这种生死观，使她在面对死亡时永远不是恐惧，而是解脱，她的一生也是多次摇摆于生存与死亡之间的抉择中，如影随形的死亡意识贯穿于她的生命体验的全过程。

早在青少年时期，她就有过两次自杀未遂的经历，而自杀的念头更是时常出现。

第一次是她十三岁时，休学在家的三毛因为失去了生活的勇气而割腕自杀。虽然被及时发现，但是左手臂上却留下了二十八个针痕，成了三毛自闭时代的一个印记。

第二次则是因为德国未婚夫的死亡。当时的三毛第一次出国已经归来，刚刚经历过被画家骗婚的伤痛。父亲为了让她早日找回内心的安宁，常常陪她去打网球。在球场，三毛结识了一位有着翩翩风度的德国教师，两人互相欣赏，共同的话题也很多，经过一年的交往，终于决定结婚。

但是命运再一次开了三毛的玩笑。就在婚礼前夜，未婚夫突然倒在了三毛的怀里。医生诊断为心脏病。未婚夫的死亡带走了三毛的爱情，连带着把她的魂魄也带走了。那些日子，三毛没有眼泪，没有表情，没有味觉。整个人像个木偶一样呆呆地，让她吃就吃，让她睡就睡，不言不语。父母亲日日陪着她，却又心痛地看着她一日日地消沉下去。

这样过了一些日子，许久未出门的三毛突然和父母说要去朋友家玩，父母高兴极了，以为她终于想通了，就让她去了。没想到，在朋友家，趁着朋友中途起身去接电话的时机，三毛吞下了随身带的一大把安眠药。等到朋友发现时，她已陷入深度昏迷，送去医院时气息非常微弱。但是还好，终于被抢救过来了。

1991年是她的第三次自杀。这一次，三毛选择了一个难以让人发现的时间和地点，终于把自己送上了归途。

除了她豁达的生死观，荷西的死亡也促成了三毛心理防线的崩塌，这是她自杀的第二个原因。

三毛两次远走他乡，都是因为情伤。一次是初恋未果，一次是未婚夫死亡。这种出走，体现的是三毛逃避现实的人格缺陷。然而这种逃避虽然让她暂时把伤痛搁置一旁，却并不能解开她内心的结。一旦再有外部的刺激，她的旧伤就会被唤醒，让她再一次面临内心的折磨。

荷西的离世就是导火索，使三毛的心理防线彻底崩溃。她的性格发生了极大的转变，一度得了精神上的疾病住进医院，接受治疗。

我们从她自杀前与母亲的对话中可以看出，当时，她的精神也处于不是很正常的状态中。2日在医院时，她对母亲说："医院里有很多小孩在她床边跳来跳去，有的已长出翅膀来。" 3日晚上，三毛打了通电话给母亲，缪进兰回忆，起初三毛的话语还算平和，"只是，忽然间她那头就咕噜咕噜说了些话，比较大声又急，我也听不清。"

由此推断，当时的三毛在意识上可能并不是太清醒，精神处于游离的状态。正是这种不清醒让她可能无暇考虑其他，只跟随着自己潜意识的指引，走向了死亡。

三毛自杀的第三个原因，是自我实现受阻。

回到台湾定居的三毛，一直为名声所累，各种演讲、座谈会邀约不断，令她疲惫不堪。

三毛是个很善于演讲的人，每一次来听演讲的人都如潮涌。1981年，她从中南美洲旅行回来在孙中山纪念馆进行的第一场演讲就异常火爆。由于听众太多，纪念馆的回廊边、走道上都站满了观众，最后不得不安装扩音设备以转播给场外的观众。

鲜花、掌声簇拥着她，人们崇拜她，敬仰她，而她却感到前所未有的孤独。

三毛骨子里很讨厌虚伪的应酬和仪式，但是又不得不维持公众形象，所以就要强打精神，勉力支撑，可是回到家里就会筋疲力尽，不再想说话。

那时候，很多读者把三毛当成自己的精神寄托，给三毛写信，诉说他们的痛苦，甚至关押在狱的犯人也写信给三毛寻求安慰。三毛常常有信必回，可是，在不断的付出中，自己的痛苦与寂寞却无人可以倾诉。

做一个公众人物，对三毛而言已经成为很沉重的负担。她甚至曾和姐姐说过，"连三毛也不想做了"这样的话。

与此同时，她最爱的写作事业也蒙了尘。

"三毛热"不只让她收获了忠实的读者，另一方面也受到了不少抨击。有些文学评论家和作家批评她的作品过于浅薄，有些则批评她的庸俗，甚至有人认为她所写的文字都是虚假的，连荷西也是她为了沽名钓誉而虚构的。她的自我暴露、自我剖白式的写法，最终成为一些人窥视她、觊觎她的窗口，利用她的坦白制造了许多不实的谣言，使其为盛名所累。

为此，在台湾生活的后期，少年时的自卑自闭卷土重来，让她无处可逃。而恰在这时，她又遭遇了写作史上的滑铁卢。她耗尽心血创作、在制作中常常亲力亲为的影片《滚滚红尘》，获得了台湾金马奖八项大奖，但三毛作为编剧却未能获奖，这在某种程度上也对三毛造成了巨大的打击。

所有这些，都是三毛对这世间厌倦的一个决定性因素。她发现，在这世上，她无法再做自己，自己的人生已经不在把控范围内。而且，此时的她，又不可能再像少年时一样逃避、躲藏。

她终于陷落在滚滚红尘里、无法自拔。

她太累了。

也许，她觉得，那个时刻，只有死亡，能让她获得真正的平静与安宁。

再见了！亲爱的三毛！

三毛大事年表

1943年，出生于重庆。

1945年，随父母搬到南京居住。

1946年，三毛将父亲取的名字"陈懋平"改为"陈平"。

1948年，随父母迁台，入台北国民小学读书。

1954年，入台北国立女子中学读书。

1955年，遭遇"墨汁事件"，开始逃学，后办理休学。

1956年，父母为其办理退学，在家期间第一次自杀被救。

1961年，拜顾福生为师，开始学习油画。

1962年，在白先勇主编的《现代文学》杂志发表处女作《惑》。

1963年，顾福生赴美，三毛又先后拜韩湘宁、彭万墀为师。

1964年，得到台北文化大学创办人张其昀的许可，入学院作旁听生。

1965年，与梁光明开始初恋。

1967年，初恋失败，赴西班牙马德里文哲学院学习。当年圣诞，初识荷西。

1968年，与荷西分别。

1969年，赴德国歌德语文学院学习德语，兼做导游。

1971年，去美国的伊利诺大学主修陶瓷，同时谋得了图书管理员的职位。年底返回台湾，任台北文化大学的德语老师。期间，遭遇一画家骗婚。

1972年，因德裔未婚夫在结婚前夕猝死，三毛经受不住打击第二次自杀，再次获救。之后再赴西班牙，与荷西重逢。

1974年，与荷西在撒哈拉沙漠的阿雍小镇结婚，定居沙漠。

1974年，三毛停笔十年后再次起笔，第一次以"三毛"的笔名发表散文《中国饭店》，开启了沙漠文学的写作之路。

1976年，三毛与荷西迁居大加纳利岛。同年，皇冠出版社出版了《撒哈拉的故事》。

1979年，三毛父母来大加纳利岛看望三毛夫妇。荷西意外身亡。年底，三毛与父母一同回台。

1980年，三毛回到大加纳利岛开始了孀居生活。

1981年，开启中南美洲之行。

1982年，《万水千山走遍》出版。

1985年，一度失忆，神经错乱。同年，与齐豫、潘越云合作出品唱片《回声》。

1986年，卖掉大加纳利岛上与荷西共同居住的房子，正式回台定居。

1988年，给漫画家张乐平捎去第一封信，之后认其为"爸爸"。

1989年，回大陆祭祖。同年，开始创作电影剧本《滚滚红尘》。

1990年，赴新疆探访王洛宾。赴新疆、四川、西藏等地旅游。

1991年，因病入住台北荣民总医院接受手术。住院期间用丝袜在卫生间上吊自杀，终年48岁。

参考文献

1. 师永刚、陈文芬、沙林. 三毛1943-1991. 北京：作家出版社，2011.

2. 程碧. 三毛传：你松开手，我便落入茫茫宇宙. 哈尔滨：北方文艺出版社，2019.

3. 张庆龙. 做一个特立独行的女子：三毛传. 南昌：江西美术出版社，2018.

4. 金文. 三毛传：流浪是最好的疗伤. 哈尔滨：北方文艺出版社，2017.

5. 师永刚、方旭、冯昭. 三毛台北地图. 济南：山东画报出版社，2011.

6. 辛唐米娜. 二三毛——三毛传记. 珠海：珠海出版社，2007.

7. 徐丹. 流浪是灵魂最好的安放：三毛传. 北京：北京理工大学出版社，2018.

8. 崔久成. 三毛传：一个人的流浪和远方. 南昌：百花洲文艺出版社，2018.

9. 朱云乔. 撒哈拉的眼泪：三毛传. 北京：中国画报出版社，2013.

10. 凉月满天. 来不及好好告别：三毛传. 长沙：湖南人民出版社，2013.

11. 翟晓斐. 永远的红尘追梦人：三毛传. 武汉：华中科技大学出版社，2015.

12. 魏丽敏、刘克敌.忽然来不及——三毛传.福州：福建教育出版社，2016.

13. 眭澔平.三毛的最后一封信.武汉：长江文艺出版社，2011.

14. 李柯.三毛的回声.北京：中央广播电视大学出版社，2011.

15. 三毛.我的灵魂骑在纸背上：三毛的书信札与私相簿.哈尔滨：哈尔滨出版社，2003.

16. 三毛.三毛作品典藏全集（11册）.北京：北京十月文艺出版社，2011.